省级精品课程配套教材
高等职业教育会计专业富媒体智能型
精品系列教材

Analysis of Financial Statement

国家文化产业资金支持媒体融合重大项目

财务报表分析

于久洪　宋　磊　主　编
李　鹤　邢海玲　佟　凡　副主编

东北财经大学出版社
Dongbei University of Finance & Economics Press
大连

图书在版编目（CIP）数据

财务报表分析 / 于久洪，宋磊主编. —大连：东北财经大学出版社，2021.3（2022.6重印）
（高等职业教育会计专业富媒体智能型·精品系列教材）
ISBN 978-7-5654-2733-6

Ⅰ. 财… Ⅱ. ①于… ②宋… Ⅲ. 会计报表-会计分析-高等职业教育-教材 Ⅳ. F231.5

中国版本图书馆CIP数据核字（2021）第035678号

东北财经大学出版社出版
(大连市黑石礁尖山街217号 邮政编码 116025)
网 址：http：//www.dufep.cn
读者信箱：dufep@dufe.edu.cn

大连天骄彩色印刷有限公司印刷 东北财经大学出版社发行

幅面尺寸：185mm×260mm 字数：316千字 印张：14.75
2021年3月第1版 2022年6月第2次印刷

责任编辑：王天华 责任校对：余 庆
封面设计：冀贵收 版式设计：钟福建

定价：32.00元

教学支持 售后服务 联系电话：（0411）84710309

如有印装质量问题，请联系营销部：（0411）84710711

高等职业教育会计专业富媒体智能型·精品系列教材
编委会

总　序

教育工作者对教材历来是情有独钟的，但究竟什么是职业化教材，教育界至今为止依然是仁者见仁、智者见智。不过有一点人们还是取得了比较一致的共识：教材是课程内容的载体，是课程与教学体系的重要组成部分。从一般意义上讲，教材是根据课程标准或大纲的规定，对每个教学活动的内容进行选择，并按一定的逻辑顺序加以组织的教学媒体。国内著名职业教育专家姜大源教授认为，“教材是课程的记录，更应该是课程的设计，体现教学设计思想”。教材更多地表现为一种媒介、一种工具、一种资源。人们常讲，教材是教学相长的纽带，是教师授课取材之源，也是学生求知解惑之本。现代高校有四大功能，即人才培养、科学研究、社会服务、文化传承与创新。《中华人民共和国高等教育法》明确规定，人才培养是高等学校的第一要务，而教材在人才培养过程中则扮演着十分重要的角色，其地位是由教材本身所具有的特性决定的。正因如此，教育部长期以来高度重视教材建设，这可从教育部定期组织开展的国家规划教材遴选与立项、国家精品课程、国家专业教学资源库、国家精品开放课程——资源共享课等配套教材建设，以及下发的《关于“十二五”职业教育教材建设的若干意见》《关于深化职业教育教学改革　全面提高人才培养质量的若干意见》《关于建立职业院校教学工作诊断与改进制度的通知》《高等职业教育创新发展行动计划（2015—2018年）》等文件中得到进一步的印证。

随着大数据、“互联网+”时代的到来，各种信息化手段正在改变传统课堂教学和学习方式，这给高等职业教育改革与发展带来重大机遇和挑战。翻转式学习、混合式教学、合作学习、微课、慕课、SPOC、智慧课堂等已经深深影响着教育领域，“一场颠覆性的教育革命正在上演”，当然也包括我们的职业教育。未来的教材是什么样子？这是摆在每一位高等职业教育工作者面前亟待解决的非常重要的课题。显然，正确的态度应该是直面挑战、担当有为，积极拥抱教育新时代的变化并融入其中。有鉴于此，如何创新会计人才培养模式、构建科学的会计课程体系、保证高职会计教育质量，对会计教材建设无疑提出了新的更高的要求。做好教材建设，不外乎要解决以下问题：什么是职业化教材？教材与一般类图书有什么区别？教材有哪些功能？当前教材建设需要考量哪些影响因素？遵循哪些路径和方法？面对大众创业、万众创新，如何弘扬“工匠”精神、打造智慧教育平台、构建中高职内容衔接的教材？文化育人如何走进教材？教材能否割断历史？大数据、“互联网+”及线上线下教育、慕课、翻转课堂等，以其前所未有的开放性和透明度，提供了一种全新的知识传播和学习方式，传统的纸质教材还有无用武之地？碎片化和颗粒化资源的开发与广泛应用，从悄然无声发展到“井喷”阶段，职业化教材如何实现新常态？面对诸如此类的问题，应秉承什么样的理念并采取什么样的方法加以解决，确实是一件颇费脑筋的事，但我们又不得不面对。科学研究的基本规律告诉我们，干任何事，都要做好顶层设计，教材建设也不例外。做好顶层设计，确定科学的方法和路径，是探究事物本质的唯一选择。从“知其然”到“知其所以然”，既是一切事物认知的合理路径，也是精准开发职业化特色教材的有效途径。事实上，上述问题在很大程度上反映了职业教育界尤其是一线广大教师对教材建设认识的不到位。这也从另一个侧面印证了当前职业化教材存在的诸多问题。很显然，一场教育革命正在悄悄发生。谁会意识到一种全新的商业教材模式正在形成？谁会意识到互联网的力量会改变教材的呈现方式？谁会意识到多媒体资源会逐步取代传统的纸质教材？谁会拥有如此敏锐的先见之明呢？

可喜的是，国内不少出版社高屋建瓴、审时度势，已经快速地行动起来去应对这种变化，东北财经大学出版社就是其中杰出的代表。东北财经大学出版社早在2015年1月就向教育部申报了一项课题，即“财经高等职业教育富媒体智能型教材开发系统工程——‘纸媒与数字、产与教、教与学、学与训、训与评’融合型智能教材及个性化学习解决方案”，随后开始策划组织开发一套“高等职业教育会计专业富媒体智能型·精品系列教材”，包括《会计基础》《初级会计实务》《成本核算与管理》《财务管理》《会计信息化操作》《审计》《企业纳税实务》《财务报表分析》《会计综合业务训练》《管理会计实务》《财经法规与会计职业道德》《中小企业内部控制与风险管理》等，先后参加研讨的院校有江苏财经职业技术学院、北京财贸职业学院、浙江金融职业学院、北京经济管理职业学院、江苏经贸职业技术学院、济宁职业技术学院、浙江商业职业技术学院、顺德职业技术学院、长沙民政职业技术学院、江西财经职业技术学院、天津职业大学、淄博职业学院、长春金融高等专科学校、重庆城市管理职业学院、四川财经职业学院、内蒙古财经大学职业学院等。

也许有人会问，富媒体智能型教材是不是近几年悄然流行的电子教科书呢？针对这个问题，国内学者杨九诠如是说：对新生中的教科书来说，教育“语法”与信息“语法”之间紧密的共同构成、流畅的相互表达，才是它的“BASIC语言”。持续的教育教学改革和学习技术进步，多少让人联想到“空中加油”。从信息技术的角度看，电子教科书包括软件和硬件两部分。硬件部分可以通过投入慢慢实现，但对于软件部分，要防止技术至上倾向，这一倾向可能慢工出细活，更可能慢工出错活。电子教科书的软件设计是一项“灵魂工程”，是“以人为本，全面实施素质教育”理念统领下的更先进的教育、更先进的学习。我们发现有些软件还是按照传统教学模式开发的，长的是钛合金的心脏，流的是应试教育的血液。这一方面需要制定符合国家教育改革和课程改革精神的电子教科书相关标准，另一方面有赖于区域和学校的体现先进教育教学理念的数字化教学实践的积累。如此看来，与传统纸质教材相比，电子教材应用还面临哪些困难？还有哪些坎要迈过？还有哪些理念需要更新？这些问题，在做好开发新的职业化教材顶层设计时是无论如何不能熟视无睹的。

富媒体智能型教材是传统媒体与新媒体融合的教材产品，它是基于多年纸媒教材的开发与教学实践，以及交互式网络课件的开发经验，结合对PC、App应用特征和移动学习的深入研究、应用实践，按照“纸质教材+数字课程”的一体化设计思路，将传统E-Learning“网络课件”的开发技术与立体化、交互式“电子书”——线上互动内容和纸质书本——通过二维码嵌入微课、慕课的开发技术相融合。富媒体智能型教材具有六大特征：教材研发以体现未来岗位需求为导向；教材本质体现“真实应用”；教材支撑以信息化、数字化为依托；教材架构以“翻转课堂”为核心；教材精髓体现“因地制宜”“因材施教”；教材形式是“纸媒”与“数字媒体”的融合体等。富媒体智能型教材在我们的教育教学模式发生深刻变革的今天，能真正实现“融合式”教学和个性化学习。

千锤百炼出真知。本套教材由国内示范高职院校直接从事会计教学的领军人才担任主编，教材特色较为明显，既解决教师“如何教”的问题，又解决学生“怎样学”的问题；既能让学生学知识、学技能，更能让学生学会做人。现在呈现在读者面前的是一套“暂时”让我们满意的教材，因为它凝聚了近几年高职会计教学改革的最新成果，问题导向、案例分析、碎片化资源和二维码技术贯穿于教材的始终，为学习者提供完美的学习体验；版面设计精致、双色印刷，提高了教材的品质和阅读的愉悦感。当然，教材开发绝不是一蹴而就、一朝一夕之事，而是一项复杂的系统工程，需要政策导向、校企联动、多方参与，实现螺旋式上升。建设一套好的并富有创新性的教材，需要不断地吸取营养、去伪存真、精雕细琢、潜心打磨、团队合作。应该说，这种探索与合作精神是值得赞赏的，但教材建设只有起点，没有终点，永远在路上。我们真诚地期待由东北财经大学出版社出版的“高等职业教育会计专业富媒体智能型·精品系列教材”能为我国高职会计专业新一轮改革提供一个范式。本套教材的作者们是否在建设职业化会计教材升级版方面开了个好头，应留给专家、学者和广大师生去评判。

程淮中

前　言

市场上有很多版本的有关财务报表分析的教材，可以说各有特色、各有侧重，我们呈现在亲爱的读者面前的是一本通过完成工作任务而学会财务报表分析的教程。我们根据长期从事财务报表分析教学研究实践，认为是否会进行财务报表分析，关键不在于掌握知识的多少，而在于能力的养成。

在职业教育发达的国家（如德国），通常采用双元制教育模式组织教学活动，通过把企业的行为领域和学校的学习领域相结合，培养学生的关键能力。根据对实际工作过程行为能力的分析，确定某个职业（如财务分析师）的实践行为能力，即其应具备的专业能力、方法能力、社会关键能力，进一步提炼这些能力的学习领域，包括目标描述、学习内容、完成任务过程。这种模式克服了传统教学模式的缺点，着眼于学生能力的开发过程，是国际上先进的教育模式。

通过对我国近几年的就业市场表现出的特征进行分析，可以发现用人单位在聘用人才时，关键考查综合素质，而专业人士在职场的成功与否，主要在于职业核心能力的强弱。国家产业结构的调整，职场的流动与竞争，倒逼高等院校在人才培养方案中注重强化职业核心能力，注重人才综合素质的培养。而会计、财务管理、税务、金融、审计等财会金融类专业人才所应具备的一个重要的核心能力，就是财务报表分析能力。因此，市场急需能力目标清晰、具有工作学习任务导向型、指导学生从做中学的教材。本书应运而生，因时而成，以满足广大师生教与学的需要。

本书共分7个项目，20个学习任务，内容包括财务报表分析认知、盈利能力分析、偿债能力分析、现金流量分析、营运能力分析、发展能力分析和财务报表综合分析等。每个项目均包含学习目标、知识点、技能点和案例导入，以及项目小结等板块。在每个学习任务中均设计了三个主要环节，即知识准备、典型任务举例和同步训练，有的学习任务还配有资源链接。全书案例丰富、行文流畅、讲解简明、任务明确，突出能力养成，页面设计活泼，还附有大量课程资源网页和微课资源链接，特别适合在互联网时代研习使用。

本书由北京经济管理职业学院会计学院“财务报表编制与分析”课程组编写。主编于久洪教授、宋磊副教授均具备20多年财报教学与企业财务管理实践经验，是北京市高等学校教学名师、上市公司财务顾问，于久洪教授还兼任清华大学继续教育学院高级工商管理培训财务类课程教授；副主编李鹤高级会计师、邢海玲博士和佟凡副教授在本专业领域均颇有建树。本书汇聚了这5位老师多年教学科研精华，具有主题鲜明、能力本位的特色。

本书既可以作为高职高专财经类专业学生的学习用书，也可以作为有关人员学习财务报表分析知识的参考用书。

由于能力水平所限，书中纰漏在所难免，恳请广大读者不吝赐教，以期再版时修正。

编　者

2021年2月于北京

目 录

项目一　财务报表分析认知 / 1

案例导入　海涛旅游2016年半年报解读 / 2
任务一　解读财务报表分析的意义 / 3
任务二　掌握财务报表分析的基本方法 / 8
项目小结 / 18

项目二　盈利能力分析 / 20

案例导入　一汽轿车半年报巨亏背后的罪魁祸首 / 21
任务一　利润表分析 / 22
任务二　销售盈利能力分析 / 29
任务三　资产盈利能力分析 / 38
任务四　资本盈利能力分析 / 43
项目小结 / 48

项目三　偿债能力分析 / 49

案例导入　吉利收购沃尔沃 / 50
任务一　资产负债表分析 / 51
任务二　短期偿债能力分析 / 62
任务三　长期偿债能力分析 / 71
项目小结 / 78

项目四　现金流量分析 / 79

案例导入　万福生科造假案 / 80
任务一　现金流量表分析 / 81
任务二　现金偿债能力分析 / 94

任务三　现金盈利能力分析 / 102
项目小结 / 110

项目五　营运能力分析 / 111

案例导入　中国制造业收账难 / 112
任务一　流动资产营运能力分析 / 113
任务二　固定资产营运能力分析 / 122
任务三　总资产营运能力分析 / 127
项目小结 / 132

项目六　发展能力分析 / 133

案例导入　兴衰诺基亚 / 134
任务一　市场增长能力分析 / 135
任务二　资产增长能力分析 / 142
任务三　资本增长能力分析 / 150
项目小结 / 160

项目七　财务报表综合分析 / 161

案例导入　万科公司何以被多方大佬频频举牌？ / 162
任务一　“八步五十点法”财务综合分析 / 163
任务二　三张报表之间关系综合分析 / 189
项目小结 / 219

参考文献 / 222

微课索引 / 223

项目一

财务报表分析认知

学习目标

1. 了解财务报表分析的主体
2. 理解财务报表分析的作用
3. 掌握财务报表分析的原则
4. 熟悉财务报表分析的对象

知识点

财务报表分析的主要内容　财务报表分析的主要原则　财务报表分析使用资料的范围　财务报表分析的一般步骤

技能点

识别财务分析对象　掌握财务分析基本方法

案例导入

海涛旅游2016年半年报解读

2016年8月23日，北京海涛国际旅行社股份有限公司（以下简称海涛旅游，证券代码：833216）公布了2016年半年报。数据显示：2016年上半年，海涛旅游实现营业收入6.61亿元，同比增长6.71%；营业成本6.27亿元，同比增长4.70%；归属于挂牌公司股东的净利润为405.17万元，同比增长190.56%。

海涛旅游是专业的出境旅游运营商，于2015年8月26日在新三板挂牌。海涛旅游主要从事出境旅游的批发和零售业务，集旅游产品的研发、销售和服务于一体，能够为客户提供一站式旅游服务。海涛旅游的销售模式分为批发业务模式和零售业务模式，收入的主要来源是旅游产品的销售。尤其在亚洲短线出境游市场上，海涛旅游具有一定的品牌知名度和影响力，消费者认可度较高。

海涛旅游表示，上半年营业收入和净利润增长主要有两个方面的原因。一方面，该公司在山西、内蒙古、河北、新疆等地开设分公司，拓展批发业务渠道，客户群不断扩大，产品销售量增加，使得收入增加。另一方面，该公司加强北京和天津零售市场的建设，新增禄安大街门市部、回龙观门市部、顺义门市部；加强与途牛、携程、马蜂窝、穷游等线上平台的合作，直客业务量较2015年同期大幅增长，由于该部分业务毛利较高，使得净利润增加。此外，在产品方面，报告期内海涛旅游根据市场行情，加大了外采比例，同时进一步加强了对日本、韩国、俄罗斯等目的地产品的开发力度。

截至2016年6月30日，海涛旅游总资产为4.16亿元，较上年年末增长了56.43%，主要是由该公司的应付账款和预收账款增加所致；净资产为1.14亿元，较上年年末增长了3.69%。

资料来源：秋薇．海涛旅游2016半年报：总营收6.61亿元，净利润同比增长190.56%［EB/OL］．［2019-08-23］．http：//www.tripvivid.com/articles/7659.

思考

（1）这则报道用到的数据来自什么资料？

（2）这份简单的报道用到了哪些财务报表分析方法，分析了哪些方面的情况？

（3）看完这份简单的分析报告，你作为投资者会不会选择“海涛旅游”进行投资？为什么？

任务一　解读财务报表分析的意义

知识准备

一、财务报表分析的主体

财务报表的使用人就是财务报表分析的主体，包括投资人、债权人、经理人员、政府机构及其他利益相关者，他们出于不同目的使用财务报表。

（一）投资人

投资人是指企业的权益投资人，即普通股东。普通股东投资企业的目的是扩大自己的财富，他们所关心的是企业的偿债能力、收益能力及风险等。

投资人进行财务报表分析，是为了回答以下几方面的问题：

（1）企业当前和长期的收益水平如何，企业收益是否容易受重大变动的影响；

（2）目前的财务状况如何，企业资本结构决定的风险和报酬如何；

（3）与其他竞争者相比，企业处于何种地位。

（二）债权人

债权人是指借款给企业并得到企业还款承诺的人。债权人关心的是企业是否具有偿还债务的能力。债权人分为短期债权人和长期债权人两种。

债权人的主要决策包括是否给企业提供信用，以及是否需要提前收回债权。他们进行财务报表分析是为了回答以下几方面的问题：

（1）企业为什么需要额外筹集资金；

（2）企业还本付息所需资金的可能来源是什么；

（3）企业以前的短期借款和长期借款是否按期偿还；

（4）企业将来在哪些方面还需要借款。

（三）经理人员

经理人员是指被所有者聘用的、对企业资产和负债进行管理的个人组成的团体，有时称之为“管理当局”。经理人员关心企业的财务状况、盈利能力和持续发展的能力，可以获取外部使用人无法得到的内部信息。他们分析财务报表的主要目的是为了改善财务报表。

（四）政府机构

政府机构包括税务部门、国有企业的管理部门、证券管理机构、会计监管机构和社会保障部门等，如中国证券监督管理委员会（以下简称证监会）、中国银行保险监督管理委员会、国务院国有资产监督管理委员会等。他们分析财务报表的主要目的是为了履行自己的监督管理职责。

（五）其他利益相关者

其他利益相关者包括供应商、客户及内部员工等。

动脑筋 不同的财务报表分析主体是如何通过财务报表分析来满足决策要求的？

二、财务报表分析的作用

财务会计报告能够提供一个企业在一定时点的财务状况或一个时期的经营成果以及现金流量变动的信息。这些信息分布在资产负债表、利润表、现金流量表、所有者权益变动表以及报表附注、财务情况说明书之中。为了对企业的财务状况、经营成果、现金流量以及企业面临的风险做出全面的判断，对企业未来发展前景做出预测，财务报表分析主体就需要用到财务报表分析技术。财务会计报告分析的重点是对财务报表进行分析。

财务报表分析所提供的信息是否对决策者有用，可以从企业内部与企业外部两个方面来理解。对企业内部的决策者来说，分析财务报表所获得的各种信息，如同各种不同的信号一样，可以借此提示企业生产经营者，并作为决策的依据。因此，财务报表分析的内部作用，在于指明企业生产经营中存在的问题，并进一步查找原因和做出改进的决策。当然，财务报表分析的本身并非是解决问题的答案，而只是发现问题的过程。对企业外部的决策者来说，通过对企业财务状况、经营成果、现金流量的分析，可以判断其相互间的关系，以寻求具有决策意义的相关信息。因此，企业财务报表分析的外部作用，在于为企业外部决策者做出正确决策提供所需要的相关信息。从总体上看，财务报表分析的作用一般可以概括为衡量企业的财务状况、评价企业生产经营的业绩和预测企业发展的趋势等三个方面。

（一）衡量企业的财务状况

通过对企业财务报表的分析，可以了解企业目前资产的分布情况如何；企业的资金从何处取得，其融资结构如何；了解企业经营方针，尤其是投资管理和企业内部资金流转的情况，借以判断企业在经营上的动力如何，财务上是否稳妥可靠；了解企业一系列的财务问题，如购进一项资产的资金来源是靠企业本身的营业盈余还是靠借债或发行股票，营业所得的资金与借款流入的资金的比例是否恰当等。熟知各项会计信息，可以为企业财务报表使用者提供了解企业目前财务状况的真相，通过科学数据衡量企业目前的财务状况，评价企业未来发展的潜在能力。

（二）评价企业生产经营的业绩

企业财务报表只能概括地反映企业过去的财务状况、经营成果和现金流量，如果不将财务报表上所列数据进一步加以剖析，势必不能充分理解这些数字的意义，不能充分掌握数据所传递的信息，进而就无法对企业财务状况的好坏、企业经营成果的大小、企业经营管理是否健全，以及企业发展前景如何做出有事实根据的判断。企业的经营管理者和其他报表使用者要根据财务报表上的各项数据，有重点、有针对性地进行分析研究，了解企业过去的生产经营业绩，如利润的多少、投资报酬率的高低、销货量的大小、现金流量等。根据这些信息和指标，借以评价企业财务状况的好坏、经营成果的大小和经营管理上的得失，并与同行业相比较，以评价企业的成败得失。

（三）预测企业发展的趋势

企业的未来经营活动都是在一定的客观经济条件下进行的，都要受到客观条件的制约，并受客观的经济规律的支配。为了科学地组织生产经营，企业往往会最有效地使用人力、物力和财力，实现最佳的经济效益。企业在规划未来的经济活动时，必须善于从客观的经济条件出发，按照客观经济规律办事，预测未来的发展趋势，并据以做出正确的决策。在这些方面，企业财务报表分析具有重要的作用。因为通过财务报表分析，可从经济活动这一复杂的现象中，把那些基本的、企业所需要的信息提炼出来，然后针对目前的情况，权衡未来发展的可能趋势，并做出相应的决策。

提示 企业的财务风险、经营风险、报酬及发展潜力是利益相关者进行合理投资、信贷和经营决策的重要依据，而这些重要依据主要是通过财务报表体现出来的。因此，进行财务报表分析，对利益相关者评价企业并进行决策具有重要的意义。

三、财务报表分析的原则

财务报表分析的原则是指各类财务报表使用人在进行财务分析时应遵循的一般规范。它可以概括为：目的明确原则；实事求是原则；全面分析原则；系统分析原则；动态分析原则；定量分析与定性分析结合原则；成本效益原则。

四、财务报表分析的对象

财务报表分析的对象是企业的各项基本活动。财务报表分析就是从财务报表中获取符合财务报表使用人分析目的的信息，认识企业活动的特点，评价其业绩，发现其问题。

企业的基本活动分为筹资活动、投资活动和经营活动三类。

（一）筹资活动

筹资活动是指筹集企业投资和经营所需资金的活动。它包括发行股票和债券、取得借款、融资租赁，以及因此而发生的还本付息、支付股利等。

（二）投资活动

投资活动是指将所筹集到的资金分配于资产项目的活动。它包括购置各种固定资产、无形资产、其他长期资产及有价证券等。

（三）经营活动

经营活动是指在必要的筹资和投资前提下，运用资产赚取收益的活动。它至少包括研究与开发、采购、生产、销售和人力资源管理等五项活动。经营活动是企业收益的主要来源。

企业的三类基本活动是相互联系的，在业绩评价时不应把它们割裂开来。

提示 财务报表分析的起点是阅读财务报表，终点是做出某种判断（包括评价和找出问题），中间的财务报表分析过程，由比较、分类、类比、归纳、演绎、分析和综合等认识事物的步骤和方法组成。其中分析和综合是两种最基本的逻辑思维方法。因此，财务报表分析的过程也可以说是分析和综合的统一。

五、财务报表分析的内容

因为不同的财务报表使用人对财务信息的需求不同，所以财务报表分析的内容也不同。但概括起来，财务报表分析的内容主要包括以下几个方面：

（一）资本结构分析

企业在生产经营过程中周转使用的资金包括向债权人借入和企业自有两部分，它们以不同的形态分配和使用。资本结构能够直接反映企业的经济实力和经营基础，分析资本结构对企业的经营者、投资者或债权人都具有十分重要的意义。

（二）偿债能力分析

企业在生产经营过程中，为了弥补自有资金不足，经常通过举债的方式筹集部分生产经营资金。因此，企业经营者通过财务报表分析测定企业的偿债能力有利于做出正确的筹集决策。而对债权人来说，企业偿债能力是其做出贷款决策的基本依据。

（三）获利能力分析

获取利润是企业的最终目的，也是投资者投资的基本目的。获利能力的大小显示着企业经营管理的成败和企业未来前景的好坏。

（四）资金运用效率分析

资金运用效率的高低直接关系到企业获利能力的大小，预示着企业未来的发展前景，是企业经营者和投资者进行财务报表分析的一项重要内容。

（五）财务状况变动分析

财务状况变动分析主要是通过现金流量表的各项目的研究和评价，了解企业当期资金流入的数量及其渠道、资金流出的数量及其用途、期初和期末相比企业资金增加或减少了多少、是什么原因引起的，从而正确评价企业的偿债能力和支付能力，为决策提供充分的依据。

（六）成本费用分析

在市场经济条件下，产品的价格是由市场决定的。企业如果能降低成本、减少费用，就会获得较高的利润，从而在市场竞争中处于有利的地位。由于有关成本、费用的报表属于企业内部使用的报表，投资者、债权人一般无法取得，因而成本、费用的分析是企业经营者进行财务报表分析的重要内容。

典型任务举例

【背景资料】北京海涛国际旅行社股份有限公司（简称海涛股份）的营业收入、营业成本、净利润、总资产和净资产等数据来自其2016年上半年的年报披露。海涛股份财务报表数据同比分析见表1-1。

表1-1 海涛股份财务报表数据同比分析 单位：元

报表项目	报　表	2016年上半年	2015年上半年	同比（%）
营业收入	利润表	660 508 775.24	619 002 569.35	106.71
营业成本	利润表	627 110 647.66	598 959 135.69	104.70
净利润	利润表	4 051 724.72	1 393 353.72	290.79
总资产	资产负债表	415 512 060.15	265 615 251.35	156.43
净资产	资产负债表	113 860 697.72	109 808 973.00	103.69

【工作任务】对海涛股份财务报表数据进行同比分析，给出分析结论。

【工作过程】通过简单的财务分析，可以看出：

（1）对投资人来说，可以从年报中了解到该公司的净利润较上年同期有较大幅度的增长，主要来自销量和毛利的增长，且收入的涨幅大于成本的涨幅，所以，投资人应该基本满意。净利润的增长远远大于毛利的增长，说明该公司还存在其他方面的利润增长点，有待做详细深入的具体分析。

微课：海涛股份同比分析

（2）对债权人来说，年报披露的信息显然不足。但是，当债权人看到该公司的收入和利润都增长时，应该也会比较满意，对该公司的偿债能力比较有信心。

（3）对管理当局来说，可以比较直观地了解到本公司的财务状况、盈利能力和持续发展的能力。资产规模的快速扩张是通过管理当局的财务报告披露出来的，稳健的管理当局还要比较同行业同期的水平才能给出比较准确的判断。

同步训练

一、判断题（正确的在括号内打“√”，错误的打“×”）

（　　）1.财务报表分析所提供的信息是否对决策者有用，可以从企业内部与企业外部两个方面来理解。

（　　）2.企业的财务风险、经营风险、报酬及发展潜力是利益相关者进行合理投资、信贷和经营决策的重要依据。

（　　）3.财务报表分析的起点是做出某种判断或假设，最终的财务报表分析过程由比较、分类、类比、归纳、演绎、分析和综合等认识事物的步骤和方法组成。

（　　）4.企业的未来经营活动是在一定的经济条件下进行的，既受主观条件的制约，也受客观的经济规律的支配。

（　　）5.资金利用效率的高低直接关系到企业获利能力的大小，预示着企业未来的发展前景，是企业经营者和投资者进行财务报表分析的一项重要内容。

二、不定项选择题（每题至少有一个正确答案，请将正确答案填在括号内）

1.在财务报表分析中，最关心企业资本保值、增值状况和盈利能力的利益主体是（　　）。

A.企业所有者　　B.企业经营决策者

C.企业债权人　　D.政府经济管理机构

2.衡量企业偿还到期债务能力的直接标志是（　　）。

A.有足够的资产　　B.有足够的流动资产

C.有足够的存货　　D.有足够的现金

3.财务信息的用户主要是（　　）。

A.投资人　　B.债权人

C.政府　　D.企业内部

4.财务报表主要包括（　　）。

A.主表　　B.报表附注

C.利润表　　D.附表

5.企业财务报表中需要对外报送的主表是（　　）。

A.成本报表　　B.利润表

C.资产负债表　　D.现金流量表

三、实训题

【实训目的】了解财务报表分析的用途及意义。

【实训资料】网络搜索三家年报分析资料。

【实训要求】识别财务报表分析的数据来源并进行简单的比较分析，将数据填入表1-2中。

表1-2　财务报表比较分析　单位：元

报表项目	报表名称	2016年	2015年	同比（%）
营业收入				
营业成本				
净利润				
总资产				
净资产				

任务二　掌握财务报表分析的基本方法

知识准备

一、财务报表分析的方法

进行财务报表分析，最主要的方法是比较分析法和因素分析法。

（一）比较分析法

比较分析法的理论基础，是客观事物发展变化共同性与差异性的辩证结合。共同性使它们具有了可比的基础，差异性使它们具有了不同的特征。在实际分析时，这两方面的比较往往结合使用。

1.按比较的参照标准分类

按比较的参照标准分类，财务报表分析可以分为趋势分析、同业分析和预算差异分析。

（1）趋势分析。趋势分析是指分析期与前期或连续数期项目金额的对比。这种对财务报表项目纵向比较分析的方法，是一种动态的分析。通过分析期与前期（上月、上季、上年同期）财务报表中有关项目金额的对比，可以从差异中及时发现问题，查找原因，改进工作。连续数期的财务报表项目的比较能够反映出企业的发展动态，以揭示当期财务状况和营业情况的增减变动，判断引起变动的主要项目，这种变动的性质是有利的还是不利的，发现问题并评价企业财务管理水平，同时也可以预测企业未来的发展趋势。

【做中学1-1】某公司2019年1月—6月有关商品的销售见表1-3。

表1-3　2019年1月—6月有关商品的销售　单位：万元

项目	1月	2月	3月	4月	5月	6月
销售收入	1 000	1 100	1 150	1 200	1 300	1 450
销售成本	700	750	780	800	850	950
销售利润	300	350	370	400	450	500

要求：按照趋势百分比的定比和环比两种方法，计算各项目的趋势百分比。

计算：以1月为基期，其余各期与基期比较，计算出趋势百分比，即定比。表1-4为2019年1月—6月的定比。

表1-4　2019年1月—6月的定比

项目	1月	2月	3月	4月	5月	6月
销售收入	100%	110%	115%	120%	130%	145%
销售成本	100%	107%	111%	114%	121%	136%
销售利润	100%	117%	123%	133%	150%	167%

从表1-4中可以看出，用百分比反映的变化趋势较之用绝对数更明显一些。某公司2019年1月—6月销售收入增长了45%，而销售利润则增长了67%，高于销售收入的增长，其原因主要是销售成本的增长低于销售收入的增长，从而影响了销售利润的增长。

将各期项目数和前期项目数相比较，计算出趋势百分比，即环比。表1-5为2019年1月—6月的环比。

表1-5　2019年1月—6月的环比

项目	1月	2月	3月	4月	5月	6月
销售收入	100%	110%	105%	104%	108%	112%
销售成本	100%	107%	104%	103%	106%	112%
销售利润	100%	117%	106%	108%	113%	111%

从表1-5中可以看出，销售成本逐月增长，而且增长速度是递增的；销售收入虽然都在增长，但增长速度较慢，其结果是销售利润虽然逐月在增长，但增长速度在递减，而且到6月增长率仅为111%。

（2）同业分析。将企业的主要财务指标与同行业的平均指标或同行业中先进企业的指标进行对比，可以全面评价企业的经营业绩。

第一步，找出同业比较企业。这一步比较重要，如果不能找到合适的同业比较企业，得出的同业比较分析结果就可能不准确，甚至毫无意义。2012年10月26日中国证券监督管理委员会发布了《上市公司行业分类指引（2012年修订）》（2012年10月26日证监会公告〔2012〕31号）。根据上市公司的主营业务，对照《上市公司行业分类指引（2012年修订）》，可以确定上市公司的行业分类。为了取得比较准确的同业比较分析结果，在《上市公司行业分类指引（2012年修订）》基础上，应该进一步细分上市公司所处行业。在上市公司年度报告或中期报告中，可以找到关于该公司主营业务的陈述以及主营业务的收入结构。对照《上市公司行业分类指引（2012年修订）》，根据该公司的主营业务或者占主营业务收入比例大的业务，划分上市公司所处行业，寻找同业比较企业。

第二步，计算财务指标或财务数据的同业平均值、同业最高值和同业最低值。

第三步，找出上市公司严重偏离同业平均水平的财务数据和财务指标，并分析它们严重偏离同业平均值的原因。

与同行业的平均指标对比，可以分析判断该企业在同行业中所处的位置；与同行业中先进企业的指标对比，有利于吸收先进经验，克服本企业的缺点。

（3）预算差异分析。将分析期的预算数作为比较的标准，实际数与预算数的差距就能反映完成预算的程度，可以为进一步分析和寻找企业潜力提供方向。

2.按比较的指标分类

按比较的指标分类，财务报表分析可以分为总量指标分析、财务比率分析和结构百分比分析。

（1）总量指标分析。总量是指财务报表某个项目的金额总量，如净利润、应收账款、存货等。由于不同企业的会计报表项目的金额之间不具有可比性，因此总量比较主要用于历史和预算比较。有时候总量指标也用于不同企业的比较。例如，证券分析机构按资产规模或利润的数额建立的企业排行榜。

（2）财务比率分析。财务比率是用倍数或比例表示的分数式，它反映各会计要素的相互关系和内在联系，代表了企业某一方面的特征、属性或能力。财务比率的比较是最重要的比较。它们是相对数，排除了规模的影响，使不同比较对象建立起可比性，因此广泛用于历史比较、同业比较和预算比较。财务比率可以分为以下六类：

第一类，短期偿债能力比率，如流动比率、速动比率和现金比率。

第二类，长期偿债能力比率，如资产负债率、产权比率、有形净值债务率和已获利息倍数等。

第三类，营运能力比率，也叫资产管理比率，如存货周转率、流动资产周转率、总资产周转率和应收账款周转率等。

第四类，盈利能力比率，如销售净利率、资产净利率和净资产收益率。

第五类，发展能力比率，如销售增长率、资本积累率和资本保值增值率。

第六类，获取现金能力比率，如现金比率、经营现金利润率和现金流动负债比率。

各种不同的比率说明了不同的关系。由于财务报表使用者不同，分析比率的着眼点、用途、目的不同，因而比较的标准也有所不同。另外，由于每一个比率只涉及企业生产经营过程中的一种关系，而企业生产经营活动本是错综复杂的，因此应当把各种比率的分析结论有机地结合起来，把比率分析和趋势分析、结构百分比分析等结合起来，才能得出正确结论。

（3）结构百分比分析。结构百分比是指用百分率表示某一报表项目的内部结构。它反映该项目内各组成部分的比例关系，代表了企业某一方面的特征、属性或能力。结构百分比实际上是一种特殊形式的财务比率。它们同样排除了规模的影响，使不同比较对象建立起可比性，可以用于本企业历史比较、与其他企业比较和与预算比较。

【做中学1–2】沿用【做中学1–1】的资料，以表1–3中某公司的销售收入等项目数据为例，以销售收入为100%，计算其他项目的结构百分比。

其他项目结构百分比的计算见表1–6。

表1–6 其他项目结构百分比的计算

项目	1月	2月	3月	4月	5月	6月
销售成本	70%	68%	68%	67%	65%	66%
销售利润	30%	32%	32%	33%	35%	34%
销售收入	100%	100%	100%	100%	100%	100%

从各期结构百分比的变动情况可以看出，由于销售成本逐期下降，导致销售利润占销售收入的比重逐期上升。结构百分比分析对于资产负债表和利润表的分析是很有用的。作为基数的项目，在利润表中通常为销售收入；在资产负债表中，通常为资产总额、负债总额和所有者权益总额。

比较法的主要作用在于揭示客观存在的差距以及形成这种差距的原因，帮助人们发现问题，挖掘潜力，改进工作。比较法是各种分析方法的基础，不仅报表中的绝对数要通过比较才能说明问题，计算出来的财务比率和结构百分比也都要与有关资料（比较标准）进行对比，才能得出有意义的结论。

（二）因素分析法

因素分析法是指将一项综合性的指标分解为各项构成因素，顺序用各项构成因素的实际数替换基数，分析各项构成因素影响程度的一种方法。它是把整体分解为若干个局部的一种常用的技术方法，包括比率因素分解法和差异因素分解法。

1.比率因素分解法

比率因素分解法是指把一个财务比率分解为若干个影响因素的方法。例如，资产收益率可以分解为资产周转率和销售利润率两个比率的乘积。财务比率是财务报表分析的特有概念，财务比率分解是财务报表分析所特有的方法。

在财务报表分析中，比率因素分解法和比较分析法是结合使用的。比较之后需要分解，以深入了解差异的原因；分解之后还需要比较，以进一步认识其特征。不断的比较和分解，构成了财务报表分析的主要过程。

2. 差异因素分解法

为了解释比较分析中所形成差异的原因，需要使用差异因素分解法。例如，产品材料成本差异可以分解为价格差异和数量差异。差异因素分解法的具体计算程序如下：

（1）分解某项综合指标的各项构成因素；

（2）确定各项构成因素的排列顺序；

（3）按排定的顺序和各项构成因素的基数进行计算；

（4）顺序将前面因素的基数替换成实际数，计算出替换后的结果，与前一次替换后的计算结果进行比较，计算出影响程度，直至替换完毕；

（5）计算出各项构成因素影响程度之和，与该项综合指标的差异总额进行对比，核对是否相符。

【做中学 1-3】运用因素分析法对甲产品材料成本费用（见表 1-7）进行分析。

表 1-7　甲产品材料成本费用

项　目	产品产量/件	单位产品材料消耗量/千克	材料单价/元	材料费用总额/元
定额费用	1 500	32	18	
实际费用	1 600	30	21	
差异				

材料成本=产品产量×单位产品材料消耗量×材料单价

（1）初步对比分析：

材料定额成本=1 500×32×18=864 000（元）

材料实际成本=1 600×30×21=1 008 000（元）

该材料成本实际比定额超支 144 000 元（1 008 000-864 000）。

（2）测定各构成因素对总差异的影响程度：

材料定额成本=1 500×32×18=864 000 （元） ①

替换产量因素：1 600×32×18=921 600（元） ②

产量变化对材料成本的影响：

②-①=921 600-864 000=57 600（元）

替换单耗因素：1 600×30×18=864 000（元） ③

单耗变化对材料成本的影响：

③-②=864 000－921 600=-57 600（元）

替换单价因素：1 600×30×21=1 008 000（元） ④

单价变化对材料成本的影响：

④-③=1 008 000－864 000=144 000（元）

差异合计=57 600－57 600+144 000=144 000（元）

经分析可知材料成本超支的主要原因是单价提高造成的，应进一步对材料采购成本进行分析。

在财务报表分析中，除了普遍使用比较分析法和因素分析法之外，有时还要使用回归分析、模拟模型等技术方法。

二、财务报表分析依据的资料

（一）财务会计报告

财务会计报告是指企业对外提供的反映企业某一特定日期的财务状况和某一会计期间的经营成果、现金流量等会计信息的文件。

（二）报表附注

附注是指对在资产负债表、利润表、现金流量表和所有者权益变动表等报表中列示项目的文字描述或明细资料，以及对未能在这些报表中列示项目的说明等。

附注应当披露财务报表的编制基础，相关信息应当与资产负债表、利润表、现金流量表和所有者权益变动表等报表中列示的项目相互参照。

附注一般应当按照下列顺序披露：

（1）财务报表的编制基础；

（2）遵循企业会计准则的声明；

（3）重要会计政策的说明，包括财务报表项目的计量基础和会计政策的确定依据等；

（4）重要会计估计的说明，包括下一会计期间内很可能导致资产、负债账面价值重大调整的会计估计的确定依据等；

（5）会计政策、会计估计变更和差错更正的说明；

（6）对已在资产负债表、利润表、现金流量表和所有者权益变动表中列示的重要项目的进一步说明，包括终止经营税后利润的金额及其构成情况等；

（7）或有和承诺事项、资产负债表日后非调整事项、关联方关系及其交易等需要说明的事项；

（8）企业应当在附注中披露在资产负债表日后、财务会计报告批准报出日前提议或宣布发放的股利总额和每股股利金额（或向投资者分配的利润总额）。

（三）审计报告

审计报告与财务会计报告的可信性有密切关系，财务分析人员必须注意注册会计师出具的有关审计报告。

1.财务报表审计

按照我国现行规定，上市公司、国有企业、国有控股或占主导地位的企业的年度财务报表要经过注册会计师审计，对财务报表的合法性、公允性和一贯性发表意见。

2.审计报告的类型

审计报告有两种类型：标准审计报告和非标准审计报告。标准审计报告是指无保留意见的审计报告；非标准审计报告包括带强调事项段的无保留意见的审计报告、保留意见的审计报告、否定意见的审计报告和无法表示意见的审计报告。

三、财务报表分析的步骤

财务报表分析的步骤并没有一个定性的规定，因财务报表分析人的不同，相应步骤也不同。但是经过实践探索，财务报表分析也有一些共性，一般步骤包括：

（一）明确分析目的

事先要明确分析的目的，不同财务报表分析人有不同的目的。

（二）设计分析程序

根据分析目的来设置分析程序，不同的分析目的所设置的分析程序也不同。例如，分析时采用什么财务指标，使用什么分析方法，分析到什么层次，用什么来比较等。

（三）收集有关信息

根据确定的范围收集所需资料，主要是财务报表，但也有其他的资料。财务报表分析人应对收集的有关信息进行加工，如简化财务报表、挑选出分析所用的相关指标等。

（四）将整体分为各个部分

将整体信息划分为需要分析的各个部分，对每个部分进行专项的分析。

（五）研究各个部分的特殊本质

对整体进行细分后，根据数据的相互比较和分析，得出分析所需要的深层次的信息。

（六）研究各个部分之间的联系

综合考虑各个部分的分析结果，通过财务指标判断企业的各项能力。

（七）得出分析结论

对分析结果进行归纳汇总，形成最后的结论。专业分析人员在完成分析工作后，还需要给委托人或上级主管出具一份论据充分、叙述清楚、分析透彻的分析报告，以表达分析的结论，供决策者使用。分析报告不仅要表达最终的结论，还应包括分析的过程。分析过程的中间信息对决策者至关重要，它可以使决策者充分了解该企业或其某一方面的情况。

典型任务举例

实例一

【背景资料】某公司产品实际销售收入为40万元（8万件×5元/件）；预算销售收入为43.2万元（9万件×4.8元/件）。

【工作任务】运用因素分析法进行财务分析，然后回答相关问题。

【工作过程】

（1）初步对比分析。

预算收入=9×4.8=43.2（万元）

实际收入=8×5=40（万元）

实际收入比预算收入少3.2万元。

（2）测定各因素对总因素的影响程度。

预算收入=9×4.8=43.2（万元）

替换数量因素：8×4.8=38.4（万元）

数量变化对收入的影响：38.4−43.2=−4.8（万元）

替换单价因素：8×5=40（万元）

单价变化对收入的影响：40−38.4=1.6（万元）

差异合计=−4.8+1.6=−3.2（万元）

经分析可知，实际收入低于预算收入的主要因素是数量的减少，应进一步对产品的销售情况进行分析。

【请回答】

1. 上述财务分析内容的阅读者可能是____________________。

2. 上述财务分析主要用于评价____________________。

3. 上述财务分析主要运用了____________________分析方法。

4. 如果请你为这部分内容添加分析结论，你认为应该是：____。

实例二

【背景资料】某公司利润表结构分析见表1−8。

表1−8　利润表结构分析

项目	2018年度	2019年度
一、营业收入	100%	100%
减：营业成本	46.47%	66.78%
税金及附加	0.4%	0.55%
销售费用	3.37%	3.19%
管理费用	7%	8.88%
财务费用	3.94%	3.85%
加：投资收益	2.42%	2.6%
公允价值变动收益	0.76%	0.76%
资产减值损失	0	0.11%
二、营业利润	42%	20%
加：营业外收入	0.84%	0.76%
减：营业外支出	0.14%	0.07%
三、利润总额	42.7%	20.69%
减：所得税费用	8.1%	6.75%
四、净利润	34.6%	13.94%

【工作任务】运用比较分析法进行财务分析，然后回答相关问题。

【工作过程】根据表1–8的数据分析得出：2019年度虽然营业收入上升，但营业成本较上年增长显著，从46.47%上升到66.78%，而期间费用比上年增长较多，导致利润总额比上年减少。

【请回答】

1. 对上述财务分析内容最为关注的阅读者可能是________________；这是因为____。

2. 上述财务分析主要用于评价________________________。

3. 上述财务分析主要运用了____________________分析方法。

4. 如果请你为这部分内容添加分析结论，你认为应该是：________________________________。

实例三

【背景资料】某公司财务比率分析见表1–9。

表1–9 财务比率分析

项目	2018年	2019年
应收账款周转率	9 100÷［（1 028+944）÷2］=9.23	10 465÷［（1 140+1 028）÷2］=9.65
存货周转率（成本基础）	7 300÷［（928+1 060）÷2］=7.34	8 176÷［（1 070+928）÷2］=8.18
存货周转率（收入基础）	9 100÷［（928+1 060）÷2］=9.15	10 465÷［（1 070+928）÷2］=10.48
流动资产周转率	9 100÷［（2 680+2 200）÷2］=3.73	10 465÷［（2 680+2 680）÷2］=3.90
固定资产周转率	9 100÷［（3 340+3 800）÷2］=2.55	10 465÷［（3 500+3 340）÷2］=3.06
总资产周转率	9 100÷［（8 060+8 800）÷2］=1.08	10 465÷［（8 920+8 060）÷2］=1.23

【工作任务】运用财务比率进行财务分析，然后回答相关问题。

【请回答】

1. 上述财务分析的信息资料来源于____________________等会计资料。

2. 上述财务分析主要用于评价________________________。

3. 上述财务分析主要运用了____________________分析方法。

4. 如果请你为这部分内容添加分析结论，你认为应该是：________________________________。

实例四

【背景资料】某公司2018年和2019年的相关财务指标如下：

2018年净资产收益率=销售净利率×资产周转率×权益乘数

=（30÷280）×（280÷128）×［1÷（1－55÷128）］

=0.11×2.19×1.75=0.24×1.75=0.42

2019年净资产收益率=销售净利率×资产周转率×权益乘数

=（41÷350）×（350÷198）×［1÷（1－88÷198）］

=0.12×1.77×1.79=0.21×1.79=0.38

【工作任务】根据所给资料进行分析，然后回答相关问题。

【工作过程】上述数据分析结果表明：2019年的净资产收益率比2018年有所下降，主要原因是资产周转率的显著降低。从相关资料中可以分析出：2019年总资产明显增大，导致资产周转率降低。本年负债比例有所上升，因而权益乘数上升。综合以上分析可以看出，本年净资产收益率降低了。

【请回答】

1.上述财务分析的基础信息资料来源于________________________________。

2.上述财务分析主要用于评价__________________________，其中销售净利率反映了该公司的____，资产周转率代表了该公司的____，权益乘数则反映了该公司的________________________________。

3.上述财务分析主要运用了______________________分析方法，这是一种财务报表综合分析方法。

同步训练

一、判断题（正确的在括号内打“√”，错误的打“×”）

（　　）1.进行财务报表分析，最主要的方法是比较分析法和因素分析法。

（　　）2.趋势分析就是分析期与前期或连续数期项目金额的对比。这种对财务报表项目进行横向比较分析的方法，是一种动态的分析。

（　　）3.比较法的主要作用在于揭示客观存在的差距以及形成这种差距的原因，帮助人们发现问题，挖掘潜力，改进工作。

（　　）4.财务报表分析的全过程也就是通过比较分析，对企业的经营活动及其绩效的判断、评价和决策的过程。

（　　）5.因素分析法是将一项综合性的指标分解为各项构成因素，顺序用各项构成因素的实际数替换基数，分析各项构成因素影响程度的一种方法。

二、不定项选择题（每题至少有一个正确答案，请将正确答案填在括号内）

1.财务报表分析最主要的方法是（　　）。

A.比较分析法　　　　B.因素分析法

C.比例分析法　　D.比率分析法

2.财务报表分析所依据的资料主要是（　　）。

A.财务会计报告　　B.审计报告

C.报表附注　　D.纳税申报表

3.财务报表分析的全过程也就是通过比较分析，对企业的经营活动及其绩效的（　　）的过程。

A.判断　　B.评价　　C.预测　　D.决策

4.因素分析法也是财务报表分析常用的一种技术方法，它是指把整体分解为若干个局部的分析方法，包括（　　）。

A.比率因素分解法　　B.差异因素分解法

C.比较分析法　　D.比率分析法

5.在财务报表分析中，除了普遍使用比较分析法和因素分析法之外，有时还要使用的技术方法是（　　）。

A.回归分析　　B.模拟模型　　C.模型模拟　　D.差值

三、实训题

【实训目的】掌握因素分析法。

【实训资料】已知某种材料成本资料见表1-10。

表1-10　　某种材料成本

项目	产量/件	单位产品消耗量/千克	单价/（元/件）	材料成本总额/元
上月	1 000	4	8	32 000
本月	1 100	3	10	33 000

【实训要求】用因素分析法分析材料成本上升的原因。

项目小结

本项目主要知识点归纳总结见表1-11。

表1-11　　主要知识点归纳总结

主要知识点	内　容	
财务报表分析的主体	投资人	关心：偿债能力、收益能力及风险
	债权人	关心：是否具有偿还债务的能力
	经理人员	关心：财务状况、盈利能力和持续发展的能力
	政府机构	履行：监督管理职责

续表

主要知识点	内容	
财务报表分析的作用	资产负债表	衡量企业的财务状况
	利润表	评价企业生产经营的业绩
	全部报表	预测企业发展的趋势
财务报表分析的对象	筹资活动	筹集企业投资和经营所需要的资金
	投资活动	将所筹集到的资金分配于资产项目
	经营活动	在必要的筹资和投资前提下，运用资产赚取收益的活动
财务报表分析的内容	资本结构分析	企业在生产经营过程中周转使用的向债权人借入和企业自有资金的形态分配和使用
	偿债能力分析	企业偿债能力是债权人做出贷款决策的基本依据
	获利能力分析	获利能力的大小显示着企业经营管理的成败和企业未来前景的好坏
	资金运用效率分析	资金利用效率的高低直接关系到企业获利能力大小，预示着企业未来的发展前景
	财务状况变动分析	了解企业当期内资金流入的数量及其渠道、资金流出的数量及其用途
	成本费用分析	是企业经营者财务报表分析的重要内容
财务报表分析的方法	比较分析法	按比较的参照标准分类：趋势分析、同业分析、预算差异分析
		按比较的指标分类：总量指标分析、财务比率分析、结构百分比分析
	因素分析法	比率因素分解法
		差异因素分解法

项目二

盈利能力分析

学习目标

1. 了解利润表的基本结构
2. 掌握利润表分析的内容
3. 了解盈利能力分析的意义
4. 掌握盈利能力分析的内容及方法
5. 熟悉盈利能力分析常用指标的含义
6. 掌握盈利能力分析常用指标的计算公式
7. 理解盈利能力分析常用指标的评价标准
8. 能对利润表进行分析
9. 能依据上市公司财务报表正确计算盈利能力常用指标，并根据计算结果对上市公司盈利能力展开恰当分析

知识点

利润表的基本结构　利润表的分析内容　盈利能力分析的基本框架　销售盈利能力的分析　资产盈利能力的分析　资本盈利能力的分析

技能点

会选取相关数据进行利润表分析　计算盈利能力分析指标　分析评价企业盈利能力

案例导入

一汽轿车半年报巨亏背后的罪魁祸首

根据一汽轿车股份有限公司（简称一汽轿车）发布的2016年半年度报告显示，上半年该公司实现营业收入84.9亿元，同比下降38.31%；归属于上市公司股东的净利润为-8.26亿元，同比骤降613.77%。虽然一汽轿车的亏损早在意料之中，但此番跌幅仍然让人唏嘘。

一汽轿车将业绩亏损的原因归咎于：上半年，国内乘用车保持稳定增长，但轿车同比出现下滑，该公司主要产品集中于轿车细分市场，增速的下滑加剧了市场竞争；另外，公司上半年销售的产品均为老车型，市场竞争力逐步下滑，产品的销量和销售收入同比均有所下降，致使本期经营亏损。

记者注意到，虽然一汽轿车没有公布旗下一汽马自达与一汽奔腾两个公司销量下降的准确数值，但一汽马自达销量大幅下滑无疑是一个重要因素。数据显示，一汽轿车58%的整车销售来自于一汽大众，19%的整车销售来自于一汽丰田。

马自达中国官方数据显示：2016年上半年，一汽马自达销量仅为31 056辆，同比下滑29.8%；营业收入为40.53亿元，净利润为-751.5万元。反观长安马自达，前6个月累计销量达86 467辆，同比增长20%，占据马自达中国全部销量的73.6%。如此强烈的对比，无疑令握有马自达高端车型的一汽马自达显得颇为尴尬。可见，一汽马自达非但救主无望，甚至还拖了集团的后腿。

资料来源：中国经济网. 一汽轿车中报巨亏背后：一汽马自达或是罪魁祸首［EB/OL］.［2016-09-09］. http://www.chinanews.com/auto/2016/09-09/7998913.shtml. 编者有删改。

思考

（1）谁是一汽轿车巨亏背后的罪魁祸首？

（2）怎样对一汽轿车的巨亏进行深入分析？

任务一 利润表分析

知识准备

一、利润表概述

利润表反映企业在一定期间内利润（亏损）的实现情况，利润在数量上等于收入减费用。利润表是企业主要财务报表之一，它能反映企业在一定时期内的经营成果。通过利润表，可以对企业盈利能力进行分析，并能够预测企业未来盈利变化的趋势；通过分析企业利润的增减变化，还可以考核企业经营成果及计划的执行情况，有助于发现经营过程中存在的问题，便于企业采取改进措施，提高盈利水平。

二、利润表的基本结构

利润表由收入、费用、利润三个动态要素组成，按项目依次排列，一般包括表首、正表两部分。表首部分主要包括：报表名称、编制单位、编制时间、报表编号、金额单位等；正表部分为影响利润形成的各个项目。利润表的格式为报告式，主要有单步式和多步式两种。单步式利润表是把当期全部收入之和减去当期全部支出之和，一步计算出当期利润。多步式利润表是分步骤计算不同性质利润的形成过程，每一步都将收入和费用进行了搭接，既有利于反映利润的构成情况，也有利于分析企业盈利能力。我国《企业会计制度》规定利润表应采用多步式结构，2019年4月30日财政部对一般企业财务报表格式进行了修订，基本格式（适用于未执行新金融准则、新收入准则和新租赁准则的企业）见表2-1。

表2-1 利润表

会企02表

编制单位：　　　　____年____月　　　　单位：元

项目	本期金额	上期金额
一、营业收入		
减：营业成本		
税金及附加		
销售费用		
管理费用		
研发费用		
财务费用		
其中：利息费用		
利息收入		

续表

项目	本期金额	上期金额
加：其他收益		
投资收益（损失以“–”号填列）		
其中：对联营企业和合营企业的投资收益		
公允价值变动收益（损失以“–”号填列）		
资产减值损失（损失以“–”号填列）		
资产处置收益（损失以“–”号填列）		
二、营业利润（亏损以“–”号填列）		
加：营业外收入		
减：营业外支出		
三、利润总额（亏损总额以“–”号填列）		
减：所得税费用		
四、净利润（净亏损以“–”号填列）		
（一）持续经营净利润（净亏损以“–”号填列）		
（二）终止经营净利润（净亏损以“–”号填列）		
五、其他综合收益的税后净额		
（一）不能重分类进损益的其他综合收益		
1.重新计量设定受益计划变动额		
2.权益法下不能转损益的其他综合收益		
⋮		
（二）将重分类进损益的其他综合收益		
1.权益法下可转损益的其他综合收益		
2.可供出售金融资产公允价值变动损益		
3.持有至到期投资重分类为可供出售金融资产损益		
4.现金流量套期损益的有效部分		
5.外币财务报表折算差额		
⋮		
六、综合收益总额		
七、每股收益：		
（一）基本每股收益		
（二）稀释每股收益		

编者注：本书采用的如果是2019年之前的财务数据，则一些报表项目格式仍然会采用上市公司当年披露的格式。其他项目同理。

三、利润表分析的内容

（一）利润额增减变动分析

微课：利润表分析

利润额增减变动分析是指通过对利润表的水平分析，从利润的形成和分配两方面反映利润额的变动情况，揭示企业在利润形成与分配各环节的会计政策、管理业绩及存在的问题。利润额增减变动分析通常采用横向比较分析的方法，这种方法也叫水平分析法，是指将企业连续数年的利润指标进行比较，分别计算出各个指标的变动金额和变动百分比，从而确定各个指标的变动对利润的影响的方法。

（二）利润结构变动情况分析

利润结构变动分析是指在对利润表进行垂直分析的基础上，揭示各项利润及成本费用与收入的关系，以反映企业各环节的利润构成、利润及成本费用水平。利润结构变动分析通常采用纵向比较分析的方法，这种方法也叫垂直分析法，是指以企业营业收入总额为共同基数，定为100%，然后计算其他项目与营业收入总额的比，即利润结构百分比。通过结构分析可以剖析利润表中各项目之间的内在钩稽关系，了解企业各种利润率水平的方法。

（三）企业收入分析

收入是影响利润的重要因素。企业收入分析的内容包括收入的确认与计量分析；影响收入的价格因素与销售量因素分析；企业收入的构成分析等。

（四）成本费用分析

成本费用分析包括产品销售成本分析和期间费用分析两部分。产品销售成本分析包括销售总成本分析和单位销售成本分析；期间费用分析包括销售费用分析、管理费用分析和财务费用分析。

典型任务举例

【背景资料】

研究标的：远东智慧能源股份有限公司（股票代码：600869）利润表分析。

分析期间：以2015年度为主，并与2014年度作比较。

注册地址：青海省西宁市城北区生物园区经二路12号。

公司网址：www.600869.com。

行业分类：制造业、输配电业，包括电线电缆、电子商务、能源系统、智能系统四大板块业务。

组织形式：民营企业。

主营业务：经营智慧能源和智慧城市技术、产品与服务及其互联网、物联网应用的研发、制造与销售；智慧能源和智慧城市项目规划设计、投资建设及能效管理与服务；智慧能源和智慧城市工程总承包及进出口贸易；仓储物流（不含运输、不含危险品）。

【工作任务】对远东智慧能源股份有限公司利润表进行分析。

【工作过程】

（1）利润额增减变动分析（见表2-2）。

表2-2 远东智慧能源股份有限公司比较利润表（水平分析） 金额单位：万元

项　目	2015年度	2014年度	增　量	增长率
一、营业收入	1 171 100	1 135 180	35 920	3.16%
减：营业成本	944 765	947 775	−3 010	−0.32%
税金及附加	4 028	3 247	781	24.05%
销售费用	96 736	97 037	−301	−0.31%
管理费用	43 057	35 217	7 840	22.26%
财务费用	31 128	23 625	7 503	31.76%
资产减值损失	20 906	14 402	6 504	45.16%
加：公允价值变动收益	355	−28	383	1367.86%
投资收益	13 533	1 073	12 460	1161.23%
二、营业利润	44 368	14 922	29 446	197.33%
加：营业外收入	12 449	9 944	2 505	25.19%
减：营业外支出	1 942	942	1 000	106.16%
三、利润总额	54 875	23 924	30 951	129.37%
减：所得税费用	9 746	3 985	5 761	144.57%
四、净利润	45 129	19 939	25 190	126.34%

由表2-2分析可知：

2015年度远东智慧能源股份有限公司的营业利润、利润总额和净利润相比2014年度都呈现迅速增长趋势，其增长幅度分别是197.33%、129.37%和126.34%。这主要是由于2015年度营业收入和投资收益共同增加的结果，说明该公司销售前景看好，对外投资获取收益能力很强。值得注意的是，本期的管理费用、财务费用和资产减值损失增长幅度过大，应予以高度关注，进一步寻找原因。

（2）利润结构变动情况分析（见表2-3）。

表2-3　　远东智慧能源股份有限公司比较利润表（垂直分析）　　金额单位：万元

项　目	2015年度	2014年度	本期结构百分比	上期结构百分比
一、营业收入	1 171 100	1 135 180	100%	100%
减：营业总成本	1 140 620	1 121 303	97.40%	98.78%
其中：营业成本	944 765	947 775	80.67%	83.49%
税金及附加	4 028	3 247	0.34%	0.29%
销售费用	96 736	97 037	8.26%	8.55%
管理费用	43 057	35 217	3.68%	3.10%
财务费用	31 128	23 625	2.66%	2.08%
资产减值损失	20 906	14 402	1.79%	1.27%
加：公允价值变动收益	355	−28	0.03%	0.00%
投资收益	13 533	1 073	1.16%	0.09%
二、营业利润	44 368	14 922	3.79%	1.31%
加：营业外收入	12 449	9 944	1.06%	0.88%
减：营业外支出	1 942	942	0.17%	0.08%
三、利润总额	54 875	23 924	4.69%	2.11%
减：所得税费用	9 746	3 985	0.83%	0.35%
四、净利润	45 129	19 939	3.85%	1.76%

由表2-3分析可知：

2015年度远东智慧能源股份有限公司的营业总成本占比为97.40%，比2014年的98.78%略有降低，原因是营业成本和销售费用占比有一定下降；本期营业利润占销售收入的3.79%，比2014年的1.31%有较大提升，主要原因是本期营业总成本占比下降和投资收益占比增加共同做出的贡献；本期利润总额和净利润占营业收入的比重相比2014年度都呈现比较明显的增长趋势，说明企业2015年度的经营成果比较理想。

动脑筋　如果要对远东智慧能源股份有限公司2015年的利润表做全面分析，还应该怎么做呢？

同步训练

一、判断题（正确的在括号内打"√"，错误的打"×"）

（　　）1.营业利润是企业营业收入与销售费用及税金之间的差额。

（　　）2.企业成本总额的增加不一定意味着利润的下降和企业管理水平的下降。

（　　）3.利润表的横向比较是指将企业的当期利润与其他同类企业利润进行的比较。

二、单项选择题（每题只有一个正确答案，请将正确答案填在括号内）

1.依照我国《企业会计制度》，利润表采用的结构是（　　）。

A.单步报告式　　B.多步报告式　　C.账户式　　D.混合式

2.如果企业本期销售收入的增长快于销售成本的增长，那么企业本期营业利润（　　）。

A.一定大于零　　B.一定大于上期营业利润

C.一定大于上期利润总额　　D.不一定大于上期营业利润

3.产品的销售费用、管理费用和财务费用构成企业的（　　）。

A.生产费用　　B.期间费用　　C.直接费用　　D.间接费用

三、实训题

【实训目的】学会对利润表进行分析。

【实训资料】

研究标的：软控股份有限公司（股票代码：002073）利润表分析。

分析期间：以2015年度为主，并与2014年度作比较。

注册地址：青岛市保税区纽约路2号。

公司网址：www.mesnac.com。

行业分类：制造业—机械设备制造—专用设备制造—其他专用机械—轮胎橡胶机械。

组织形式：民营相对控股企业。

主营业务：橡胶装备系统的研发与制造。目前已形成完整的轮胎橡胶机械产品链，能够为轮胎生产的配料、密炼、压延、裁断、成型、硫化、检测七个环节提供智能化装备及系统软件服务。该公司的主要产品包括橡胶机械产品链、工业机器人及自动化物流设备等。

【实训要求】

（1）请依据表2-4中的数据进行横向比较分析（水平分析）。

表2-4　软控股份有限公司比较利润表（水平分析）　金额单位：万元

项　目	2015年度	2014年度	增　量	增长率
一、营业收入	251 633	294 961		
减：营业成本	172 369	206 196		
税金及附加	1 800	1 672		
销售费用	11 008	9 550		
管理费用	48 771	54 422		
财务费用	9 782	9 461		
资产减值损失	3 699	7 212		

续表

项　目	2015年度	2014年度	增　量	增长率
加：投资收益	11 209	4 411		
二、营业利润	15 413	10 859		
加：营业外收入	9 726	11 401		
减：营业外支出	521	872		
三、利润总额	24 618	21 388		
减：所得税费用	4 917	2 377		
四、净利润	19 701	19 011		

由表2-4分析可知（写出文字分析）：

____

____

____

（2）请依据表2-5中的数据进行纵向结构分析（垂直分析）。

表2-5　　软控股份有限公司比较利润表（垂直分析）　　金额单位：万元

项　目	2015年度	2014年度	本期结构百分比	上期结构百分比
一、营业收入	251 633	294 961		
减：营业总成本	247 429	288 513		
其中：营业成本	172 369	206 196		
税金及附加	1 800	1 672		
销售费用	11 008	9 550		
管理费用	48 771	54 422		
财务费用	9 782	9 461		
资产减值损失	3 699	7 212		
加：投资收益	11 209	4 411		
二、营业利润	15 413	10 859		
加：营业外收入	9 726	11 401		
减：营业外支出	521	872		
三、利润总额	24 618	21 388		
减：所得税费用	4 917	2 377		
四、净利润	19 701	19 011		

由表2-5分析可知（写出文字分析）：

____

____

____

动脑筋 如果要对软控股份有限公司2015年的利润表做全面分析，还应该怎么做呢？

任务二 销售盈利能力分析

知识准备

一、盈利能力分析的意义

盈利能力是指企业获取利润的能力，它反映企业的经营业绩。企业的盈利能力越强，其给予股东的回报越高，企业价值越大。同时盈利能力越强，带来的现金流量越多，企业的偿债能力得到加强。在企业的财务分析评价体系中，盈利能力是核心，不论是投资人、债权人还是企业管理人员，都日益重视和关心企业的盈利能力。企业盈利能力分析的意义包括以下四个方面。

（一）有助于保障投资人的所有者权益

投资人的投资动机是获取较高的投资回报。一个不能盈利甚至赔本的经营项目对投资人的投资会构成严重威胁。特别是在企业所有权与经营权相分离的股份有限公司，企业经营者更要对广大股东投资承担起管好用好资金、保障其权益的责任。若企业经营得好，盈利能力就强，就能给企业带来较丰厚的利润，从而使权益性股份每股账面价值加大，每股所得利润增多，还能使每股分得较多的股利，而且这样的业绩往往会引起企业股票市价升值，给企业股东带来双重好处。总之，具有较强的盈利能力既能为企业进一步增资扩股创造有利条件，又能给更多的投资人带来新的投资机会。

（二）有利于债权人衡量投入资金的安全性

向企业提供中长期贷款的债权人十分关心企业的资本结构和长期偿债能力，从而衡量其收回本息的安全程度。从根本上看，企业是否具有较强的盈利能力以及盈利能力的发展趋势乃是保证中长期贷款人利益的基础所在。一般而言，金融机构向企业提供中长期贷款的目的是为了增加固定资产投资，扩大经营规模。当新建项目投入使用后，若不能给企业带来收益或只能带来较少的收益，不具备或者基本不具备盈利能力，企业就难以承担贷款利息及本金的偿付重担。企业若具有较强的盈利能力，往往说明企业管理者经营有方，管理得当，企业有发展前途。这实际上也就给信贷资本提供了好的流向和机会。

（三）有利于政府部门行使社会管理职能

政府行使其社会管理职能时，要有足够的财政收入做保证。税收是国家财政收入的主要来源，而税收的大部分又来自企业单位。企业盈利能力强，就意味着实现的利润多，对政府税收的贡献大。各级政府如能集聚较多的财政收入，就能更多地投入基础设施建设、科技教育、环境保护以及其他各项公益事业，更好地行使社会管理职能，为国民经济的良性运转提供必要的保障，推动社会向前发展。

（四）有利于保障企业职工的劳动者权益

企业盈利能力和经济效益直接关系到企业员工自身利益，实际上也成为人们择业的一个比较主要的衡量条件。企业的竞争说到底是人才的竞争，企业经营得好，具有较强的盈利能力，就能为员工提供较稳定的就业位置、较多的深造和发展机会、较丰厚的薪金及物质待遇，为员工工作、生活、健康等各方面创造良好的条件，同时也留能住人才，使他们更努力地为企业工作。

二、盈利能力分析的基本框架

由于人们常常用盈利能力来评价一个企业的经营业绩、管理水平，乃至预期它的发展前途，因而，盈利能力分析成为企业以及其他相关利益群体极为关注的一项重要财务内容，可见盈利能力分析评价对企业关系重大。

对企业盈利能力进行分析时，在考虑绝对值的基础上，往往更多地考虑相对值指标，相对值指标一般用各种比率指标进行反映。盈利能力分析的基本框架如图 2-1 所示，包括销售盈利能力、资产盈利能力和资本盈利能力。

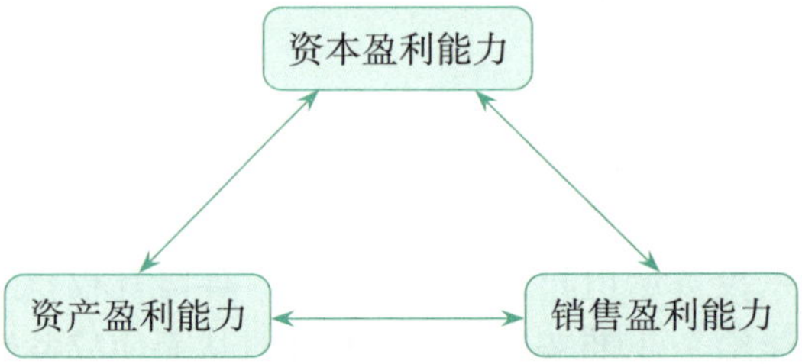

图 2-1　盈利能力分析的基本框架

动脑筋　各种盈利能力之间的相互关系是怎样的？

三、销售盈利能力分析的内容及方法

对企业销售活动的盈利能力分析是企业盈利能力分析的重点。在企业利润的形成中，营业利润是主要来源，而营业利润的高低关键取决于商品销售的增长幅度。商品销售额的增减变化直接反映了企业生产经营状况的优劣和经济效益的多少。

销售盈利能力分析是以营业收入为基础的，通过利润表中的各利润项目与之做出比较，来求得单位收入的盈利水平。因此，销售盈利能力分析常用的方法是比较分析法、比率分析法，反映销售盈利能力的主要指标包括销售毛利率、营业利润率和销售净利润率。评价销售盈利能力的数据均来自利润表。

四、销售盈利能力分析常用财务指标

（一）销售毛利率

1. 销售毛利率的含义

销售毛利率是指销售毛利与销售收入净额之比，其中销售毛利是销售收入净额与销售成本的差额。销售毛利率在一定程度上反映企业生产环节的效率，即企业营业活动流转额初始盈利能力，体现了企业的盈利空间和基础。销售毛利对于企业是非常重要的，毛利不仅是企业利润的起点，也是企业分配现金流的起点。企业如果没有足够多的毛利做保障，就很可能陷入收不抵支的状态。较高的销售毛利率预示着企业有更多的机会获得较多的利润。

微课：销售盈利能力分析

2. 销售毛利率的计算公式

销售毛利率的计算公式如下：

$$销售毛利率=\frac{销售毛利}{营业收入净额}\times 100\%$$

式中：销售毛利是指营业收入净额与营业成本之差，营业收入净额是指销售总额中扣除销售退回、销售折让及折扣后的净额。

3. 销售毛利率的评价标准

在通常情况下，销售毛利率越高越好。销售毛利率越高，表示在销售收入中销售成本所占的比重越少，补偿各项支出后的利润越高；反之，销售毛利率的下降可能意味着价格竞争正在损害企业，企业成本可能失去控制，或者企业的产品组合可能发生变化。

提示 毛利率具有明显的行业特征，不同行业的毛利率会有很大差别。如商品零售业的毛利率比较低，制造业的毛利率比较高。在分析企业的毛利率时，应与同行业平均水平相比较，这样既可以揭示企业在定价决策、成本控制等方面存在的问题，还可以反映企业在同行业中的市场竞争力，从而正确评价企业的盈利能力。

（二）营业利润率

1. 营业利润率的含义

营业利润率是指营业利润和营业收入之间的比例关系，表明每一元的营业收入能够带来的营业利润。如果没有足够高的营业利润率，就无法形成企业的最终利润，该指标体现了企业经营活动最基本的盈利能力。由于营业利润率将企业本期的间接费用纳入支出项目进行盈利扣减，更能反映营业利润率的稳定性和持久性，所以成为评价企业经营效益的主要指标。

2. 营业利润率的计算公式

营业利润率的计算公式如下：

$$营业利润率=\frac{营业利润}{营业收入}\times 100\%$$

动脑筋 在企业多元化经营的今天，营业利润率指标具有怎样重要的现实意义？

3. 营业利润率的评价标准

在通常情况下，该指标是越高越好。营业利润率越高，说明企业产品或商品的定价越科学，产品附加值越高，营销策略越得当，主营业务市场竞争力越强，企业发展潜力大，获利水平高。

提示 同时考察营业利润率和毛利率可以获得更多的信息。例如，在毛利率没有下降的情况下，营业利润率的下降表明了企业管理不善，有可能存在期间费用增加而销售收入没有相应增长的情况。

（三）销售净利率

1. 销售净利率的含义

销售净利率是指企业实现的净利润与销售收入的对比关系，用以衡量企业在一定时期销售收入获取利润的能力。销售净利率可以看作每实现一元的收入能给企业带来多少净利润。销售净利率是企业销售的最终盈利能力指标。

2. 销售净利率的计算公式

销售净利率的计算公式如下：

$$销售净利率=\frac{净利润}{营业收入净额}\times 100\%$$

从指标计算可以看出，只有当净利润的增长速度快于营业收入净额的增长速度时，销售净利率才会上升。通过这一指标的分析，可以促使企业在扩大销售的同时注意改进经营管理，提高盈利水平。由于净利润中包含波动较大的营业外收支净额和投资收益，该指标年际之间的变化相对较大。

动脑筋 销售净利率与销售毛利率这两个指标有什么关系？

3. 销售净利率的评价标准

在通常情况下，该指标数值越高越好，数值高表明企业的盈利能力强；反之，销售净利率低，表明企业经营者未能创造足够多的营业收入或未能控制好成本费用。

提示 对于单个企业来说，销售净利率指标越大越好，但各行业内的竞争能力、经济状况、利用负债融资程度及行业经营特征，使得不同行业的指标不尽相同。高科技企业，其销售净利率较高；重工业和传统制造业，其销售净利率较低。因此，使用该比率进行分析时，要注意与同行业其他企业进行对比分析。在不同行业间进行比较时，必须考虑不同行业和不同时期的情况，设定参考基准进行比较，否则将无法得出正确结论。

典型任务举例

【背景资料】

研究标的：远东智慧能源股份有限公司（股票代码：600869）销售盈利能力分析。

分析期间：以2015年度为主，并与2014年度和2013年度做比较。

注册地址：青海省西宁市城北区生物园区经二路12号。

公司网址：www.600869.com。

行业分类：制造业、输配电业，包括电线电缆、电子商务、能源系统、智能系统四大板块业务。

组织形式：民营企业。

主营业务：经营智慧能源和智慧城市技术、产品与服务及其互联网、物联网应用的研发、制造与销售；智慧能源和智慧城市项目规划设计、投资建设及能效管理与服务；智慧能源和智慧城市工程总承包及进出口贸易；仓储物流（不含运输、不含危险品）。

【工作任务】

（1）对远东智慧能源股份有限公司销售盈利能力进行分析。

（2）将远东智慧能源股份有限公司2015年的销售盈利能力与同行业其他企业进行对比分析。

【工作过程】

（1）对远东智慧能源股份有限公司销售盈利能力分析如下：

①指标数据选取见表2-6。

表2-6　远东智慧能源股份有限公司利润表相关项目数据　单位：万元

项　目	2015年	2014年	2013年
营业收入	1 171 100	1 135 180	1 157 436
营业成本	944 765	947 775	965 140
销售毛利	226 335	187 405	192 296
税金及附加	4 028	3 247	3 588
销售费用	96 736	97 037	115 157
管理费用	43 057	35 217	33 137
财务费用	31 128	23 625	16 266
资产减值损失	20 906	14 402	13 970
公允价值变动收益	355	–28	–192
投资收益	13 533	1 073	1 951
营业利润	44 368	14 922	11 937
营业外收入	12 449	9 944	24 440
营业外支出	1 942	942	824
利润总额	54 875	23 924	35 553
所得税费用	9 746	3 985	6 091
净利润	45 129	19 939	29 462

②指标计算见表2-7。

表2-7 远东智慧能源股份有限公司销售盈利能力指标计算

项 目	2013年	2014年	2015年
销售毛利率	16.61%	16.51%	19.33%
环比增长速度	—	-0.10%	2.82%
营业利润率	1.03%	1.31%	3.79%
环比增长速度	—	0.28%	2.48%
销售净利率	2.55%	1.76%	3.85%
环比增长速度	—	-0.79%	2.09%

依据表2-7中的数据绘制销售盈利能力指标对比图（如图2-2所示）。

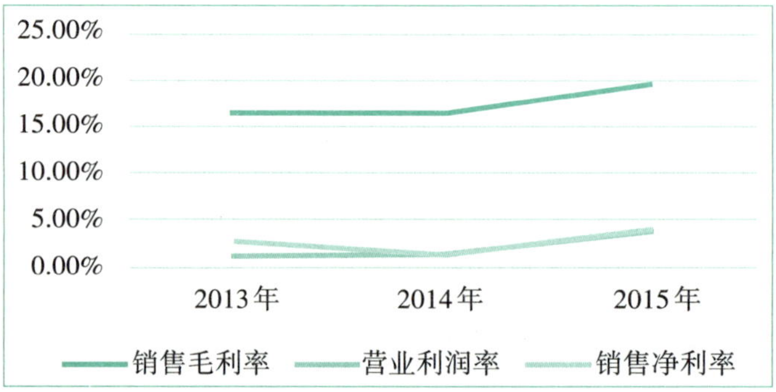

图2-2 远东智慧能源股份有限公司销售盈利能力指标对比图

③销售盈利能力分析。从表2-7和图2-2中可知，与2013年和2014年相比，远东智慧能源股份有限公司2015年销售盈利能力各项指标呈明显上升趋势，说明该公司2015年销售盈利能力表现很好。其中：销售毛利率2015年为19.33%，比2014年递增2.82%，说明该公司生产环节效率较高，给企业销售盈利创造的空间较大；营业利润率2015年为3.79%，比2014年递增2.48%，说明2015年主业创造盈利的能力有所增强，但营业利润率增长速度略低于销售毛利率的增长速度，该公司需关注成本费用的控制；销售净利率2015年为3.85%，比2014年递增2.09%，说明该公司销售的最终盈利能力也比较好。

（2）远东智慧能源股份有限公司与同行业4家上市公司2015年销售盈利能力指标对比分析见表2-8。

表2-8 电线电缆业上市公司2015年销售盈利能力指标对比分析

2015年12月31日

项 目	智慧能源（600869）	中超控股（002471）	亨通光电（600487）	汉缆股份（002498）	中天科技（600522）
销售毛利率	19.33%	14.86%	20.23%	19.45%	16.88%
营业利润率	3.79%	2.07%	5.46%	9.74%	6.79%
销售净利率	3.85%	2.22%	5.11%	8.37%	6.12%

根据表2-8计算结果进行销售盈利能力同行业横向分析，可以得出以下结论：

①销售毛利率最多的公司是亨通光电，为20.23%；销售毛利率最少的公司是中超控股，为14.86%；智慧能源的销售毛利率在5家上市公司中处于居中位置，说明与同行业相比，智慧能源的销售毛利率相对较好，但仍需提高。

②营业利润率最多的公司是汉缆股份，为9.74%；营业利润率最低的公司是中超控股，为2.07%；智慧能源的营业利润率在5家上市公司中处于第4的位置，说明与同行业相比，智慧能源的营业利润率并不理想，应进一步寻找原因。

③销售净利率最多的公司是汉缆股份，为8.37%；销售净利率最低的公司是中超控股，为2.22%；智慧能源的营业利润率在5家上市公司中处于第4的位置，说明与同行业相比，智慧能源的销售净利率并不理想，应进一步寻找原因。

同步训练

一、判断题（正确的在括号内打“√”，错误的打“×”）

（　　）1.销售毛利通常是指利润总额。

（　　）2.销售毛利率是企业盈利的基础素质，而销售净利率则代表企业的最终成绩。

（　　）3.营业利润率只考虑了主营业务的盈利能力，没有考虑投资收益等非主营业务的盈利能力。

二、单项选择题（每题只有一个正确答案，请将正确答案填在括号内）

1.营业利润率指标的计算公式中，分子是（　　）。

A.销售毛利　　B.营业利润　　C.利润总额　　D.净利润

2.下列各项中不影响企业营业利润的项目是（　　）。

A.销售费用　　B.管理费用　　C.投资收益　　D.所得税

3.销售毛利率=1-（　　）。

A.成本费用率　　B.销售净利率　　C.销售成本率　　D.营业利润率

三、实训题

【实训目的】学会利用常用财务指标分析企业销售盈利能力。

【实训资料】

研究标的：软控股份有限公司（股票代码：002073）销售盈利能力分析。

分析期间：以2015年为主，并与2013年和2014年作比较。

注册地址：青岛市保税区纽约路2号。

公司网址：www.mesnac.com。

行业分类：制造业—机械设备制造—专用设备制造—其他专用机械—轮胎橡胶机械。

组织形式：民营相对控股企业。

主营业务：橡胶装备系统的研发与制造。目前已形成完整的轮胎橡胶机械产品链，能够为轮胎生产的配料、密炼、压延、裁断、成型、硫化、检测七个环节提供智能化装备及系统软件服务。该公司的主要产品包括橡胶机械产品链、工业机器人及自动化物流设备等。

2013—2015年软控股份有限公司利润表有关项目数据见表2-9。

表2-9　软控股份有限公司利润表有关项目数据　单位：万元

项　目	2015年	2014年	2013年
营业收入	251 633	294 961	251 980
营业成本	172 369	206 196	191 402
销售毛利	79 264	88 765	60 578
税金及附加	1 800	1 672	2 665
销售费用	11 008	9 550	12 682
管理费用	48 771	54 422	39 826
财务费用	9 782	9 461	5 989
资产减值损失	3 699	7 212	3 659
投资收益	11 209	4 411	370
营业利润	15 412	10 859	-3 874
营业外收入	9 726	11 401	12 393
营业外支出	521	872	749
利润总额	24 616	21 388	7 770
所得税费用	4 917	2 377	-4 775
净利润	19 699	19 011	12 545

【实训要求】

（1）计算软控股份有限公司销售盈利能力指标，填入表2-10中。

表2-10　软控股份有限公司销售盈利能力指标计算

项　目	2013年	2014年	2015年
销售毛利率			
环比增长速度	—		
营业利润率			
环比增长速度	—		
销售净利率			
环比增长速度	—		

（2）请依据表2-10中的数据绘制销售盈利能力指标对比图。

（3）销售盈利能力分析（写出文字分析）。

（4）将软控股份有限公司2015年的销售盈利能力与同行业4家上市公司进行对比分析，相关数据填入表2-11中，并根据计算结果进行销售盈利能力同行业横向分析，写出分析结论。

表2-11　　橡胶制品业上市公司的销售盈利能力指标对比

2015年12月31日

项　目	软控股份（002073）				
销售毛利率					
营业利润率					
销售净利率					

分析结论：

任务三 资产盈利能力分析

知识准备

一、资产盈利能力分析的内容及方法

前面阐述的企业销售盈利能力分析主要是以营业收入为基础进行的，没有考虑企业资产的投入和产出的对比关系，不能全面反映企业的盈利能力，还应从资产运用效率的角度进一步分析，更加准确、全面地评价企业的盈利能力。

资产盈利能力是指企业资产项目的盈利能力，这是从资产使用效率的角度来分析企业的盈利能力。资产盈利能力分析常用的方法是比率分析，通过分析计算相关的财务比率评价企业的资产盈利能力。用以分析、评价资产盈利能力的指标主要是总资产报酬率。

二、总资产报酬率

（一）总资产报酬率的含义

总资产报酬率是指企业一定期间息税前利润与资产平均总额之比，表明企业每投入一元的资产能够带来的息税前利润。总资产报酬率反映了企业资产利用效率的高低和资产总和的利用效果。

（二）总资产报酬率的计算公式

总资产报酬率的计算公式如下：

$$总资产报酬率=\frac{息税前利润}{平均资产总额}\times 100\%$$

式中：

$$息税前利润=利润总额+利息支出$$
$$=净利润+所得税+利息支出$$

$$平均资产总额=\frac{期初资产总额+期末资产总额}{2}$$

提示 “利息支出”指计入财务费用的利息支出和已资本化计入固定资产原值的利息费用，但在实际分析工作中，由于利息支出的数据无法从报表中获得，因此本书涉及利息支出的项目，如无特别说明，一般都以财务费用代替。

提示 分子选用“息税前利润”而没有采用“净利润”，源于“企业所有资金提供人都是公平的”，这样就需要排除资金来源方式不同对企业的影响，使资产报酬率的可比性增强；同时，由于所得税费用属于政府强制征收，非企业能左右的，所以需要剔除不同所得税税率对企业利润的影响。这样更能客观体现企业资产的总体盈利能力。

（三）总资产报酬率的评价标准

在通常情况下，该指标是越高越好。总资产报酬率越高，表明企业投入产出的水平

越好，企业全部资产的总体运营效益越高，整个企业的盈利能力越强，财务管理的水平也就越高。

提示 一般来说，总资产报酬率在0～10%视为较低；10%～20%属于中等水平；20%以上为较高水平。

典型任务举例

【背景资料】

研究标的：远东智慧能源股份有限公司（股票代码：600869）资产盈利能力分析。

分析期间：以2015年为主，并与2014年和2013年作比较。

注册地址：青海省西宁市城北区生物园区经二路12号。

公司网址：www.600869.com。

行业分类：制造业、输配电业，包括电线电缆、电子商务、能源系统、智能系统四大板块业务。

组织形式：民营企业。

主营业务：经营智慧能源和智慧城市技术、产品与服务及其互联网、物联网应用的研发、制造与销售；智慧能源和智慧城市项目规划设计、投资建设及能效管理与服务；智慧能源和智慧城市工程总承包及进出口贸易；仓储物流（不含运输、不含危险品）。

【工作任务】对远东智慧能源股份有限公司的资产盈利能力进行分析。

【工作过程】

（1）指标数据选取。

远东智慧能源股份有限公司报表相关项目数据见表2-12。

表2-12 远东智慧能源股份有限公司报表相关项目数据 单位：万元

项 目	2015年	2014年	2013年
利润总额	54 875	23 920	35 554
财务费用	31 128	23 625	16 266
资产总额	1 316 242	1 224 307	995 588

（2）指标计算。

远东智慧能源股份有限公司资产盈利能力指标计算见表2-13。

表2-13 远东智慧能源股份有限公司资产盈利能力指标计算

项 目	2013年	2014年	2015年
息税前利润/万元	51 820	47 545	86 003
平均资产总额/万元	957 826	1 109 948	1 270 275
总资产报酬率	5.41%	4.28%	6.77%
环比增长速度	—	-1.13%	2.49%

依据表2-13中的数据绘制远东智慧能源股份有限公司总资产报酬率对比图（如图2-3所示）。

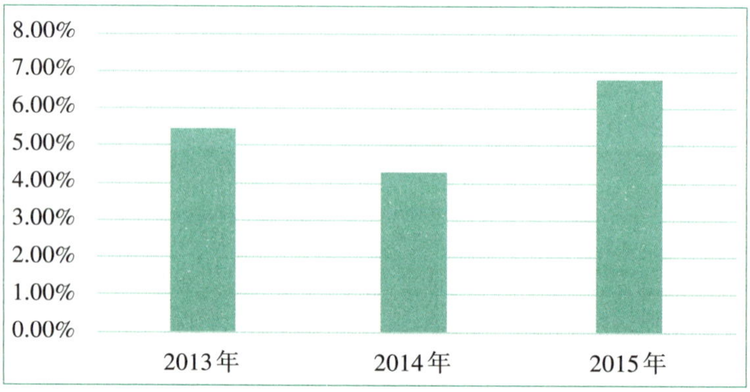

图2-3　远东智慧能源股份有限公司总资产报酬率对比图

（3）资产盈利能力分析。

从表2-13和图2-3中可知，远东智慧能源股份有限公司近三年的总资产报酬率均在10%以下，资产总体盈利能力不是很强，但这与利息支出数据取数不完整有一定关系；与2013年和2014年相比，远东智慧能源股份有限公司2015年总资产报酬率为6.77%，比2014年递增2.49%，比2013年递增1.36%，资产盈利能力指标呈明显上升趋势，说明该公司2015年资产盈利能力表现较好，资产总体利用效果有很大提升，资产盈利能力增强。

动脑筋　如果要将远东智慧能源股份有限公司2015年的资产盈利能力与同行业其他企业进行对比分析，应该怎么做呢？

【做中学2-1】将远东智慧能源股份有限公司与同行业4家上市公司2015年的资产盈利能力指标进行横向比较分析，见表2-14。

表2-14　电线电缆业上市公司的资产盈利能力指标对比

2015年12月31日

项　目	智慧能源（600869）	中超控股（002471）	亨通光电（600487）	汉缆股份（002498）	中天科技（600522）
总资产报酬率	6.77%	4.01%	8.64%	7.12%	9.16%

根据表2-14的计算结果进行资产盈利能力同行业横向分析，可以得出以下结论：

2015年总资产报酬率最高的公司是中天科技，为9.16%；总资产报酬率最少的公司是中超控股，为4.01%；智慧能源的总资产报酬率在5家上市公司中处于第4的位置，说明与同行业相比，智慧能源的总资产报酬率并不理想，应进一步提高。

同步训练

一、判断题（正确的在括号内打“√”，错误的打“×”）

（　　）1.息税前利润是指扣除利息和所得税费用前的利润，即营业利润与利息支出之和。

（ ）2. 总资产报酬率是从资产投入和产出的角度反映企业的盈利能力。

（ ）3. 总资产报酬率公式的分子中包含的利息支出仅指财务费用中的利息支出。

二、单项选择题（每题只有一个正确答案，请将正确答案填在括号内）

1. 总资产报酬率指标计算公式中，分子是（ ）。

A. 利润总额　　B. 营业利润

C. 息税前利润　　D. 净利润

2. 下列各项不影响总资产报酬率的是（ ）。

A. 利润总额　　B. 负债总额　　C 资产总额　　D. 利息支出

3. 东风汽车公司2015年资产总额为2 021 793.87万元，2014年资产总额为1 943 925.27万元，2015年净利润为28 643.20万元，所得税费用为-1 042.41万元，财务费用为1 644.14万元，则2015年东风汽车公司总资产报酬率是（ ）。

A. 1.37%　　B. 1.39%　　C. 1.42%　　D. 1.44%

三、实训题

【实训目的】学会利用常用财务指标分析企业资产盈利能力。

【实训资料】

研究标的：软控股份有限公司（股票代码：002073）资产盈利能力分析。

分析期间：以2015年为主，并与2013年和2014年作比较。

注册地址：青岛市保税区纽约路2号。

公司网址：www.mesnac.com。

行业分类：制造业—机械设备制造—专用设备制造—其他专用机械—轮胎橡胶机械。

组织形式：民营相对控股企业。

主营业务：橡胶装备系统的研发与制造。目前已形成完整的轮胎橡胶机械产品链，能够为轮胎生产的配料、密炼、压延、裁断、成型、硫化、检测七个环节提供智能化装备及系统软件服务。该公司的主要产品包括橡胶机械产品链、工业机器人及自动化物流设备等。

软控股份有限公司报表相关项目数据指标的选取见表2-15。

表2-15　软控股份有限公司报表相关项目数据　单位：万元

项　目	2015年	2014年	2013年
利润总额	24 616	21 388	7 770
财务费用	9 782	9 461	5 989
资产总额	806 070	788 912	675 316

【实训要求】

（1）计算该公司资产盈利能力指标，填入表2-16中。

表2-16 软控股份有限公司资产盈利能力指标 单位：万元

项　目	2013年	2014年	2015年
息税前利润			
平均资产总额			
总资产报酬率			
环比增长速度	—		

（2）请依据表2-16中的数据绘制资产盈利能力指标对比图。

（3）资产盈利能力分析（写出文字分析）。

（4）将软控股份有限公司2015年的资产盈利能力与同行业4家上市公司进行对比分析，相关数据填入表2-17中，并进行资产盈利能力同行业横向分析，写出分析结论。

表2-17 橡胶制品业上市公司的资产盈利能力指标

2015年12月31日

项　目	软控股份（002073）				
总资产报酬率					

分析结论：

任务四　资本盈利能力分析

知识准备

一、资本盈利能力分析的内容及方法

前面阐述了企业资产盈利能力的分析，主要是从资产总额运用效率的角度进行分析。由于资产总额的资金来源于股东和债权人两个方面，所以，总资产报酬率不能够反映出企业自有资金获取收益的能力，而股东更想了解自己投入的资金的盈利能力，因此就需要进行资本盈利能力分析。

资本盈利能力是指企业利用自有资金获取盈利的能力，这是从股东的角度来分析企业的盈利能力。资本盈利能力分析常用的方法是比率分析，通过分析计算相关的财务比率评价企业的资本盈利能力。用以分析、评价资本盈利能力的指标主要是净资产收益率。

二、净资产收益率

（一）净资产收益率的含义

净资产收益率又叫权益报酬率，是指企业一定期间内净利润与平均所有者权益之比，表明股东每投入一元的资本能够带来的净利润。净资产收益率充分体现了投资者投入企业自有资本获取净收益的能力，突出反映了投资与报酬的关系，是一个既反映获利能力又反映资本安全程度的综合性指标，是衡量企业盈利能力的主要核心指标之一，也是杜邦财务比率分析体系的核心指标。

（二）净资产收益率的计算公式

净资产收益率的计算公式如下：

$$净资产收益率=\frac{净利润}{平均所有者权益}\times 100\%$$

式中：

$$平均所有者权益=\frac{期初所有者权益+期末所有者权益}{2}$$

提示　分子选用“净利润”能反映净资产的真实回报，但是，由于净利润的大小受国家税收政策的影响较大，如果税收政策行业间有别，或各期间有所变动，就会使不同行业、不同时期的该指标缺乏可比性，此时，分子可以选用“利润总额”，这样更能客观体现企业资本的实际盈利能力。

（三）净资产收益率的评价标准

在通常情况下，该指标是越高越好。指标高则说明股东投入企业的资本回报水平高，企业资本盈利能力强，股东投入资本的安全程度高。在通常情况下，该指标在10%以上为较好。

提示 净资产收益率是从所有者角度考查企业盈利水平的高低，而总资产报酬率则从所有者和债权人两个方面来共同考查整个企业的盈利水平。在相同的总资产报酬率水平下，由于企业采用不同的资本结构形式，即不同的负债与所有者权益比例，会造成不同的净资产收益率。

典型任务举例

【背景资料】

研究标的：远东智慧能源股份有限公司（股票代码：600869）资本盈利能力分析。

分析期间：以2015年为主，并与2014年和2013年作比较。

注册地址：青海省西宁市城北区生物园区经二路12号。

公司网址：www.600869.com。

行业分类：制造业、输配电业，包括电线电缆、电子商务、能源系统、智能系统四大板块业务。

组织形式：民营企业。

主营业务：经营智慧能源和智慧城市技术、产品与服务及其互联网、物联网应用的研发、制造与销售；智慧能源和智慧城市项目规划设计、投资建设及能效管理与服务；智慧能源和智慧城市工程总承包及进出口贸易；仓储物流（不含运输、不含危险品）。

【工作任务】对远东智慧能源股份有限公司的资本盈利能力进行分析。

【工作过程】

（1）指标数据选取。

远东智慧能源股份有限公司报表相关项目数据见表2-18。

表2-18 远东智慧能源股份有限公司报表相关项目数据 单位：万元

项　目	2015年	2014年	2013年
净利润	45 129	19 934	29 463
所有者权益	435 608	330 318	310 322

（2）指标计算。

远东智慧能源股份有限公司资本盈利能力指标见表2-19。

表2-19 远东智慧能源股份有限公司资本盈利能力指标

项　目	2013年	2014年	2015年
净利润	29 463	19 934	45 129
平均所有者权益	305 741	320 320	382 963
净资产收益率	9.64%	6.22%	11.78%
环比增长速度	—	-3.42%	5.56%

依据表2-19中的数据绘制远东智慧能源股份有限公司净资产收益率对比图（如图2-4所示）。

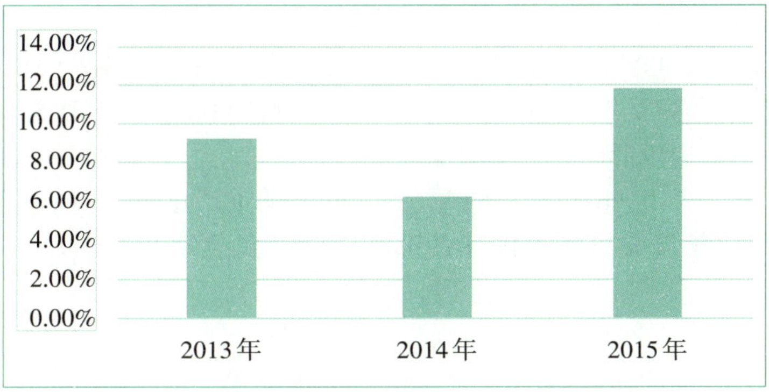

图2-4　远东智慧能源股份有限公司净资产收益率对比图

（3）资本盈利能力分析。

从表2-19和图2-4中可知，远东智慧能源股份有限公司近三年的净资产收益率都在6%以上，平均水平为9.21%，说明资本盈利能力总体良好，但如果想进一步发展则仍需提高；与2013年和2014年相比，远东智慧能源股份有限公司2015年净资产收益率为11.78%，比2014年增加5.56%，比2013年增加2.14%。2015年资本盈利能力指标呈明显上升趋势，说明该公司2015年资本盈利能力表现较好，股东投入资本得到的回报有很大提升，资本盈利能力增强。

动脑筋　如果要将远东智慧能源股份有限公司2015年的资本盈利能力与同行业其他企业进行对比分析，应该怎么做呢？

【做中学2-2】将远东智慧能源股份有限公司与同行业4家上市公司2015年的资本盈利能力指标进行横向比较分析，见表2-20。

表2-20　电线电缆业上市公司的资本盈利能力指标对比

2015年12月31日

项　目	智慧能源（600869）	中超控股（002471）	亨通光电（600487）	汉缆股份（002498）	中天科技（600522）
净资产收益率	11.78%	4.67%	14.05%	15.31%	10.92%

根据表2-20的计算结果进行资本盈利能力同行业横向分析，可以得出以下结论：

2015年净资产收益率最高的公司是汉缆股份，为15.31%；净资产收益率最少的公司是中超控股，为4.67%；智慧能源的净资产收益率在5家上市公司中处于中间位置，说明与同行业相比，智慧能源的净资产收益率相对一般，应进一步提高。

同步训练

一、判断题（正确的在括号内打“√”，错误的打“×”）

（　　）1.企业所有者和潜在投资者最关心的财务指标应是总资产报酬率。

（　　）2.净资产收益率是从所有者投入获得回报的角度反映企业的盈利能力。

（　　）3.企业盈利能力主要由利润率指标体现。

二、单项选择题（每题只有一个正确答案，请将正确答案填在括号内）

1.（　　）是一个综合性最强的财务分析指标，是杜邦分析体系的核心。

A.净资产收益率　　B.总资产报酬率　　C.销售净利润率　　D.总资产周转率

2.下列各项不影响净资产收益率的是（　　）。

A.利润总额　　B.负债总额　　C.流动资产总额　　D.所有者权益总额

3.某企业2015年度总资产报酬率为12%，资产负债率为50%，其净资产收益率是（　　）。

A.48%　　B.30%　　C.24%　　D.6%

三、实训题

【实训目的】学会利用常用财务指标分析企业资本盈利能力。

【实训资料】

研究标的：软控股份有限公司（股票代码：002073）资本盈利能力分析。

分析期间：以2015年为主，并与2013年和2014年作比较。

注册地址：青岛市保税区纽约路2号。

公司网址：www.mesnac.com。

行业分类：制造业—机械设备制造—专用设备制造—其他专用机械—轮胎橡胶机械。

组织形式：民营相对控股企业。

主营业务：橡胶装备系统的研发与制造。目前已形成完整的轮胎橡胶机械产品链，能够为轮胎生产的配料、密炼、压延、裁断、成型、硫化、检测七个环节提供智能化装备及系统软件服务。该公司的主要产品包括橡胶机械产品链、工业机器人及自动化物流设备等。

软控股份有限公司报表相关项目数据的选取见表2-21。

表2-21　软控股份有限公司报表相关项目数据　单位：万元

项　目	2015年	2014年	2013年
净利润	19 699	19 011	12 545
所有者权益	446 015	349 875	331 034

【实训要求】

（1）计算该公司资本盈利能力指标，填入表2-22中。

表2-22　软控股份有限公司资本盈利能力指标计算

项　目	2013年	2014年	2015年
净利润			
平均所有者权益			
净资产收益率			
环比增长速度	—		

（2）请依据表2-22数据绘制资本盈利能力指标对比图。

（3）资本盈利能力分析（写出文字分析）。

（4）将软控股份有限公司2015年的资本盈利能力与同行业4家上市公司进行对比，相关数据填入表2-23中，并对同行业的资本盈利能力进行横向分析，写出分析结论。

表2-23　橡胶制品业上市公司的资本盈利能力指标对比

2015年12月31日

项　目	软控股份（002073）				
净资产收益率					

分析结论：

项目小结

本项目主要知识点归纳总结见表2-24。

表2-24　本项目主要知识点归纳总结

主要知识点	内　容	
利润表的基本结构	单步式结构	收入 减：费用 利润
	多步式结构	一、营业收入 　　减：营业成本及费用 　　加：投资收益等 二、营业利润 　　加减：营业外收支净额 三、利润总额 　　减：所得税费用 四、净利润
利润表的分析内容	利润额增减变动分析	利润表横向比较分析（水平分析法）
	利润结构变动情况分析	利润表纵向比较分析（垂直分析法）
	企业收入分析（略）	收入确认与计量分析 收入构成分析 收入变动因素分析
	成本费用分析（略）	销售成本分析 期间费用分析
盈利能力分析基本框架	销售盈利能力分析	销售盈利能力分析是以营业收入为基础的，通过利润表中的各利润项目与之做出比较，来求得单位收入的盈利水平
	资产盈利能力分析	资产盈利能力是指企业资产项目的盈利能力，这是从资产使用效率的角度来分析企业的盈利能力
	资本盈利能力分析	资本盈利能力是指企业利用自有资金获取盈利的能力，这是从股东的角度来分析企业的盈利能力
销售盈利能力分析指标	销售毛利率	$销售毛利率=\frac{销售毛利}{营业收入净额}\times 100\%$
	营业利润率	$营业利润率=\frac{营业利润}{营业收入}\times 100\%$
	销售净利率	$销售净利率=\frac{净利润}{营业收入}\times 100\%$
资产盈利能力分析指标	总资产报酬率	$总资产报酬率=\frac{息税前利润}{平均资产总额}\times 100\%$
资本盈利能力分析指标	净资产收益率	$净资产收益率=\frac{净利润}{平均所有者权益}\times 100\%$

项目三

偿债能力分析

学习目标

1. 了解资产负债表的结构
2. 掌握资产负债表分析的内容
3. 了解偿债能力分析的意义
4. 掌握偿债能力分析的内容与方法
5. 熟悉偿债能力分析常用指标的含义
6. 掌握偿债能力分析常用指标的计算公式
7. 熟悉偿债能力分析常用指标评价标准
8. 熟悉偿债能力常用指标的应用

知识点

资产负债表基本结构　资产负债表分析内容　短期偿债能力分析
长期偿债能力分析

技能点

会选取相关数据进行资产负债表分析　会计算偿债能力分析指标
能分析评价企业偿债能力

案例导入

吉利收购沃尔沃

2009年，中国经济界最夺人眼球的事件之一，是吉利收购沃尔沃的“蛇吞象”行为。2008年总收入42.89亿元人民币的吉利收购了总收入约1 000亿元人民币的沃尔沃，称之为“蛇吞象”显然并不过分。

2010年8月2日，吉利与福特在伦敦举行沃尔沃资产交割仪式，福特将沃尔沃的资产完全移交到吉利手上，至此，吉利终于完成收购。吉利控股为福特开出了2亿美元票据并向福特支付了13亿美元现金，总共15亿美元。这些收购资金来自吉利控股集团、中资机构以及国际资本市场。其余未付的3亿美元会根据下半年的养老金等相关数据最终做出调整，但是总价不超过18亿美元。沃尔沃轿车将会保留其瑞典总部以及在瑞典和比利时的生产基地，在董事会授权下，管理层将拥有执行商业计划的自主权。在交割仪式上，李书福强调了复苏沃尔沃的决心，他说：“这一瑞典世界级知名豪华汽车品牌将坚守其安全、质量、环保和现代北欧设计这些核心价值，继续巩固和加强沃尔沃在欧美市场的传统地位，积极开拓包括中国在内的新兴国家市场。”

短短几年，吉利控股集团的负债额由48亿元飙升到711亿元，负债总额的增幅高达15倍。2011年，吉利控股集团迅速就媒体指责其陷入财务危机做出回应，称其2010年虽然有73.4%的资产负债率，但现金状况不存在问题。对此，中国汽车流通协会副秘书长罗磊认为，汽车企业普遍要比其他制造业的资产负债率稍高一些，但一般情况下也不会超过70%，吉利资产负债率偏高，确实存在一定的资金风险。截至2010年年底，吉利资产总额约967亿元人民币，现金总额为210亿元，负债总额约710亿元人民币，资产负债率约为73.4%。其中，大约有75%的新增负债来自沃尔沃，因为收购，吉利同时也接收了沃尔沃的所有债务。吉利这笔为国人争面子的“蛇吞象”式的并购是不是可能为其带来沉重的债务包袱，其偿债能力将会有怎样的发展趋势，会不会走向“财务危机”，陷入“财务困境”？当然，吉利并不认为自己会走向“财务危机”。

资料来源：佚名. 负债高达七百亿　吉利否认陷入财务危机［EB/OL］. 北京晨报.［2011-07-28］. http：//www.chinadaily.com.cn/dfpd/sc/2011-07-28/content_12999541.htm.

思考

请搜集吉利公司2009年前后的财务报告，利用报告中的数据分析其偿债能力变化情况，评价其财务状况。分组讨论并展示研讨结果。

任务一　资产负债表分析

知识准备

一、资产负债表概述

资产负债表是指反映企业在某一特定日期（如月末、季末、年末）全部资产、负债和所有者权益情况的会计报表，是企业经营活动的静态体现。资产负债表是根据“资产 = 负债 + 所有者权益”这一平衡公式，依照一定的分类标准和一定的次序，将某一特定日期的资产、负债、所有者权益的具体项目编制而成。它表明权益在某一特定日期所拥有或控制的经济资源、所承担的现有义务以及所有者对净资产的要求权。它是一张揭示企业在一定时点财务状况的静态报表。

微课：资产负债表分析内容

二、资产负债表的基本结构

资产负债表一般有表首、正表两部分。其中，表首概括地说明报表名称、编制单位、编制日期、报表编号、货币名称、计量单位等。正表是资产负债表的主体，列示了用以说明企业财务状况的各个项目。资产负债表正表的格式一般有两种：报告式资产负债表和账户式资产负债表。报告式资产负债表是上下结构，上半部列示资产，下半部列示负债和所有者权益。账户式资产负债表是左右结构，左边列示资产，右边列示负债和所有者权益。不管采取什么格式，资产各项目的合计等于负债和所有者权益各项目的合计这一等式不变。

2019 年 4 月 30 日，财政部修订了一般企业财务报表格式，资产负债表（适用于尚未执行新金融准则、新收入准则和新租赁准则的企业）的基本格式见表 3-1。

三、资产负债表分析的内容

（一）资产负债表项目增减变动分析

资产负债表项目增减变动分析，通过对比期初数与期末数的变动趋势，发现变动幅度较大的重点类别和重点项目，分析其变动的合理性与效率，进而评价企业财务结构的稳定性和安全性，有助于投资者对资产、负债进行动态的比较，进一步分析企业的经营管理水平及发展的前景与后劲。

（二）资产负债表结构分析

资产负债表结构分析包括静态分析与动态分析。静态分析包括：观察企业资产的配置情况，通过与行业平均水平或可比企业的资产结构进行比较，评价其合理性；观察资本的构成，结合企业的盈利能力和经营风险，评价其合理性。动态分析包括：分析资产结构的变动情况，对资产的稳定性做出评价；分析资本结构的变动情况，分析其对股东收益产生的影响。

表 3-1　　资产负债表

会企01表

编制单位：____________　　______年____月____日　　单位：元

资产	期末余额	上年年末余额	负债和所有者权益（或股东权益）	期末余额	上年年末余额
流动资产：			流动负债：		
货币资金			短期借款		
以公允价值计量且其变动计入当期损益的金融资产			以公允价值计量且其变动计入当期损益的金融负债		
衍生金融资产			衍生金融负债		
应收票据			应付票据		
应收账款			应付账款		
预付款项			预收款项		
其他应收款			应付职工薪酬		
存货			应交税费		
持有待售资产			其他应付款		
一年内到期的非流动资产			持有待售负债		
其他流动资产			一年内到期的非流动负债		
流动资产合计			其他流动负债		
非流动资产：			流动负债合计		
可供出售金融资产			非流动负债：		
持有至到期投资			长期借款		
长期应收款			应付债券		
长期股权投资			其中：优先股		
投资性房地产			永续债		
固定资产			长期应付款		
在建工程			预计负债		
生产性生物资产			递延收益		
油气资产			递延所得税负债		
无形资产			其他非流动负债		
开发支出			非流动负债合计		
商誉			负债合计		
长期待摊费用			所有者权益（或股东权益）：		
递延所得税资产			实收资本（或股本）		
其他非流动资产			其他权益工具		
非流动资产合计			其中：优先股		
			永续债		
			资本公积		
			减：库存股		
			其他综合收益		
			盈余公积		
			未分配利润		
			所有者权益（或股东权益）合计		
资产总计			负债和所有者权益（或股东权益）总计		

典型任务举例

【背景资料】

研究标的：远东智慧能源股份有限公司（股票代码：600869）资产负债表分析。

分析期间：以2015年为主，并与2014年作比较。

注册地址：青海省西宁市城北区生物园区经二路12号。

公司网址：www.600869.com。

行业分类：制造业、输配电业，包括电线电缆、电子商务、能源系统、智能系统四大板块业务。

组织形式：民营企业。

主营业务：经营智慧能源和智慧城市技术、产品与服务及其互联网、物联网应用的研发、制造与销售；智慧能源和智慧城市项目规划设计、投资建设及能效管理与服务；智慧能源和智慧城市工程总承包及进出口贸易；仓储物流（不含运输、不含危险品）。

【工作任务】

（1）对远东智慧能源股份有限公司的资产负债表项目增减变动进行分析。

（2）对远东智慧能源股份有限公司的资产负债表结构进行分析。

【工作过程】

（1）资产负债表项目增减变动分析。

收集相关比较期间的项目数据，将该公司连续数年的项目金额进行比较，分别计算出各个项目的增减变动金额和变动百分比，并编制增减变动分析表（见表3-2）。

表3-2　远东智慧能源股份有限公司资产负债表项目增减变动分析　金额单位：万元

项　目	2015年	2014年	增量	增长率
货币资金	249 786	327 995	-78 209	-23.84%
交易性金融资产	329	85	244	287.06%
应收票据	37 934	25 026	12 908	51.58%
应收账款	397 583	335 392	62 191	18.54%
预付款项	12 619	34 138	-21 519	-63.04%
应收利息	406	1 345	-939	-69.81%
其他应收款	43 206	43 242	-36	-0.08%
存货	113 339	91 775	21 564	23.50%
其他流动资产	1 574	18 460	-16 886	-91.47%
流动资产合计	856 776	877 459	-20 683	-2.36%
可供出售金融资产	11 725	8 372	3 353	40.05%
持有至到期投资	1	1	0	0
长期股权投资	1 794	18	1 776	9 866.67%
投资性房地产	0	1 017	-1 017	-100%
固定资产原值	314 830	282 612	32 218	11.40%
累计折旧	100 334	76 300	24 034	31.50%
固定资产净值	214 496	206 312	8 184	3.97%
固定资产减值准备	435	389	46	11.83%

续表

项　目	2015年	2014年	增量	增长率
固定资产	214 061	205 924	8 137	3.95%
在建工程	5 886	19 115	−13 229	−69.21%
无形资产	48 864	32 164	16 700	51.92%
商誉	133 236	39 132	94 104	240.48%
长期待摊费用	144	367	−223	−60.76%
递延所得税资产	24 767	19 352	5 415	27.98%
其他非流动资产	18 988	21 386	−2 398	−11.21%
非流动资产合计	459 466	346 848	112 618	32.47%
资产总计	1 316 242	1 224 307	91 935	7.51%
短期借款	362 529	526 368	−163 839	−31.13%
交易性金融负债	0	4	−4	−100%
应付票据	34 360	0	34 360	—
应付账款	114 937	111 928	3 009	2.69%
预收款项	104 923	75 716	29 207	38.57%
应付职工薪酬	13 637	10 185	3 452	33.89%
应交税费	25 237	16 730	8 507	50.85%
应付利息	411	1 420	−1 009	−71.06%
应付股利	21	21	0	0
其他应付款	118 000	49 431	68 569	138.72%
一年内到期的非流动负债	20 056	7 379	12 677	171.80%
其他流动负债	57	64	−7	−10.94%
流动负债合计	794 166	799 245	−5 079	−0.64%
长期借款	17 740	22 900	−5 160	−22.53%
长期应付款	60 122	63 297	−3 175	−5.02%
专项应付款	3 366	3 366	0	0
预计非流动负债	1 245	489	756	154.60%
长期递延收益	1 565	3 334	−1 769	−53.06%
递延所得税负债	2 429	1 358	1 071	78.87%
非流动负债合计	86 468	94 744	−8 276	−8.74%
负债合计	880 634	893 989	−13 355	−1.49%
实收资本（或股本）	208 299	99 004	109 295	110.39%
资本公积	103 644	150 728	−47 084	−31.24%
盈余公积	17 048	16 625	423	2.54%
未分配利润	86 860	45 056	41 804	92.78%
归属于母公司股东权益合计	415 851	311 413	104 438	33.54%
少数股东权益	19 757	18 904	853	4.51%
所有者权益（或股东权益）合计	435 608	330 318	105 290	31.88%
负债和所有者权益（或股东权益）总计	1 316 242	1 224 307	91 935	7.51%

根据表3-2中的数据进行计算分析：

2015年远东智慧能源股份有限公司的资产总额、所有者权益总额相比2014年都呈现增长趋势，其增长幅度分别是7.51%和31.88%。这主要是由于2015年度利润大幅度增加以及实收资本增加的结果，说明该公司的盈利能力很强，筹资能力很强。值得注意的是，本期的长期股权投资增长幅度大，达到9866.67%，应予以高度关注，进一步寻找原因。

（2）资产负债表项目结构变动情况分析。

收集相关比较期间的项目数据，以企业总资产为结构总体，分别计算各个项目金额与总资产总额的结构百分比，并编制结构分析表（见表3-3）。

表3-3　远东智慧能源股份有限公司资产负债表结构分析　金额单位：万元

项　目	2015年	2014年	2015年结构百分比	2014年结构百分比	变动率
货币资金	249 786	327 995	18.98%	26.79%	-7.81%
交易性金融资产	329	85	0.02%	0.01%	0.02%
应收票据	37 934	25 026	2.88%	2.04%	0.84%
应收账款	397 583	335 392	30.21%	27.39%	2.81%
预付款项	12 619	34 138	0.96%	2.79%	-1.83%
应收利息	406	1 345	0.03%	0.11%	-0.08%
其他应收款	43 206	43 242	3.28%	3.53%	-0.25%
存货	113 339	91 775	8.61%	7.50%	1.11%
其他流动资产	1 574	18 460	0.12%	1.51%	-1.39%
流动资产合计	856 776	877 459	65.09%	71.67%	-6.58%
可供出售金融资产	11 725	8 372	0.89%	0.68%	0.21%
持有至到期投资	1	1	0	0	0
长期股权投资	1 794	18	0.14%	0	0.13%
投资性房地产	0	1 017	0	0.08%	-0.08%
固定资产原值	314 830	282 612	23.92%	23.08%	0.84%
累计折旧	100 334	76 300	7.62%	6.23%	1.39%
固定资产净值	214 496	206 312	16.30%	16.85%	-0.56%
固定资产减值准备	435	389	0.03%	0.03%	0
固定资产	214 061	205 924	16.26%	16.82%	-0.56%
在建工程	5 886	19 115	0.45%	1.56%	-1.11%
无形资产	48 864	32 164	3.71%	2.63%	1.09%
商誉	133 236	39 132	10.12%	3.20%	6.93%
长期待摊费用	144	367	0.01%	0.03%	-0.02%
递延所得税资产	24 767	19 352	1.88%	1.58%	0.30%
其他非流动资产	18 988	21 386	1.44%	1.75%	-0.30%
非流动资产合计	459 466	346 848	34.91%	28.33%	6.58%
资产总计	1 316 242	1 224 307	100%	100%	0
短期借款	362 529	526 368	27.54%	42.99%	-15.45%
交易性金融负债	0	4	0	0	0

续表

项　目	2015年	2014年	2015年结构百分比	2014年结构百分比	变动率
应付票据	34 360	0	2.61%	0	2.61%
应付账款	114 937	111 928	8.73%	9.14%	-0.41%
预收款项	104 923	75 716	7.97%	6.18%	1.79%
应付职工薪酬	13 637	10 185	1.04%	0.83%	0.20%
应交税费	25 237	16 730	1.92%	1.37%	0.55%
应付利息	411	1 420	0.03%	0.12%	-0.08%
应付股利	21	21	0	0	0
其他应付款	118 000	49 431	8.96%	4.04%	4.93%
一年内到期的非流动负债	20 056	7 379	1.52%	0.6%	0.92%
其他流动负债	57	64	0.004%	0.01%	0
流动负债合计	794 166	799 245	60.34%	65.28%	-4.95%
长期借款	17 740	22 900	1.35%	1.87%	-0.52%
长期应付款	60 122	63 297	4.57%	5.17%	-0.60%
专项应付款	3 366	3 366	0.26%	0.27%	-0.02%
预计非流动负债	1 245	489	0.09%	0.04%	0.05%
长期递延收益	1 565	3 334	0.12%	0.27%	-0.15%
递延所得税负债	2 429	1 358	0.18%	0.11%	0.07%
非流动负债合计	86 468	94 744	6.57%	7.74%	-1.17%
负债合计	880 634	893 989	66.91%	73.02%	-6.11%
实收资本（或股本）	208 299	99 004	15.83%	8.09%	7.74%
资本公积	103 644	150 728	7.87%	12.31%	-4.44%
盈余公积	17 048	16 625	1.30%	1.36%	-0.06%
未分配利润	86 860	45 056	6.60%	3.68%	2.92%
归属于母公司股东权益合计	415 851	311 413	31.59%	25.44%	6.16%
少数股东权益	19 757	18 904	1.50%	1.54%	-0.04%
所有者权益（或股东权益）合计	435 608	330 318	33.09%	26.98%	6.11%
负债和所有者权益（或股东权益）总计	1 316 242	1 224 307	100%	100%	0

由表3-3分析可知：

2015年远东智慧能源股份有限公司的流动资产占比为65.09%，比2014年的71.67%略有降低，原因是货币资金占比有一定下降；2015年非流动资产的占比为34.91%，比2014年的28.33%有较大提升，主要原因是2015年商誉占比增加；2015年所有者权益的占比为33.09%，相比2014年呈现比较明显的增长趋势，主要原因是2015年实收资本占比增加。需要在进一步分析各个具体项目变动原因的基础上，确定具体的变动影响。

同步训练

一、判断题（正确的在括号内打“√”，错误的打“×”）

（　　）1.资产是由流动资产与非流动资产两部分构成。

（　　）2.资产总额的增加意味着所有者权益的增加和利润的增加。

（　　）3.资产负债表的纵向比较是指将企业的当期利润与其他同类企业利润进行的比较。

二、单项选择题（每题只有一个正确答案，请将正确答案填在括号内）

1.依照我国《企业会计制度》，资产负债表项目按照项目的（　　）排列。

A.重要性　　B.流动性　　C.可比性　　D.谨慎性

2.如果企业本期资产的增长高于负债的增长，那么企业本期（　　）。

A.利润一定增加　　B.利润一定减少

C.所有者权益一定增加　　D.所有者权益一定减少

3.盈余公积、未分配利润构成企业的（　　）。

A.所有者权益　　B.利润总额　　C.留存收益　　D.资本公积

三、实训题

【实训目的】学会对资产负债表进行分析。

【实训资料】

研究标的：软控股份有限公司（股票代码：002073）资产负债表分析。

分析期间：以2015年为主，并与2014年作比较。

注册地址：青岛市保税区纽约路2号。

公司网址：www.mesnac.com。

行业分类：制造业—机械设备制造—专用设备制造—其他专用机械—轮胎橡胶机械。

组织形式：民营相对控股企业。

主营业务：橡胶装备系统的研发与制造。目前已形成完整的轮胎橡胶机械产品链，能够为轮胎生产的配料、密炼、压延、裁断、成型、硫化、检测七个环节提供智能化装备及系统软件服务。该公司的主要产品包括橡胶机械产品链、工业机器人及自动化物流设备等。

【实训要求】

（1）请根据表3-4所给数据进行横向比较分析。

表3-4 软控股份有限公司资产负债表项目增减变动趋势分析 单位：万元

项 目	2015年	2014年	增量	增长率
货币资金	70 191	61 759		
应收票据	37 622	22 181		
应收账款	199 854	203 966		
预付款项	25 240	36 583		
其他应收款	13 115	11 189		
存货	137 249	132 753		
其他流动资产	17 938	22 228		
流动资产合计	501 209	490 657		
可供出售金融资产	30 481	34 996		
长期股权投资	2 335	2 478		
投资性房地产	3 443	3 528		
固定资产原值	227 239	207 143		
累计折旧	51 113	39 240		
固定资产净值	176 126	167 902		
固定资产	176 126	167 902		
在建工程	5 085	6 342		
无形资产	39 032	31 768		
商誉	24 321	24 321		
长期待摊费用	822	914		
递延所得税资产	20 112	22 613		
非流动资产合计	304 861	298 255		
资产总计	806 070	788 912		
短期借款	129 248	131 788		
应付票据	47 877	44 108		
应付账款	66 545	89 792		
预收账款	43 466	52 961		
应付职工薪酬	2 119	1 806		
应交税费	1 888	3 337		
应付利息	622	840		

续表

项　目	2015年	2014年	增量	增长率
其他应付款	13 749	11 886		
一年内到期的非流动负债	16 554	91		
其他流动负债	0	50 000		
流动负债合计	322 069	386 608		
长期借款	0	0		
应付债券	0	16 401		
长期应付款	3	3		
专项应付款	0	0		
预计非流动负债	727	661		
长期递延收益	29 777	26 469		
递延所得税负债	7 479	8 895		
其他非流动负债	0	0		
非流动负债合计	37 986	52 429		
负债合计	360 055	439 037		
实收资本	81 859	74 237		
资本公积	94 720	33 284		
减：库存股	3 549	0		
专项储备	1 954	1 394		
盈余公积	30 246	29 381		
未分配利润	201 263	183 471		
归属于母公司股东权益合计	426 858	348 397		
少数股东权益	19 157	1 478		
所有者权益（或股东权益）合计	446 015	349 875		
负债和所有者权益（或股东权益）总计	806 070	788 912		

由表3-4分析可知（写出文字分析）：

（2）请根据表3-5所给数据进行纵向结构分析。

表3-5 软控股份有限公司资产负债表结构分析 单位：万元

项　目	2015年	2014年	2015年结构百分比	2014年结构百分比
货币资金	70 191	61 759		
应收票据	37 622	22 181		
应收账款	199 854	203 966		
预付款项	25 240	36 583		
其他应收款	13 115	11 189		
存货	137 249	132 753		
其他流动资产	17 938	22 228		
流动资产合计	501 209	490 657		
可供出售金融资产	30 481	34 996		
长期股权投资	2 335	2 478		
投资性房地产	3 443	3 528		
固定资产原值	227 239	207 143		
累计折旧	51 113	39 240		
固定资产净值	176 126	167 902		
固定资产	176 126	167 902		
在建工程	5 085	6 342		
无形资产	39 032	31 768		
商誉	24 321	24 321		
长期待摊费用	822	914		
递延所得税资产	20 112	22 613		
非流动资产合计	304 861	298 255		
资产总计	806 070	788 912		
短期借款	129 248	131 788		
应付票据	47 877	44 108		
应付账款	66 545	89 792		
预收账款	43 466	52 961		
应付职工薪酬	2 119	1 806		
应交税费	1 888	3 337		
应付利息	622	840		
其他应付款	13 749	11 886		
一年内到期的非流动负债	16 554	91		
其他流动负债	—	50 000		

续表

项　目	2015年	2014年	2015年结构百分比	2014年结构百分比
流动负债合计	322 069	386 608		
长期借款	0	0		
应付债券	0	16 401		
长期应付款	3	3		
专项应付款	0	0		
预计非流动负债	727	661		
长期递延收益	29 777	26 469		
递延所得税负债	7 479	8 895		
其他非流动负债	0	0		
非流动负债合计	37 986	52 429		
负债合计	360 055	439 037		
实收资本	81 859	74 237		
资本公积	94 720	33 284		
减：库存股	3 549	0		
专项储备	1 954	1 394		
盈余公积	30 246	29 381		
未分配利润	201 263	183 471		
归属于母公司股东权益合计	426 858	348 397		
少数股东权益	19 157	1 478		
所有者权益（或股东权益）合计	446 015	349 875		
负债和所有者权益（或股东权益）总计	806 070	788 912		

由表3-5分析可知（写出文字分析）：

动脑筋 如果要对软控股份有限公司的2015年的资产负债表做全面分析，还应该怎么做呢？

任务二 短期偿债能力分析

知识准备

短期偿债能力反映企业流动资产偿付短期债务的能力。一个企业的流动资产越多，证明其偿还短期债务的能力也就越强，财务风险也相对越小。

企业有无短期债务的偿还能力关系到债权人、投资者、员工、供应商的利益，以及企业未来的发展。只有当企业有较强的短期偿债能力时，企业才能处于良好的发展环境。

企业的短期偿债能力也可以理解为企业的支付能力。企业的短期债务一般是由流动资产支付的，所以对企业短期偿债能力的分析主要是对流动资产与流动负债之间的关系进行分析。短期偿债能力分析常用的方法有比较分析法、比率分析法，主要包括营运资金分析、流动比率分析、速动比率分析、现金比率分析、经营活动净现金比率分析以及其他因素分析等。

短期偿债能力常用指标如图3-1所示。

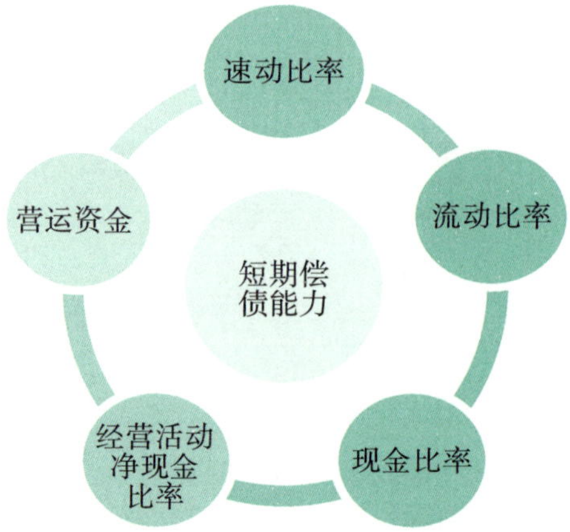

图3-1 短期偿债能力常用指标

提示 短期债务是指流动负债，包括将在未来一年内到期的短期借款、应付及预收款等。

一、营运资金

营运资金是指企业流动资产与流动负债的差额。它是反映企业短期偿债能力的绝对数指标。其计算公式如下：

$$营运资金 = 流动资产 - 流动负债$$

从上式中可以看出，当营运资金为正值时，表明企业有能力偿还短期债务；当营运资金为零或负值时，表明企业无力偿还短期债务，资金周转存在问题。

提示 不能认为营运资金越多越好。营运资金过多，说明企业中有部分资产闲置，企业没有充分发挥其功用，会影响企业的获利能力。营运资金是流动资产与流动负债差额的绝对数，在分析时必须结合其他指标，才能正确评价企业的短期偿债能力。

二、流动比率

流动比率是指流动资产与流动负债的比例关系，表示每一元的流动负债能够有多少流动资产作为保障。其计算公式如下：

$$流动比率 = \frac{流动资产}{流动负债}$$

流动比率是用相对数对营运资金进行的解释，也就是有几倍于流动负债的流动资产来保障短期债务的偿还。一般来说，企业的流动资产在清偿完流动负债后还应有一些剩余，以便应付日常生产经营过程中其他方面对资金的需求，保证企业的持续经营。

国际惯例认为这个比率在2∶1左右才能显示企业财务状况的稳定。当然，这个标准也不是绝对的，要根据企业的性质和实际情况来判断，还应结合其他指标进行综合分析。

运用流动比率时，必须注意以下三个方面的问题：

（1）虽然流动比率越高，企业用流动资产偿还短期债务的能力越强，但这并不等于说企业有足够的现金或存款用来偿债。流动比率高也可能是存货积压、应收账款增多且收账期延长，以及待处理财产损失增加所致，而真正可用来偿债的现金和存款却严重短缺。所以，企业应在分析流动比率的基础上，进一步对现金流量加以分析。

（2）从短期债权人的角度看，自然希望流动比率越高越好。但从企业经营角度看，过高的流动比率通常意味着企业闲置现金的持有量过多，必然降低企业现金的获利能力。因此，应合理调整这一结构，降低货币资金的闲置水平。

（3）流动比率是否合理，不同的企业以及同一企业不同时期的评价标准是不同的，因此，不应用统一的标准来评价各企业流动比率合理与否。

三、速动比率

速动比率是指企业速动资产与流动负债的比率。其计算公式如下：

$$速动比率=\frac{速动资产}{流动负债}$$

速动资产是指流动资产减去变现能力较弱且不稳定的存货、待处理流动资产损失等后的余额。由于速动资产去除了存货等变现能力较弱且不稳的资产，速动比率比流动比率更能客观、准确、可靠地反映企业的短期偿债能力。

西方企业传统经验认为，速动比率为1时是安全边际。如果速动比率小于1，必使企业面临很大的偿债风险；如果速动比率大于1，尽管债务偿还的安全性很高，却会因企业现金及应收账款资金占用过多而使企业资金闲置，势必影响资金的获利能力。

提示 尽管速动比率较流动比率更能反映出流动负债偿还的安全性和稳定性，但并不能认为速动比率较低的企业的流动负债到期绝对不能偿还。实际上，如果企业存货流转顺畅，应收账款流动性强，则变现能力较强，即使速动比率较低，只要流动比率高，企业仍然有望偿还到期的债务本息。所以，还要同时结合其他相关的指标进行综合分析。

四、现金比率

现金比率是指企业的现金类资产与流动负债的比率。其计算公式如下：

$$现金比率=\frac{现金类资产}{流动负债}$$

现金比率反映企业随时支付短期债务的能力，比率越高表明其偿债能力越强，但是比率不能太高，太高则证明企业中存在资金闲置的情况。现金比率还要与其他相关指标一起进行综合分析才能充分反映企业的短期偿债能力。

现金类资产并非仅仅包括现金，它主要包括企业拥有的货币资金和持有的有价证券。通常，速动资产扣除应收款项后的余额即为现金类资产。这是因为应收款项存在不能按时收回的可能，所以把应收款项这一项目排除掉，现金比率就更能直接地反映企业偿付流动负债的能力。

提示 营运资金、流动比率、速动比率和现金比率是从流动资产和流动负债之间的关系出发来评估企业的短期偿债能力，分析时不能只关注某一个目标，应该通过综合考查来全面、客观地判断企业短期偿债能力的强弱。

五、经营活动净现金比率

经营活动净现金比率是指经营活动现金流量净额和流动负债的比率。它用来衡量企业的短期偿债能力，即有多少经营活动所产生的现金来保障流动负债的偿付。其计算公式如下：

$$经营活动净现金比率=\frac{经营活动现金流量净额}{流动负债}$$

由于企业的短期负债大多源于企业的经营活动，所以用该指标进行分析能够较好地评价企业偿还短期债务的能力。

六、其他因素

在进行财务报表分析时，除了从财务报表中取得资料外，还需要分析财务报表资料中没有反映出来的因素，以做出正确的判断。例如，企业可动用的银行贷款指标、准备很快变现的长期资产、偿债能力的良好声誉，财务报表表外的这些信息可能意味着短期偿债能力将有所提高。

动脑筋　表外信息可能意味着企业短期偿债能力会有所降低，那么哪些表外信息会影响短期偿债能力的分析结果呢？

典型任务举例

【背景资料】

研究标的：远东智慧能源股份有限公司（股票代码：600869）短期偿债能力分析。

微课：短期偿债能力分析指标

注册地址：青海省西宁市城北区生物园区经二路12号。

公司网址：www.600869.com。

行业分类：制造业、输配电业，包括电线电缆、电子商务、能源系统、智能系统四大板块业务。

组织形式：民营企业。

主营业务：经营智慧能源和智慧城市技术、产品与服务及其互联网、物联网应用的研发、制造与销售；智慧能源和智慧城市项目规划设计、投资建设及能效管理与服务；智慧能源和智慧城市工程总承包及进出口贸易；仓储物流（不含运输、不含危险品）。

【工作任务】

（1）对远东智慧能源股份有限公司的短期偿债能力趋势进行分析。

（2）对远东智慧能源股份有限公司的短期偿债能力横向比较进行分析。

【工作过程】

（1）收集远东智慧能源股份有限公司2011—2015年的财务报告。

（2）确定短期偿债能力评价所需指标。

常见的分析指标有：营运资金、流动比率、速动比率、现金比率和经营活动净现金比率。在进行分析时，可以根据分析目的等具体情况选择其中的几个进行分析。

（3）计算相关指标，评价短期偿债能力。

选定分析指标后，则可根据财务报告中的数据进行计算。

例如，2015年12月31日，智慧能源指标的计算分析如下：

营运资金 = 流动资产−流动负债 = 856 776 − 794 166 = 62 610（万元）

$$流动比率 = \frac{流动资产}{流动负债} = 856\ 776 \div 794\ 166 = 1.08$$

$$速动比率 = \frac{速动资产}{流动负债} = \frac{流动资产 - 存货 - 预付款项 - 其他流动资产}{流动负债}$$

$$= \frac{856\ 776 - 113\ 339 - 12\ 619 - 1\ 574}{794\ 166}$$

$$= 0.92$$

$$现金比率 = \frac{现金类资产}{流动负债} = \frac{货币资金+交易性金融资产}{流动负债} = \frac{249\,786+329}{794\,166} = 0.31$$

$$经营活动净现金比率 = \frac{经营活动现金流量净额}{流动负债} = \frac{138\,151}{794\,166} = 0.17$$

计算结果见表3-6。

表3-6 智慧能源股份有限公司短期偿债能力趋势分析

项　目	2015年	2014年	2013年	2012年	2011年
营运资金/万元	62 610	78 214	66 117	153 136	248 378
流动比率	1.08	1.10	1.10	1.26	1.34
速动比率	0.92	0.92	0.93	1.00	1.12
现金比率	0.31	0.41	0.32	0.36	0.55
经营活动净现金比率	0.17	0.08	0.08	0.19	-0.01

（4）根据计算结果进行短期偿债能力变化趋势的分析。

从表3-6中可以看出，远东智慧能源股份有限公司的短期偿债能力有所降低，但是变化幅度不大。各项短期偿债能力指标显示，该公司偿债能力不容乐观。2015年营运资金约为62 610万元，而2011年营运资金为248 378万元，五年来连年递减。2011年流动比率最高，为1.34；2015年最低，只有1.08。2011—2015年速动比率在0.92~1.12，现金比率在0.31 ~ 0.55，经营活动净现金比率基本在0.08~0.19，说明该公司有一定的流动资金用于偿还或者支付短期债务，但是存在一定的压力，需要加快资金周转，增强支付能力。

（5）收集远东智慧能源股份有限公司同行业其他4家上市公司2015年的财务报告。

①确定远东智慧能源股份有限公司所属行业为电线电缆业。

②查找同行业其他4家上市公司，确定中超控股、亨通光电、汉缆股份、中天科技作为比较分析的对象。

③搜集同行业其他4家上市公司同期财务报告，准备进行同行业分析。

（6）计算相关指标，进行短期偿债能力的横向比较分析。

计算结果见表3-7。

表3-7 电线电缆业上市公司的短期偿债能力指标

2015年12月31日

项　目	智慧能源（600869）	中超控股（002471）	亨通光电（600487）	汉缆股份（002498）	中天科技（600522）
营运资金/万元	62 610	131 303	218 949	245 413	597 318
流动比率	1.08	1.25	1.27	2.18	2.27
速动比率	0.92	0.89	0.78	1.65	1.60
现金比率	0.31	0.29	0.34	0.67	0.73
经营活动净现金比率	0.17	0.04	0.14	0.001	0.38

（7）根据计算结果进行短期偿债能力同行业横向分析。

根据表3-7，可以得出以下结论：

①营运资金最多的公司是中天科技，为597 318万元；营运资金最少的公司是智慧能源，为62 610万元。这意味着：比较同行业其他企业，智慧能源的营运资金能够保障短期债务的偿付，但是数量不多，支付能力不是非常强。

②流动比率最高的公司是中天科技，为2.27；流动比率最低的公司是智慧能源，为1.08。这意味着：从整体来看，行业内的5家上市公司的流动比率差异较大，有的公司在2左右，有的公司则在1左右，其中智慧能源的流动比率最低。

③速动比率最高的公司是汉缆股份，为1.65；速动比率最低的公司是亨通光电，为0.78，智慧能源速动比率为0.92，接近1。这意味着：智慧能源的流动负债偿还比较安全。

④现金比率普遍不高，最高的公司是中天科技，为0.73；现金比率较低的公司是智慧能源和中超控股，分别为0.31和0.29；这意味着：智慧能源随时支付、偿还债务的能力不强。

⑤经营活动净现金比率最高的公司是中天科技，为0.38；智慧能源的经营活动净现金比率为0.17。5家上市公司中经营活动净现金比率最低的是汉缆股份，仅为0.001。这意味着：智慧能源在行业中的表现不算突出，但是有一定的资金进行短期债务的支付与偿还。

同步训练

一、判断题（正确的在括号内打“√”，错误的打“×”）

（　　）1.营运资金是一个绝对值指标，不利于企业间的比较分析。

（　　）2.在通常情况下，速动比率保持在2比较好。

（　　）3.最准确衡量企业短期偿债能力的方法是分析现金比率。

（　　）4.企业偿债能力越强越好。

二、单项选择题（每题只有一个正确答案，请将正确答案填在括号内）

1.一般来说，表明企业的流动负债有足够流动资产作保证，其营运资金应为（　　）。

A.正数　　B.负数　　C.零　　D.小数

2.若速动比率大于1，则下列说法正确的是（　　）。

A.营运资金大于零　　B.短期偿债能力绝对有保障

C.流动比率大于2　　D.现金比率等于1

3.若流动比率大于1，则下列说法正确的是（　　）。

A.速动比率大于1　　B.营运资金大于零

C.短期偿债能力绝对有保障　　D.资产负债率大于1

4.最稳健的衡量企业短期偿债能力的方法是（　　）。

A.流动比率　　B.速动比率　　C.现金比率　　D.以上均不是

5.当企业流动比率小于1时，增加流动资金借款会使当期流动比率（　　）。

A.提高　　B.降低　　C.不变　　D.不确定

6.在计算速动比率时，之所以要扣除存货项目，是由于（　　）。

A.存货的价值变动较大　　B.存货的数量不易确定

C.存货的质量难以保证　　D.存货的变现能力较差

7.计算速动比率时，之所以要扣除存货是因为（　　）。

A.存货的价值变动较大　　B.存货的数量不易确定

C.存货的变现时间较长　　D.存货不易变现

三、实训题

【实训目的】掌握企业短期偿债能力分析常用指标的应用。

【实训资料】

研究标的：软控股份有限公司（股票代码：002073）短期偿债能力分析。

分析期间：以2015年为主，选取同一行业5家上市公司同财务报告做横向比较。

注册地址：青岛市保税区纽约路2号。

公司网址：www.mesnac.com。

行业分类：制造业—机械设备制造—专用设备制造—其他专用机械—轮胎橡胶机械。

组织形式：民营相对控股企业。

主营业务：橡胶装备系统的研发与制造。目前已形成完整的轮胎橡胶机械产品链，能够为轮胎生产的配料、密炼、压延、裁断、成型、硫化、检测七个环节提供智能化装备及系统软件服务。该公司的主要产品包括橡胶机械产品链、工业机器人及自动化物流设备等。

软控股份有限公司资产负债表相关数据见表3-8。

表3-8　软控股份有限公司资产负债表相关数据　单位：万元

报告日期	2015年12月31日	2014年12月31日	2013年12月31日
货币资金	70 191	61 759	82 986
应收票据	37 622	22 181	49 240
应收账款	199 854	203 966	177 276
预付款项	25 240	36 583	33 179
其他应收款	13 115	11 189	5 708
存货	137 249	132 753	122 662
其他流动资产	17 938	22 228	10 225
流动资产合计	501 209	490 657	481 276
可供出售金融资产	30 481	34 996	31 927
长期股权投资	2 335	2 478	5 288
投资性房地产	3 443	3 528	3 615
固定资产原值	227 239	207 143	112 206
累计折旧	51 113	39 240	25 937
固定资产净值	176 126	167 902	86 269
固定资产	176 126	167 902	86 269
在建工程	5 085	6 342	25 171
固定资产清理	1 037	345	0
无形资产	39 032	31 768	13 246
商誉	24 321	24 321	7 551
长期待摊费用	822	914	1 055

续表

报告日期	2015年12月31日	2014年12月31日	2013年12月31日
递延所得税资产	20 112	22 613	19 918
其他非流动资产	2 069	3 049	0
非流动资产合计	304 861	298 255	194 040
资产总计	806 070	788 912	675 316
短期借款	129 248	131 788	8 488
应付票据	47 877	44 108	47 878
应付账款	66 545	89 792	84 587
预收账款	43 466	52 961	72 626
应付职工薪酬	2 119	1 806	1 392
应交税费	1 888	3 337	−4 176
应付利息	622	840	3035
其他应付款	13 749	11 886	4 762
一年内到期的非流动负债	16 554	91	13
其他流动负债	0	50 000	33
流动负债合计	322 069	386 608	218 638
应付债券	0	16 401	94 176
长期应付款	3	3	4
专项应付款	0	0	115
预计非流动负债	727	661	574
长期递延收益	29 777	26 469	0
递延所得税负债	7 479	8 895	8 086
其他非流动负债	0	0	22 689
非流动负债合计	37 986	52 429	125 645
负债合计	360 055	439 037	344 282
实收资本（或股本）	81 859	74 237	74 237
资本公积	94 720	33 284	60 335
减：库存股	3 549	0	0
专项储备	1 954	1 394	686
盈余公积	30 246	29 381	26 876
未分配利润	201 263	183 471	167 362
外币报表折算差额	0	0	−293
归属于母公司股东权益合计	426 858	348 397	329 202
少数股东权益	19 157	1 478	1 831
所有者权益（或股东权益）合计	446 015	349 875	331 034
负债和所有者权益（或股东权益）总计	806 070	788 912	675 316

【实训要求】

（1）计算软控股份有限公司短期偿债能力指标，填入表3−9。

表 3-9 软控股份有限公司短期偿债能力指标

项　目	2015年	2014年	2013年
营运资金/万元			
流动比率			
速动比率			
现金比率			
经营活动净现金比率			

（2）请依据表3-9中的数据绘制短期偿债能力趋势变动图。

（3）短期偿债能力分析（写出文字分析）。

（4）将软控股份有限公司2015年的短期偿债能力与同行业4家上市公司企业进行对比分析，相关数据填入表3-10中，并根据计算结果进行短期偿债能力同行业横向分析，写出分析结论。

表3-10　软控股份有限公司短期偿债增长能力横向分析

2015年12月31日

项　目	软控股份（002073）				
营运资金/万元					
流动比率					
速动比率					
现金比率					
经营活动净现金比率					

分析结论：

（5）比较评价各企业的短期偿债能力后，你认为哪家公司短期偿债能力最强？为什么？

任务三　长期偿债能力分析

知识准备

长期偿债能力是指企业偿还长期债务的能力。它用于衡量企业偿还债务本息的保证程度，是评价企业财务状况的重点。企业的长期债务是指偿还期在一年以上的债务，包括长期借款、应付债券、长期应付款等。长期偿债能力分析常用的方法是比率分析，通过分析计算相关的财务比率评价企业的长期偿债能力。用以分析评价企业长期偿债能力的指标主要有资产负债率、产权比率、利息保障倍数、营运资金与长期负债比率和长期负债率等。长期偿债能力分析常用指标如图3-2所示。

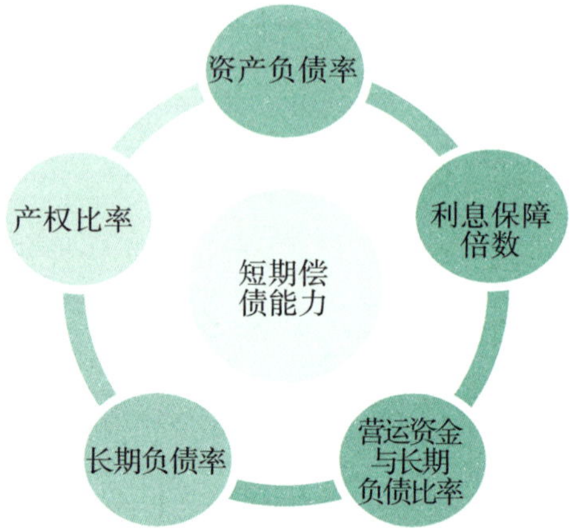

图3-2 长期偿债能力分析常用指标

一、资产负债率

资产负债率是指全部负债总额除以全部资产总额的比率，也就是负债总额与资产总额的比例关系。资产负债率有时也称为债务比率。其计算公式如下：

$$资产负债率 = \frac{负债总额}{资产总额} \times 100\%$$

资产负债率表明企业中由债权人提供的资金来源占资金总来源的比重。这一比重越小，企业资产对债权人权益的保障程度也就越高，企业的长期偿债能力也就越强。一般认为，资产负债率的适宜水平是40%～60%。

资产负债率较大，对于企业所有者来说，就能利用少量的自有资金形成较多的生产经营用资产，不仅扩大了生产经营规模，而且在经营状况良好的情况下，还可以利用财务杠杆作用，得到较多的投资利润。但如果这一比率过大，则表明企业的债务负担重，企业资金实力不强，偿债能力较弱，会对企业的发展形成障碍。

提示 经营风险比较大的企业为减少财务风险，应选择比较低的资产负债率；经营风险小的企业为增加股东收益，应选择比较高的资产负债率。

二、产权比率

产权比率是指负债总额与所有者权益（或股东权益）总额之间的比率。它也是衡量企业长期偿债能力的指标之一。产权比率可用于评价企业财务结构是否稳定合理，它反映了企业的所有者权益（或股东权益）对债权人权益的保障程度。产权比率也称为债务股权比率。产权比率越低，表明企业的长期偿债能力越强，债权人将资金借给企业时承担的风险越小；反之，则越大。其计算公式如下：

$$产权比率=\frac{负债总额}{所有者权益(或股东权益)总额}\times 100\%$$

提示　产权比率只是资产负债率的另一种表示方法，产权比率的分析方法与资产负债率分析类似。在资产负债率分析中应特别注意的问题，在产权比率分析中也应引起注意。

三、利息保障倍数

利息保障倍数也叫已获利息倍数，是指通过企业息税前利润与利息费用的比率来衡量企业偿付借款利息的能力。利息保障倍数是与利润表项目有关的偿债能力分析，通过比较经营所得支付债务利息的能力来反映企业长期偿债能力的强弱。其计算公式如下：

$$利息保障倍数=\frac{税前利润+利息费用}{利息费用}$$

提示　实务中，可以用财务费用的金额作为利息费用，也可以根据报表附注资料确定更准确的利息费用金额。

当利息保障倍数处在一个比较适当的位置时，表明企业不能偿付其利息债务的风险很小。如果企业偿还利息债务的能力较强，当本金到期时企业也能够取得新的资金。用新债还旧债，有良好的利息清偿记录，对于企业以后获得较优的借款条件以及资金来源起着很好的辅助作用。相反，如果此指标较低且波动，则企业难以保证用经营所得及时偿付债务利息，从而影响企业举债。一般来说，利息保障倍数至少应该大于1。

作为反映长期偿债能力的指标，利息保障倍数代表获利能力对偿还到期债务的保证程度。但是，由于税前利润是按照权责发生制基础核算收入、费用的结果，账面的税前利润以及调整后的息税前利润均不能代表企业的支付能力，所以还存在一定的局限性。

动脑筋　如何进行进一步的分析，从而避免利息保障倍数分析的缺陷呢？

四、营运资金与长期负债比率

营运资金与长期负债比率是指企业的营运资金和长期负债的比率关系。其计算公式如下：

$$营运资金与长期负债比率=\frac{流动资产-流动负债}{长期负债}$$

提示　随着时间的推移，长期负债会逐步转化为流动负债，流动资产不仅仅要有偿还流动负债的能力，也要有能力偿付长期负债。营运资金与长期负债比率越高，企业的短期偿债能力就越强，同时表明企业未来的长期偿债能力的保障程度也越强。

五、长期负债率

长期负债率是指长期负债和负债总额之间的比例关系。它用于反映企业负债中长期负债的份额。其计算公式如下：

微课：长期偿债能力分析指标

$$长期负债率 = \frac{长期负债}{负债总额} \times 100\%$$

长期负债率的高低可以反映企业借入资金成本的高低，也可以反映企业筹措长期负债资金的能力。

提示 长期负债具有时间长、成本高、低风险、稳定性强的特点。在资金需求量一定的情况下，提高长期负债比率，意味着企业降低了短期偿债的压力。

六、影响长期偿债能力的其他因素

上述衡量长期偿债能力的财务比率是根据财务报表数据计算的，此外还有一些表外因素会影响对企业长期偿债能力评价的有效性，这些表外因素主要包括长期租赁、债务担保和未决诉讼。

（一）长期租赁

当企业急需某种设备或厂房而又缺乏足够的资金时，可以通过租赁的方式解决。财产租赁的形式包括融资租赁和经营租赁。融资租赁形成的负债大多会在资产负债表中列示，而经营租赁则没有在资产负债表中列示。当企业的经营租赁量比较大、期限比较长或具有经常性时，就形成了一种长期性筹资，这种长期性筹资到期时必须支付租金，会对企业的偿债能力产生影响。因此，如果企业经常发生经营租赁业务，则应考虑租赁费用对偿债能力的影响。

（二）债务担保

担保项目的时间长短不一，有的涉及企业的长期负债，有的涉及企业的流动负债。在分析企业长期偿债能力时，应根据有关资料判断担保责任带来的潜在长期负债问题。

（三）未决诉讼

未决诉讼一旦判决败诉，便会影响企业的偿债能力，因此在评价企业长期偿债能力时要考虑其潜在影响。

典型任务举例

【背景资料】

研究标的：远东智慧能源股份有限公司（股票代码：600869）长期偿债能力分析。

注册地址：青海省西宁市城北区生物园区经二路12号。

公司网址：www.600869.com。

行业分类：制造业、输配电业，包括电线电缆、电子商务、能源系统、智能系统四大板块业务。

组织形式：民营企业。

主营业务：经营智慧能源和智慧城市技术、产品与服务及其互联网、物联网应用的研发、制造与销售；智慧能源和智慧城市项目规划设计、投资建设及能效管理与服务；智慧能源和智慧城市工程总承包及进出口贸易；仓储物流（不含运输、不含危险品）。

【工作任务】

（1）对远东智慧能源股份有限公司的长期偿债能力进行趋势分析。

（2）对远东智慧能源股份有限公司与同行业其他4家上市公司的长期偿债能力进行横向比较分析。

【工作过程】

（1）对远东智慧能源股份有限公司的长期偿债能力进行趋势分析。

①收集远东智慧能源股份有限公司2011—2015年的财务报告。

②确定长期偿债能力评价所需指标。常用的分析指标有：资产负债率、产权比率、利息保障倍数、营运资金与长期负债比率和长期负债率。在进行分析时，可以根据分析目的等具体情况选择其中的几个进行分析。

③计算相关指标，评价长期偿债能力。选定分析指标后，根据财务报告中的数据进行计算。以2015年12月31日为例，计算如下（单位：万元）：

$$资产负债率=\frac{负债总额}{资产总额}\times 100\%=\frac{880\,634}{1\,316\,242}\times 100\%=66.91\%$$

$$产权比率=\frac{负债总额}{所有者权益总额}\times 100\%=\frac{880\,634}{435\,608}\times 100\%=202.16\%$$

$$利息保障倍数=\frac{税前利润+利息费用}{利息费用}=\frac{54\,875+31\,128}{31\,128}=2.76$$

$$营运资金与长期负债比率=\frac{流动资产-流动负债}{长期负债}=\frac{856\,776-794\,166}{86\,468}=0.72$$

$$长期负债率=\frac{长期负债}{负债总额}\times 100\%=\frac{86\,468}{880\,634}\times 100\%=10\%$$

计算结果见表3-11。

表3-11　远东智慧能源股份有限公司长期偿债能力分析

项目	2015年	2014年	2013年	2012年	2011年
资产负债率	66.91%	73.02%	68.83%	67.27%	69.95%
产权比率	202.16%	270.64%	220.82%	205.51%	232.82%
利息保障倍数	2.76	2.01	3.19	0.43	2.52
营运资金与长期负债比率	0.72	0.83	2.29	6.36	9.97
长期负债率	10%	11%	4%	4%	3%

④根据计算结果进行长期偿债能力变化趋势的分析。

从表3-11中可以看出，远东智慧能源股份有限公司的资产负债率偏高，负债融资的比例较高，但是长期负债占的比重较少，2015年年末仅为10%。五年中，资产负债率变化幅度较小，2011—2015年的资产负债率平均为69%、产权比率则均在200%以上，有较多的债务负担，财务风险较大。

（2）对远东智慧能源股份有限公司与同行业其他4家上市公司的长期偿债能力进行横向比较分析。

①收集智慧能源股份有限公司与同行业其他4家上市公司2015年的财务报告。

a.确定智慧能源所属行业为电线电缆业。

b.查找同行业其他上市公司，确定中超控股、亨通光电、汉缆股份、中天科技4家上市公司作为比较分析的对象。

c.搜集同行业其他公司同期财务报告，准备进行同行业分析。

②确定长期偿债能力评价所需指标。常见的分析指标有资产负债率、产权比率、利息保障倍数、营运资金与长期负债比率，以及长期负债率。在进行分析时，可以根据分析目的等具体情况选择其中的几个进行分析。

③计算相关指标，进行长期偿债能力的横向比较分析。

计算结果见表3-12。

表3-12 电线电缆业上市公司的长期偿债能力指标

2015年12月31日

项　目	智慧能源（600869）	中超控股（002471）	亨通光电（600487）	汉缆股份（002498）	中天科技（600522）
资产负债率	66.91%	68.06%	65.72%	33.14%	33.84%
产权比率	202.16%	213.13%	191.73%	50.17%	51.14%
利息保障倍数	2.76	1.85	3.09	39.18	22.91
营运资金与长期负债比率	0.72	2.30	1.00	1 753.57	9.41
长期负债率	10%	9.96%	20.58%	0.07%	11.95%

④根据计算结果进行长期偿债能力同行业横向分析。根据表3-12，可以得出以下结论：

a.资产负债率最高的公司是中超控股，为68.06%；资产负债率最低的公司是汉缆股份，为33.14%；智慧能源2015年年末的资产负债率为66.91%。这意味着智慧能源的债务负担较大、财务风险较大。

b.产权比率最高的公司是中超控股，为213.13%；产权比率最低的公司是汉缆股份，为50.17%；智慧能源2015年年末的产权比率为202.16%。这意味着智慧能源的债务负担较大、财务风险较大。

c.利息保障倍数最高的公司是汉缆股份，为39.18，利息保障倍数最低的公司是中超控股，为1.85。智慧能源2015年的利息保障倍数为2.76。相比较而言，智慧能源的利息保障倍数较低，该公司偿付其利息债务的风险较大。

d.营运资金与长期负债比率最高的公司是汉缆股份，为1 753.57；营运资金与长期负债比率最低的公司是智慧能源，为0.72。这意味着智慧能源的资金在偿还流动负债之余，对于长期负债的保障能力较弱，存在一定的财务风险。

e.长期负债率最高的公司是亨通光电，为20.58%；长期负债率最低的公司是汉缆股份，为0.07%。智慧能源2015年年末长期负债率为10%。样本企业的长期负债率均不高，汉缆股份仅为0.07%。这些企业的资金需求主要还是通过时间短、成本低的流动负债满足，长期债务负担较小。

同步训练

一、判断题（正确的在括号内打“√”，错误的打“×”）

（　　）1.资产负债率表明企业中由债权人提供的资金来源占资金总来源的比重。这一比重越小，企业资产对债权人权益的保障程度也就越高，企业的长期偿债能力也就越强。

（　　）2.产权比率越高，表明企业的长期偿债能力越强，债权人将资金借给企业时承担的风险越小；反之，则越大。

（　　）3.营运资金与长期负债比率越高，企业的短期偿债能力就越强，同时表明企业未来的长期偿债能力的保障程度也越强。

二、单项选择题（每题只有一个正确答案，请将正确答案填在括号内）

1.下列各项不属于偿债比率的是（　　）。

A.产权比率　　B.资产负债率

C.应收账款周转率　　D.利息保障倍数

2.下列各项有关资产负债率的表述错误的是（　　）。

A.该指标反映了债权人提供的资本占全部资本的比例

B.债权人希望资产负债率越低越好，否则其贷款不安全

C.股东关心的是全部资本利润率是否超过借入资金的利率

D.对股东而言，资产负债率越低越好，因为财务风险小

3.长期负债融资一般属于（　　）。

A.弹性融资　　B.刚性融资

C.半弹性融资　　D.以上都不是

三、实训题

【实训目的】掌握偿债能力分析的相关指标计算。

【实训资料】某公司2015年年末根据有关资料计算的有关财务比率指标如下：①流动比率为200%；②速动比率为100%；③现金比率为20%；④资产负债率为50%；⑤长期负债对所有者权益比率为25%。

【实训要求】根据上述财务比率填列资产负债表（见表3-13）中空白处的数据。

表 3-13 资产负债表 单位：元

项　目	金　额	项　目	金　额
货币资金		流动负债	
应收账款		非流动负债	
存货		所有者权益	
固定资产			
资产总额	100 000	负债及权益总额	100 000

项目小结

本项目主要知识点归纳总结见表3-14。

表 3-14 本项目主要知识点归纳总结

主要知识点	内 容	
短期偿债能力分析指标	营运资金	营运资金 = 流动资产 − 流动负债
	流动比率	$流动比率 = \frac{流动资产}{流动负债}$
	速动比率	$速动比率 = \frac{速动资产}{流动负债}$
	现金比率	$现金比率 = \frac{现金类资产}{流动负债}$
	经营活动净现金比率	$经营活动净现金比率 = \frac{经营活动现金流量净额}{流动负债}$
长期偿债能力分析指标	资产负债率	$资产负债率 = \frac{负债总额}{资产总额} \times 100\%$
	产权比率	$产权比率 = \frac{负债总额}{所有者权益总额} \times 100\%$
	利息保障倍数	$利息保障倍数 = \frac{税前利润 + 利息费用}{利息费用}$
	营运资金与长期负债比率	$营运资金与长期负债比率 = \frac{流动资产 - 流动负债}{长期负债}$
	长期负债率	$长期负债率 = \frac{长期负债}{负债总额} \times 100\%$

项目四

现金流量分析

学习目标

1. 了解现金、现金流量的含义；了解现金流量表包括的信息
2. 了解现金流量表分析的主要内容、方法和程序
3. 掌握现金能力分析的方法、指标
4. 了解企业经营活动、投资活动、筹资活动的基本含义
5. 一般掌握投资活动和筹资活动分析在企业决策中的重要性
6. 掌握现金流量结构分析方法
7. 重点掌握现金流量表所反映的企业现金产生渠道与支出方向
8. 了解企业不同发展阶段的经营活动、投资活动、筹资活动现金流量的组合特征
9. 掌握现金流量的分析与管理应注意的问题

知识点

现金流量表的基本结构　现金流量表分析的内容　现金偿债能力分析的基本框架　现金收益能力分析

技能点

会选取相关数据进行现金流量表分析　分析企业获取现金的能力

案例导入

万福生科造假案

如果说绿大地是中小板造假第一例，那么万福生科就是创业板造假第一例。为什么造假如此恶劣的公司，其IPO竟能通过层层审核，最终却被湖南证监局一次例行检查揭开盖子？

2011年9月27日万福生科在创业板上市，上市前龚永福及其妻子杨荣华持有80.38%的股份。龚永福身世凄凉，从小跟随祖母长大。初中毕业后他以坦克兵身份参加对越自卫反击战，荣立二等功并落下八级伤残。他转业回乡后成为一名仓库保管员，其后辞职下海，带领一批退伍军人、农民创办了万福大米厂，之后成功上市。龚永福完成了从仓库保管员到湖南“农民首富”的华丽转身。

2012年8月22日，万福生科发布上市后的第一份半年报，预付账款余额超过3亿元。账表不符，财务总监解释称为了让报表好看一点，将一部分预付账款重分类至在建工程等其他科目。但检查组的职业敏感性让检查组意识到如此畸高的预付账款绝对不正常，因为上年同期才只有0.2亿元，那么这些预付账款去哪里了？

检查组立即到银行追踪资金的真实去向。账上列明的预付8 036万元设备供应款根本就没有打给供应商（法人），而是打给了自然人；比对后发现下游回款也不是客户（法人）打进来的，而是自然人打进来的。检查组发现万福生科的银行回单涉嫌造假的重大违法事实之后，湖南证监局立即于2012年9月14日宣布对其立案调查，从此揭开了一个伪造银行回单14亿元、虚构收入9亿多元的惊天大案。

万福生科的造假模式是将该公司的自有资金打到体外循环，同时虚构粮食收购和产品销售业务，虚增销售收入和利润。它采用了成本倒算制，使得财务报表整体十分平衡，很难从形式上发现问题。

万福生科造假上市是2012—2013年资本市场最大的丑闻之一。万福生科在2008—2011年累计虚增收入7.4亿元左右，虚增营业利润1.8亿元左右，虚增净利润1.6亿元左右。但是我们的审计师却意外地没有发现，而保荐机构也因为风险控制不健全意外地没有完成保荐的责任。事实上，只要审计机构去银行调出万福生科的资金流水，并且核实其真实性，就会轻而易举地发现，因为虚假的客户、虚假的销售是不可能带来真实的资金流水的。

资料来源：夏草．技不如人，防不胜防：万福生科造假启示录［EB/OL］．视野论坛，［2014-08-11］．https://bbs.esnai.com/forum.php.

思考

（1）万福生科能够成功造假上市，究竟是谁之过？

（2）在本案例中，从财务的角度，你能得到哪些启示？

任务一　现金流量表分析

知识准备

一、现金流量表概述

（一）现金流量表的概念

现金流量表是指反映企业一定会计期间现金和现金等价物（以下简称现金）流入和流出的报表。现金流量表中的“现金”，是指企业的库存现金以及可以随时用于支付的存款，包括现金、可以随时用于支付的银行存款和其他货币资金。现金流量表应当按照经营活动、投资活动和筹资活动的现金流量分类分项列示。

经营活动，是指企业投资活动和筹资活动以外的所有交易和事项。在现金流量表中，经营活动的现金流量应当按照其经营活动现金流入和现金流出的性质分项列示。

投资活动，是指企业长期资产的和不包括在现金等价物范围内的投资及其处置活动。在现金流量表中，投资活动的现金流量应当按照其投资活动现金流入和现金流出的性质分项列示。

筹资活动，是指导致企业资本及债务规模和构成发生变化的活动。在现金流量表中，筹资活动的现金流量应当按照其筹资活动现金流入和现金流出的性质分项列示。

现金流量表按照经营活动、投资活动和筹资活动进行分类报告，目的是便于报表使用人了解各类活动对企业财务状况的影响，以及估量未来的现金流量。在上述划分的基础上，又将每大类活动的现金流量分为现金流入量和现金流出量两类，即经营活动现金流入、经营活动现金流出、投资活动现金流入、投资活动现金流出、筹资活动现金流入和筹资活动现金流出。

（二）现金流量表的基本结构

现金流量表的基本结构见表4-1。

（三）现金净流量

现金净流量是指现金流入与现金流出的差额。现金净流量可能是正数，也可能是负数。如是正数，则为净流入；如是负数，则为净流出。现金净流量反映了企业各类活动形成的现金流量的最终结果，即企业在一定时期内，现金流入大于现金流出，还是现金流出大于现金流入。现金净流量是现金流量表要反映的一个重要指标。

二、现金流量分析的要点

（一）现金流量应从经营活动、投资活动、筹资活动来综合分析

应结合企业具体的经营活动、投资活动、筹资活动来分析现金流量的数量及其增减变动，不能单纯地从现金的净增加额是正数还是负数来判断一个企业财务状况的优劣。现金流量主要由经营、投资、筹资三类活动产生。

表4-1　　现金流量表　　会企03表

编制单位：　　______年____月　　单位：元

项　目	本期金额	上期金额
一、经营活动产生的现金流量：		
销售商品、提供劳务收到的现金		
收到的税费返还		
收到其他与经营活动有关的现金		
经营活动现金流入小计		
购买商品、接受劳务支付的现金		
支付给职工以及为职工支付的现金		
支付的各项税费		
支付其他与经营活动有关的现金		
经营活动现金流出小计		
经营活动产生的现金流量净额		
二、投资活动产生的现金流量：		
收回投资收到的现金		
取得投资收益收到的现金		
处置固定资产、无形资产和其他长期资产收回的现金净额		
处置子公司及其他营业单位收到的现金净额		
收到其他与投资活动有关的现金		
投资活动现金流入小计		
购建固定资产、无形资产和其他长期资产支付的现金		
投资支付的现金		
取得子公司及其他营业单位支付的现金净额		
支付其他与投资活动有关的现金		
投资活动现金流出小计		
投资活动产生的现金流量净额		

续表

项　目	本期金额	上期金额
三、筹资活动产生的现金流量：		
吸收投资收到的现金		
取得借款收到的现金		
收到其他与筹资活动有关的现金		
筹资活动现金流入小计		
偿还债务支付的现金		
分配股利、利润或偿付利息支付的现金		
支付其他与筹资活动有关的现金		
筹资活动现金流出小计		
筹资活动产生的现金流量净额		
四、汇率变动对现金及现金等价物的影响		
五、现金及现金等价物净增加额		
加：期初现金及现金等价物余额		
六、期末现金及现金等价物余额		

（二）经营活动产生的现金流量分析

经营活动产生的现金流量净额一般越多越好。由于会计核算是以权责发生制为基础的，企业实现的净利润常常与现金流量不一致。适销对路、经营状况良好的企业的经营活动可以给其带来可观的现金增量，而销售规模大但经营活动的现金流出超过现金流入的企业，大都存在巨额的应收账款。

（三）投资活动产生的现金流量分析

投资活动所产生的现金流量净额在企业初创期和成长期一般为负数。比如募股资金投入计划的项目，就要产生大量的现金流出。同时要结合前后各期的现金流量表评价企业的收益水平。过去投资的回报大或进入稳定的投资回报期，投资活动的现金流量净额也可能为正数。

（四）筹资活动产生的现金流量分析

对筹资活动来说，筹资活动所产生的现金流量净额如果为正数，则说明筹资流入（借贷、发行股票债券融资等）大于流出（还本付息、支付股利等）；筹资活动所产生的现金流量净额如果为负数，则说明筹资流出大于流入，企业可能面临资金紧张的局面。

综上所述，对现金流量净增加额的评价，很难说增加了就一定好，减少了就一定不好，要结合具体情况来分析。

（五）现金流量应结合资产负债表、利润表来分析

应结合资产负债表、利润表来分析企业的现金流量。资产负债表是静态报表，它只能反映企业在特定时点的财务状况；现金流量表是动态报表，它能够反映企业在一定时期的现金流量状况。任何单个报表提供的信息都是不完整的，所以应把三张报表结合起来分析当期现金的收支信息，借此判断企业的资产结构、资产流动性、营运能力、盈利能力、偿债能力及风险。

三、现金流量分析内容

（一）现金流量结构分析

现金流量结构分析，是指计算各个活动所产生的现金流量占全部现金流量的比重，进而研究并发现问题和规律，提出改进方案的一种常用的财务分析方法。

我们知道，任何事物的本质都取决于其内在的结构，现金流量也不例外。由经营活动、投资活动、筹资活动所形成的各种不同的结构组合，加上上述三种活动流入量、流出量、净流量的二维组合，均会折射出企业诸多财务信息。对于这些信息的把握和解读，是财务分析师和企业管理者必备的基本功，也是做好企业管理、投融资决策的重要工具。

企业的发展一般会经历四个时期，即初创期、成长期、成熟期和衰退期。这四个时期的现金流量组合也会明显地具有某些共性特征。当然，这里只是说的一般情况，任何事情都不是绝对的，财务分析也有例外。如资产负债率为10%的公司也可能一夜之间破产，因为该公司为另一家公司借款的担保超过了其自身的净资产金额。

表4-2至表4-6为企业发展不同阶段的现金流量结构研究。

1.初创期

表4-2 初创期现金流量结构研究

特征：筹资为了投资

项 目	现金流量	要 点
经营净流量	-100	-100
投资固定资产流出	200	
出售变卖资产流入	0	
投资净流量（流入－流出）	-200	-200
筹资流入	400	
还款、付息、付股利	50	
筹资净流量（流入－流出）	350	350
全部现金净流量		50

2. 成长期

表 4-3　成长期现金流量结构研究 1

特征：赚钱借钱为发展

项　目	现金流量	要　点
经营净流量	300	300
投资固定资产流出	500	
出售变卖资产流入	0	
投资净流量（流入 - 流出）	-500	-500
筹资流入	500	
还款、付息、付股利	200	
筹资净流量（流入 - 流出）		300
全部现金净流量		100

成长的后期，不再高度依赖筹资进行发展，自身产生现金流的能力大大增强。

表 4-4　成长期现金流量结构研究 2

特征：赚钱发展还债

项　目	现金流量	要　点
经营净流量	800	800
投资固定资产流出	500	
出售变卖资产流入	0	
投资净流量（流入 - 流出）	-500	-500
筹资流入	100	
还款、付息、付股利	300	
筹资净流量（流入 - 流出）	300	-200
全部现金净流量		100

3. 成熟期

表 4-5　成熟期现金流量结构研究

特征：现金过剩谋新路

项　目	现金流量	要　点
经营净流量	1 000	1 000
投资固定资产流出	100	
出售变卖资产流入	200	
投资净流量（流入 - 流出）	100	100
筹资流入	300	
还款、付息、付股利	200	
筹资净流量（流入 - 流出）	100	100
全部现金净流量		1 200

4. 衰退期

表 4-6 衰退期现金流量结构研究

特征：变现还债

项 目	现金流量	要 点
经营净流量	-200	-200
投资固定资产流出	0	
出售变卖资产流入	300	
投资净流量（流入 - 流出）	300	300
筹资流入	0	
还款、付息、付股利	100	
筹资净流量（流入 - 流出）	-100	-100
全部现金净流量		0

如果超越企业发展阶段的思考，那么我们考察一家企业在任何可能的运营时期的现金流量的发展、变化、组合状况，从经营活动、投资活动、筹资活动三种活动的正负、增减排列组合角度，可以有以下八种组合（见表4-7）。“+”代表现金净流量为正数，“-”代表现金净流量为负数。

表 4-7 现金流量的八种组合

序号	经营活动	筹资活动	投资活动	分析结果
1	-	+	+	经营恶化，靠借款和卖固定资产维持
2	-	-	+	面临破产，靠变卖固定资产还债和维持
3	-	+	-	借债维持，尚在投资，要看项目前景
4	-	-	-	快速扩张，资金吃紧，财务风险巨大
5	+	+	+	经营现金好，但保守，资金可能浪费
6	+	-	+	赚钱还债降低风险，但保守，易浪费机会
7	+	+	-	扩张期，投融资并存，看项目前景
8	+	-	-	偿债同时投资，防止经营恶化

从以上分析基本可以看出企业的现状，当然企业实际情况可能远比这8种组合要复杂得多，读者在分析时应予以注意。比如，以第一种组合为例，如果宏观经济环境处于通货膨胀期间，企业的原材料价格在大幅度上涨，同时该企业的产品供不应求，那么该企业完全可能将大量的现金用于采购原材料，导致经营活动现金净流量小于零。为了补充流动资金，该企业可能借贷较多，筹资活动现金净流量大于零，在这种情况下，我们就不能武断地说其"经营恶化，靠借款和卖固定资产维持"，相反，这是一家有进取精神的企业。

（二）现金流量增加额及增量结构分析

除了上述现金流量结构与企业发展之间的关系分析之外，还可以从三种活动的增量金额入手，研究它们之间的规律性，把财务分析引向深入，从更高的层次认识企业的财务状况。

（三）现金流量综合分析

上述所进行的分析，一般是针对某种活动的现金流量分析，或者简单的结构分析。接下来在此基础上，我们要进行整个现金流量表全面的分析，即对现金流量表各个项目进行综合分析。

典型任务举例

【背景资料】

微课：现金流量结构分析

（1）简介。

研究标的：远东智慧能源股份有限公司（股票代码：600869）现金流量表分析。

分析期间：以2015年度为主，并与2014年度作比较。

注册地址：青海省西宁市城北区生物园区经二路12号。

公司网址：www.600869.com。

行业分类：制造业、输配电业，包括电线电缆、电子商务、能源系统、智能系统四大板块业务。

组织形式：民营企业。

主营业务：经营智慧能源和智慧城市技术、产品与服务及其互联网、物联网应用的研发、制造与销售；智慧能源和智慧城市项目规划设计、投资建设及能效管理与服务；智慧能源和智慧城市工程总承包及进出口贸易；仓储物流（不含运输、不含危险品）。

（2）现金流量表资料。

远东智慧能源股份有限公司2014年度和2015年度的现金流量表资料见表4-8。

表 4-8 现金流量表

编制单位：远东智慧能源股份有限公司 单位：万元

项　目	2015 年度	2014 年度
销售商品、提供劳务收到的现金	1 413 643	1 297 224
收到的税费返还	8 774	3 622
收到其他与经营活动有关的现金	7 927	8 822
经营活动现金流入小计	1 430 345	1 309 668
购买商品、接受劳务支付的现金	1 094 645	1 031 883
支付给职工以及为职工支付的现金	60 523	53 838
支付的各项税费	40 491	42 782
支付其他与经营活动有关的现金	96 535	114 013
经营活动现金流出小计	1 292 194	1 242 516
经营活动产生的现金流量净额	138 151	67 152
收回投资收到的现金	744	0
取得投资收益收到的现金	140	446
处置固定资产、无形资产和其他长期资产收回的现金净额	3 974	7 877
处置子公司及其他营业单位收到的现金净额	47 330	0
收到其他与投资活动有关的现金	1 450	1 720
投资活动现金流入小计	53 638	10 043
购建固定资产、无形资产和其他长期资产支付的现金	16 832	37 367
投资支付的现金	25 884	985
取得子公司及其他营业单位支付的现金净额	741	38 708
支付其他与投资活动有关的现金	5 226	823
投资活动现金流出小计	48 683	77 883
投资活动产生的现金流量净额	4 955	−67 840
吸收投资收到的现金	88	0
取得借款收到的现金	651 271	1 025 470
收到其他与筹资活动有关的现金	48 540	40 022
筹资活动现金流入小计	699 899	1 065 493
偿还债务支付的现金	820 271	900 086
分配股利、利润或偿付利息支付的现金	27 885	39 035
支付其他与筹资活动有关的现金	10 279	123 832
筹资活动现金流出小计	858 435	1 062 953
筹资活动产生的现金流量净额	−158 536	2 539
现金及现金等价物净增加额	−15 430	1 851
期末现金及现金等价物余额	95 593	111 023

【工作任务】

（1）请对远东智慧能源股份有限公司进行现金流量增加额及增量结构分析。

（2）请利用现金流量结构分析，单独分析远东智慧能源股份有限公司某一种活动内部现金流量的构成情况。

（3）请对远东智慧能源股份有限公司现金流量进行综合分析。

【工作过程】

（1）现金流量增加额及增量结构分析。

远东智慧能源股份有限公司现金流量净增加额的构成见表4-9。

表4-9　远东智慧能源股份有限公司现金流量净增加额的构成　单位：万元

项　目	2015年	2014年
经营活动产生的现金流量净额	138 151	67 152
投资活动产生的现金流量净额	4 955	-67 840
筹资活动产生的现金流量净额	-158 536	2 539
现金及现金等价物净增加额	-15 430	1 851

编制现金净增加额结构分析表见表4-10。

表4-10　远东智慧能源股份有限公司现金流量净增加额结构分析

项　目	2015年结构百分比/%	2014年结构百分比/%
经营活动产生的现金流量净额	895	3 628
投资活动产生的现金流量净额	32	-3 665
筹资活动产生的现金流量净额	-1 027	137
现金及现金等价物净增加额	-100	100

根据表4-10中的计算结果，从计算的结构百分比可以看出，远东智慧能源股份有限公司的现金及现金等价物净增加额主要由经营活动和筹资活动产生。

经营活动产生的现金流量净额所占的百分比，2014年为3 628%，2015年为895%，2014年的贡献较大。筹资活动产生的现金流量净额所占的百分比，2014年为137%，2015年为-1 027%，其主要原因是2015年偿还债务支付了大量现金。投资活动产生的现金流量净额所占的百分比，2014年为-3 665%，2015年为32%，其主要原因是2014年进行了较大规模的投资活动，因支付投资款而使用了大量现金，因此呈现现金不足的局面。

根据该公司2014年年度财务报告可以看到，该公司在2014年先后收购了水木源华和艾能电力两家公司，说明该公司还在扩张经营版图，尚在投资，效果如何还要看项目前景。因为投资，该公司支付了巨额的现金，但由于2014年经营活动收到了大量现金，因而现金及现金等价物净增加额保持了正数，维持了现金的支付能力。

2015年尽管该公司在筹资活动中筹到了一部分现金，但偿付债务支付了大量现金，虽然经营活动收到了大量现金，但经营活动和投资活动的现金不足以维持筹资活动现金的支付能力，因而使得现金及现金等价物的净增加额保持了负数。应当看到，2015年该公司在努力赚钱还债以降低风险。应警惕的是由于大规模举债造成该公司债务负担过重，从而易引发财务状况的恶化。

（2）单独分析远东智慧能源股份有限公司某一种活动内部现金流量的构成情况。

利用现金流量结构分析，我们还可以单独分析某一种活动内部现金流量的构成，进而研究分析该种活动所面临的问题与风险。

远东智慧能源股份有限公司筹资活动现金流入构成见表4-11。

表4-11　远东智慧能源股份有限公司筹资活动现金流入构成　单位：万元

项　目	2015年	2014年
吸收投资收到的现金	88	0
取得借款收到的现金	651 271	1 025 470
收到其他与筹资活动有关的现金	48 540	40 022
筹资活动现金流入小计	699 899	1 065 493

远东智慧能源股份有限公司筹资活动现金流入结构分析见表4-12。

表4-12　远东智慧能源股份有限公司筹资活动现金流入结构分析

项　目	2015年/%	2014年/%
吸收投资收到的现金	0.01	0
取得借款收到的现金	93.05	96.24
收到其他与筹资活动有关的现金	6.94	3.76
筹资活动现金流入小计	100	100

2015年该公司的筹资规模缩小了，且从筹资活动现金流入结构分析表中可以看出2014年、2015这两年其筹资构成因素基本相同。2014年的筹资活动中现金流入总额有96.24%来自借款，其他筹资收到的现金只占3.76%；2015年的筹资活动中有93.05%的份额来自借款，其他筹资收到的现金只占6.94%。

可以看出，这两年该公司筹资主要通过借款的方式。债务性融资而非权益性融资必然会增加该公司的偿债负担，增加了该公司筹资的风险程度。

（3）现金流量综合分析。

在进行现金流量综合分析时，根据现金流量表所给出的全面资料，分别对该公司进行水平分析和垂直分析。在水平分析时，以上年数据为基期，运用比较方法计算两期的差异额和差异率，以发现成就及存在的问题；垂直分析时，先分别计算两期的结构比，然后再进行相应的差异比较，从而进行评价。

首先，对远东智慧能源股份有限公司现金流量表进行水平分析，见表4-13。

表4-13　远东智慧能源股份有限公司现金流量表（水平分析）　单位：万元

项　目	2015年	2014年	差异	
			金额	百分比（%）
经营活动：现金流入	1 430 345	1 309 668	120 677	9.21
现金流出	1 292 194	1 242 516	49 678	4.00
现金流量净额	138 151	67 152	70 998	105.73
投资活动：现金流入	53 638	10 043	43 595	434.09
现金流出	48 683	77 883	–29 200	–37.49
现金流量净额	4 955	–67 840	72 795	–107.30
筹资活动：现金流入	699 899	1 065 493	–365 594	–34.31
现金流出	858 435	1 062 953	–204 518	–19.24
现金流量净额	–158 536	2 539	–161 075	–6 344.03
现金及现金等价物净增加额	–15 430	1 851	–17 281	–933.60

注：差异金额 = 2015年数据 – 2014年数据；差异百分比 = $\frac{\text{差异金额}}{\text{2014年数据}}$

分析可知，本期现金净流量比上期降低了933.60%，降低的主要原因是筹资活动现金净流量减少。2015年筹资活动借款规模减少，导致筹资活动现金流入减少，而本年偿付债务支付了大量现金，导致筹资活动现金流出量增加幅度大于现金流入量的增加幅度，这说明本期筹资活动产生现金的能力弱。

其次，对远东智慧能源股份有限公司现金流量表进行垂直分析，见表4-14和表4-15。

表4-14　远东智慧能源股份有限公司现金流入量结构分析　单位：万元

项　目	2015年		2014年	
经营活动现金流入	1 430 345	65.50%	1 309 668	54.91%
投资活动现金流入	53 638	2.46%	10 043	0.42%
筹资活动现金流入	699 899	32.04%	1 065 493	44.67%
现金流入小计	2 183 882	100%	2 385 204	100%

从表4-14中可以看出，无论是2014年还是2015年，在全部现金流入量中，经营活动现金流入量都是主要、基本的，而且比重在上升，其重要原因是经营活动现金流入量绝对数的增长。

表4-15　远东智慧能源股份有限公司现金流出量结构分析　单位：万元

项　目	2015年		2014年	
经营活动现金流出	1 292 194	58.75%	1 242 516	52.13%
投资活动现金流出	48 683	2.21%	77 883	3.27
筹资活动现金流出	858 435	39.04%	1 062 953	44.60%
现金流出小计	2 199 312	100%	2 383 352	100%

从表4-15中可以看出，无论是2014年还是2015年，在全部现金流出量中，经营活动现金流出量占主要比重，而且比重在上升。其原因是经营活动规模扩大，并且与流入量相匹配。

同步训练

一、判断题（正确的在括号内打“√”，错误的打“×”）

（　　）1.经营活动包含的现金交易主要会影响到流动资产、流动负债。

（　　）2.投资活动包含的现金交易主要是购置或出售流动资产及长期资产项目。

（　　）3.筹资活动包括影响长期资产、长期负债及股东权益的现金交易部分。

二、单项选择题（每题只有一个正确答案，请将正确答案填在括号内）

1.下列各项不属于现金和现金等价物的是（　　）。

A.短期股票投资　　B.短期债券

C.库存现金　　D.结算户存款

2.现金流量表中现金流量的基础是（　　）。

A.收付实现制　　B.权责发生制

C.永续盘存制　　D.实地盘存制

3.在企业处于高速成长阶段，投资活动现金流量往往是（　　）。

A.流入量大于流出量　　B.流出量大于流入量

C.流入量等于流出量　　D.不一定

三、实训题

【实训目的】学会对现金流量表进行分析。

【实训资料】

研究标的：软控股份有限公司（股票代码：002073）现金流量表分析。

分析期间：以2015年度为主，并与2014年度作比较。

注册地址：青岛市保税区纽约路2号。

公司网址：www.mesnac.com。

行业分类：制造业—机械设备制造—专用设备制造—其他专用机械—轮胎橡胶机械。

组织形式：民营相对控股企业。

主营业务：橡胶装备系统的研发与制造。目前已形成完整的轮胎橡胶机械产品链，能够为轮胎生产的配料、密炼、压延、裁断、成型、硫化、检测七个环节提供智能化装备及系统软件服务。该公司的主要产品包括橡胶机械产品链、工业机器人及自动化物流设备等。

【实训要求】

（1）请依据表4-16所给数据进行现金流量表水平分析，相关数据填入空白处。

表4-16　软控股份有限公司现金流量表水平分析　单位：万元

项　目		2016年	2015年	差异	
				金额	百分比（%）
经营活动	现金流入	268 253	273 017		
	现金流出	266 059	301 995		
	现金流量净额	2 194	-28 978		
投资活动	现金流入	30 167	116 461		
	现金流出	41 680	176 492		
	现金流量净额	-11 513	-60 032		
筹资活动	现金流入	325 284	377 814		
	现金流出	299 097	307 618		
	现金流量净额	26 187	70 196		
现金及现金等价物净增加额		16 954	-18 908		

注：差异金额 = 2016年数据 - 2015年数据；差异百分比 = $\frac{\text{差异金额}}{\text{2015年数据}}$。

由表4-16分析可知（写出文字分析）：

（2）请依据表4-17和表4-18所给数据进行现金流量表垂直分析，相关数据填入空白处。

表4-17　软控股份有限公司现金流入量结构分析　单位：万元

项　目	2016年		2015年	
经营活动产生的现金流入	268 253		273 017	
投资活动产生的现金流入	30 167		116 461	
筹资活动产生的现金流入	325 284		377 814	
现金流入小计	623 704	100%	767 292	100%

由表4-17分析可知（写出文字分析）：

表4-18 软控股份有限公司现金流出量结构分析 单位：万元

项　目	2016年		2015年	
经营活动产生的现金流出	266 059		301 995	
投资活动产生的现金流出	41 680		176 492	
筹资活动产生的现金流出	299 097		307 618	
现金流出小计	606 836	100%	786 105	100%

由表4-18分析可知（写出文字分析）：

任务二 现金偿债能力分析

知识准备

一、现金偿债能力分析的内容及方法

现金偿债能力是指企业用经营活动产生的现金偿还到期债务的能力。为反映企业的现金偿债能力，可以将经营活动产生的现金流量净额与企业的各种债务进行对比，计算现金偿债比率。

现金偿债比率分析，有利于债权人按期、足额的收回本金和利息；有利于投资者把握有利的投资机会，创造更多的利润；同时也有利于经营者减少企业的财务风险，提高企业的收益能力。企业进行现金偿债能力分析时常用的财务指标有现金比率、现金流动负债比、现金债务总额比、现金偿付比率等。

二、现金偿债能力分析常用财务指标

（一）现金比率

1.现金比率的含义及计算公式

现金比率是指企业的现金类资产与企业的流动负债之比。其计算公式如下：

$$现金比率=\frac{现金类资产}{流动负债}\times 100\%$$

式中：现金类资产是指会计期末企业的现金的数额，它可以通过现金流量表中“期末现金及现金等价物余额”项目查到；流动负债是指会计期末企业拥有的各项流动负债的总额，来源于资产负债表中“流动负债合计”项目的期末数。由于在之前的项目中已经举例分析过，在此不再做实例分析。

2.现金比率的评价标准

现金比率是衡量企业短期偿债能力的一个重要指标。对债权人来说，现金比率总是越高越好。现金比率越高，说明企业的短期偿债能力越强；反之则越弱。如果现金比率超过1，即现金余额大于流动负债总额，那就是说，企业即使不动用其他资产，仅靠手中的现金也足以偿还流动负债。而对企业的所有者和经营者而言，现金比率并不是越高越好。因为资产的流动性和其盈利能力呈反比，流动性好的资产往往盈利能力差，如现金的流动性最好，同时其盈利能力最差。因此企业不应该保持过长时间太高的现金比率。但此比例较低时，应引起企业管理者的重视。

（二）现金流动负债比

1.现金流动负债比的含义

现金流动负债比又称为经营活动净现金比率，是指经营活动现金流量净额与流动负债的比率。它反映企业靠经营活动获得现金偿还短期债务的能力。现金流动负债比是用来反映企业偿还当年到期债务能力大小的指标。用经营活动现金流量净额与流动负债之比来衡量企业的偿债风险，是比较安全的。

2.现金流动负债比的计算公式

现金流动负债比的计算公式如下：

$$现金流动负债比=\frac{经营活动现金流量净额}{流动负债}\times 100\%$$

式中：流动负债包含企业的流动负债与当年到期的长期债务之和，来源于资产负债表。由于在之前的项目中已经举例分析过，在此不再做实例分析。

3.现金流动负债比的评价标准

企业为了偿还即将到期的流动负债，固然可以通过出售投资、长期资产等投资活动取得现金流入，以及筹借现金来进行偿债，但最安全可靠的办法，仍然是利用企业的经营活动产生的现金流量净额。该比率可以反映负债所能得到的现金保障程度，或企业获得现金偿付短期债务的能力。这个比率越高，表明企业的短期偿债能力越强；反之，则表明企业短期偿债能力越差。若企业的现金流动负债比率比较高，则对债权人和投资者来说是一个比较安

微课：现金偿债能力分析

全的信号，但另一方面也说明了企业现金的获利能力较差，现金没有得到充分、有效的利用，容易造成资源的浪费。

（三）现金债务总额比

1.现金债务总额比的含义

现金债务总额比是指经营活动现金流量净额与全部债务的比率。它反映企业用经营活动现金流量净额偿付全部债务的能力，是一个较综合地反映企业偿债能力的比率。它是评价企业长期偿债能力的重要指标，也是预测企业破产的重要指标。该指标越高，企业承担债务的能力越强。

2.现金债务总额比的计算公式

现金债务总额比的计算公式如下：

$$现金债务总额比=\frac{经营活动现金流量净额}{负债总额}\times 100\%$$

式中：负债总额是指企业的流动负债与长期负债之和，来源于资产负债表。

3.现金债务总额比的评价标准

现金债务总额比是反映企业长期综合偿债能力、风险的指标。在利用资产负债表进行短期偿债能力的分析中，已经介绍过资产负债率，而现金债务总额比反映由企业经营理财活动所获取的现金流量对偿还债务能力的大小，这个比率对于财务分析更有现实的价值。

（四）现金偿付比率

1.现金偿付比率的含义

现金偿付比率是指生产经营活动产生的现金流量与长期债务总和之比。它反映企业按照当前经营活动提供的现金偿还长期债务的能力。虽然企业可以用从投资或筹资活动中产生的现金来偿还债务，但从经营活动中所获得的现金应该是企业长期现金的主要来源。

2.现金偿付比率的计算公式

现金偿付比率的计算公式如下：

$$现金偿付比率=\frac{经营活动现金流量净额}{长期负债}\times 100\%$$

3.现金偿付比率的评价标准

现金偿付比率反映的是企业按照当前经营活动提供的现金偿还长期债务的能力。现金偿付比率越高，表明企业偿还长期债务的能力较强；反之，则越弱。

典型任务举例

【背景资料】

（1）简介。

研究标的：远东智慧能源股份有限公司（股票代码：600869）现金偿债能力分析。

分析期间：以2015年度为主，并与2014年度作比较。

注册地址：青海省西宁市城北区生物园区经二路12号。

公司网址：www.600869.com。

行业分类：制造业、输配电业，包括电线电缆、电子商务、能源系统、智能系统四大板块业务。

组织形式：民营企业。

主营业务：经营智慧能源和智慧城市技术、产品与服务及其互联网、物联网应用的研发、制造与销售；智慧能源和智慧城市项目规划设计、投资建设及能效管理与服务；智慧能源和智慧城市工程总承包及进出口贸易；仓储物流（不含运输、不含危险品）。

（2）相关报表数据。

远东智慧能源股份有限公司2012—2015年相关报表数据资料见表4-19。

表4-19　　远东智慧能源股份有限公司2012—2015年相关报表数据　　单位：万元

项　目	2015年	2014年	2013年	2012年
经营活动现金流量净额	138 150.55	67 152.27	51 174.73	113 978.61
负债总额	880 634.29	893 989.31	685 265.80	618 902.84

（3）电线电缆业3家上市公司2015年相关报表数据见表4-20。

表4-20　　电线电缆业3家上市公司2015年相关报表数据　　单位：万元

项　目	智慧能源（600869）	中超控股（002471）	亨通光电（600487）
经营活动现金流量净额	138 150.55	18 604.78	115 681.91
负债总额	880 634.29	573 108.32	1 017 527.88
长期负债	86 468.21	57 140.65	209 375.05

【工作任务】

（1）请计算远东智慧能源股份有限公司2012—2015年的现金债务总额比，并进行分析。

（2）请将远东智慧能源股份有限公司现金债务总额比与同行业其他企业进行对比分析。

（3）请计算电线电缆业3家上市公司（智慧能源、中超控股、亨通光电）2015年的现金偿付比率并分析。

【工作过程】

（1）计算远东智慧能源股份有限公司2012—2015年的现金债务总额比，并进行分析。

根据现金债务总额比计算公式，计算得到远东智慧能源股份有限公司4年的现金债务总额比，见表4-21。

表4-21　　远东智慧能源股份有限公司现金债务总额比　　金额单位：万元

项　目	2015年	2014年	2013年	2012年
经营活动现金流量净额 ①	138 150.55	67 152.27	51 174.73	113 978.61
负债总额 ②	880 634.29	893 989.31	685 265.80	618 902.84
现金债务总额比 ③＝①÷②	15.69%	7.51%	7.47%	18.42%

依据表4-21数据绘制图4-1。

图4-1　远东智慧能源股份有限公司2012—2015年的现金债务总额比

以2012年为例，远东智慧能源股份有限公司最大的付息能力是18.42%，偿债能力较强。随着时间的推移，2013年和2014年该公司的现金债务总额比出现下降，到2014年已经下降到7.51%，说明该公司承担债务的能力在不断减弱。而到2015年这一指标又回升到15.69%，说明该公司的偿债能力又有所恢复。

（2）远东智慧能源股份有限公司现金债务总额比与同行业其他企业进行对比分析。

动脑筋　如果要将远东智慧能源股份有限公司2015年的长期偿债能力与同行业其他企业进行对比分析，应该怎么做呢？

提示　可以将远东智慧能源股份有限公司与电线电缆业2家上市公司2015年的现金债务总额比指标进行横向比较分析（见表4-22）。

表4-22　电线电缆业3家上市公司2015年的现金债务总额比指标对比　单位：万元

项　目	智慧能源（600869）	中超控股（002471）	亨通光电（600487）
经营活动现金流量净额	138 150.55	18 604.78	115 681.91
负债总额	880 634.29	573 108.32	1 017 527.88
现金债务总额比	15.69%	3.25%	11.37%

依据表4-22数据绘制图4-2。

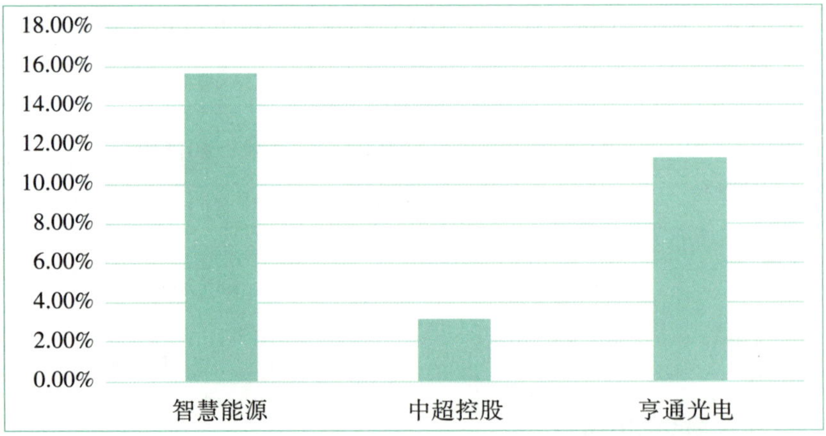

图4-2　电线电缆业3家上市公司2015年现金债务总额比

从图4-2中可以看出，这3家上市公司中智慧能源的比率最高，说明在这3家上市公司中智慧能源的债务承担能力最强。

现金债务总额比是反映企业长期综合偿债能力、风险的指标。在利用资产负债表进行短期偿债能力的分析中，已经介绍过资产负债率，而现金债务总额比反映由企业经营理财活动所获取的现金流量对偿还债务能力的大小，这个比率对于财务分析更有现实的价值。

（3）计算电线电缆业3家上市公司（智慧能源、中超控股、亨通光电）2015年的现金偿付比率并进行分析。

根据现金偿付比率计算公式，得出电线电缆业3家上市公司2015年现金偿付比率，见表4-23。

表4-23　电线电缆业3家上市公司2015年的现金偿付比率　单位：万元

项目	智慧能源（600869）	中超控股（002471）	亨通光电（600487）
经营活动现金流量净额	138 150.55	18 604.78	115 681.91
长期负债	86 468.21	57 140.65	209 375.05
现金偿付比率	159.77%	32.56%	55.25%

依据表4-23数据绘制图4-3。

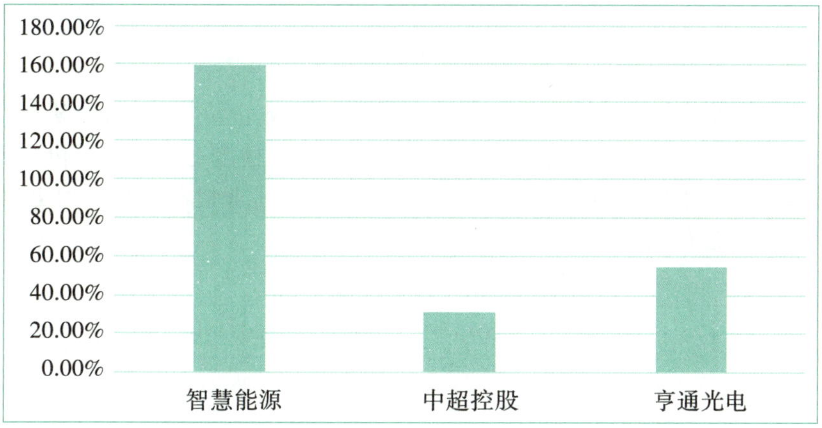

图4-3　电线电缆业3家上市公司2015年现金偿付比率

不难看出，3家上市公司中智慧能源的现金偿付比率最高，说明其偿还长期债务的能力较强，而其他2家上市公司则偏弱。

同步训练

一、判断题（正确的在括号内打“√”，错误的打“×”）

（　　）1. 企业如果具备很好的现金流状况，则其现金主要来源于经营活动。

（　　）2. 经营活动产生的现金流量大于零，说明企业盈利。

（　　）3. 利息支出将对筹资活动现金流量和投资活动现金流量产生影响。

二、单项选择题（每题只有一个正确答案，请将正确答案填在括号内）

1.下列各项不属于企业筹资活动的是（　　）。

A.发行债券　　B.分配股利

C.吸收权益性投资　　D.购建固定资产

2.减少注册资本所支付的现金应当列入（　　）。

A.经营活动产生的现金流量　　B.投资活动产生的现金流量

C.筹资活动产生的现金流量　　D.以上都不是

3.中天科技公司2015年负债总额为531 266万元，2015年经营活动产生的现金流量净额为178 401万元，则2015年中天科技公司现金债务总额比是（　　）。

A.33.56%　　B.33.58%　　C.33.60%　　D.33.62%

三、实训题

【实训目的】学会利用常用财务指标分析企业现金偿债能力。

【实训资料】

研究标的：软控股份有限公司（股票代码：002073）现金偿债能力分析。

分析期间：以2015年度为主，并与2014年度和2013年度作比较。

注册地址：青岛市保税区纽约路2号。

公司网址：www.mesnac.com。

行业分类：制造业—机械设备制造—专用设备制造—其他专用机械—轮胎橡胶机械。

组织形式：民营相对控股企业。

主营业务：橡胶装备系统的研发与制造。目前已形成完整的轮胎橡胶机械产品链，能够为轮胎生产的配料、密炼、压延、裁断、成型、硫化、检测七个环节提供智能化装备及系统软件服务。该公司的主要产品包括橡胶机械产品链、工业机器人及自动化物流设备等。

软控股份有限公司报表相关项目数据见表4-24。

表4-24　　软控股份有限公司报表相关项目数据　　单位：万元

项　目	2015年	2014年	2013年
经营活动产生的现金流量净额	2 194	-28 978	40 652
长期负债	37 986	52 429	125 645
负债总额	360 055	439 037	344 282

【实训要求】

（1）计算该公司现金偿债能力指标（见表4-25）。

表4-25　　软控股份有限公司现金偿债能力指标

项　目	2015年	2014年	2013年
现金债务总额比			
现金偿付比率			

（2）请依据表4-25的数据绘制现金偿付比率图。

（3）现金偿债能力分析（写出文字分析）。

（4）将软控股份有限公司与同行业其他3家上市公司2015年的现金偿债能力进行横向比较分析，相关数据填入表4-26中，并根据计算结果进行现金偿债能力同行业横向分析，写出分析结论。

表4-26　　橡胶制品行业上市公司的现金偿债能力指标对比

2015年12月31日

项　目	软控股份（002073）			
现金债务总额比				
现金偿付比率				

分析结论：

任务三 现金盈利能力分析

知识准备

一、现金盈利能力分析的内容及方法

传统报表分析对获利能力的评价一般是将利润与资源相比较。利润的计算受主观估计和人为判断的影响，而且利润只是账面上的结果，因此，对利润表的分析不能反映现金收益能力。

现金收益能力的强弱是报表使用者更加关心的财务指标，是反映企业根本性财务能力的指标。它是通过企业经营活动的现金净流量与收入或利润进行对比来反映企业获取现金的能力。现金盈利能力分析常用财务指标主要包括营业收入现金比率、经营现金流量净利润比、全部资产现金回收率。

二、现金盈利能力分析常用财务指标

（一）营业收入现金比率

1.营业收入现金比率的含义

营业收入现金比率是指经营活动产生的现金流量与营业收入的比值。它反映企业每获得一元的营业收入所能得到的现金净流量。

2.营业收入现金比率的计算公式

营业收入现金比率的计算公式如下：

$$营业收入现金比率=\frac{经营活动现金流量净额}{营业收入}\times100\%$$

3.营业收入现金比率的评价标准

上式中的营业收入来自利润表。此项指标是考核企业经营活动效益的一个指标，反映了企业在收付实现制下当期营业收入的资金收现情况，可以说明企业销售回收现金的情况及企业销售的质量。该指标数值越高，说明企业经营状况和经营效益越好；指标越低，说明企业收账能力越差，或者说明企业销售条件较为宽松，这样势必造成应收账款过多，影响企业的偿债能力。

（二）经营现金流量净利润比

1.经营现金流量净利润比的含义

经营现金流量净利润比，也叫净利润现金含量，是指经营活动产生的现金流量与净利润之比。它反映企业当期实现净利润中创造的现金流量。

2.经营现金流量净利润比的计算公式

经营现金流量净利润比的计算公式如下：

$$经营现金流量净利润比 = \frac{经营活动现金流量净额}{净利润} \times 100\%$$

3.经营现金流量净利润比的评价标准

此项比率反映经营的现金净流量与当期净利润的差异程度，即当期实现的净利润当中有多少现金作为保障。该比率越高，说明企业经营活动的现金回收率越高，相应的企业实际收益能力也就越强。

（三）全部资产现金回收率

1.全部资产现金回收率的含义

全部资产现金回收率是指经营活动产生的现金流量与全部资产的比率。

2.全部资产现金回收率的计算公式

全部资产现金回收率的计算公式如下：

$$全部资产现金回收率 = \frac{经营活动现金流量净额}{总资产} \times 100\%$$

3.全部资产现金回收率的评价标准

这个比率反映了每一元的资产获得的现金流量，即反映企业运用全部资产获取现金的能力。总资产代表企业占有的全部经济资源，包括股东和债权人占有的资源等。一般而言，这个比率越高，越能说明全部资产创造现金净流量的能力越强，资产利用效率越好。

典型任务举例

【背景资料】

（1）简介。

研究标的：远东智慧能源股份有限公司（股票代码：600869）现金偿债能力分析。

分析期间：以2015年度为主，并与2014年度和2013年度作比较。

注册地址：青海省西宁市城北区生物园区经二路12号。

公司网址：www.600869.com。

行业分类：制造业、输配电业，包括电线电缆、电子商务、能源系统、智能系统四大板块业务。

组织形式：民营企业。

主营业务：经营智慧能源和智慧城市技术、产品与服务及其互联网、物联网应用的研发、制造与销售；智慧能源和智慧城市项目规划设计、投资建设及能效管理与服务；智慧能源和智慧城市工程总承包及进出口贸易；仓储物流（不含运输、不含危险品）。

（2）相关报表资料。

远东智慧能源股份有限公司2012—2015年相关报表数据资料见表4-27。

表4-27　远东智慧能源股份有限公司2012—2015年相关报表数据资料　单位：万元

项　目	2015年	2014年	2013年	2012年
经营活动现金流量净额	138 150.55	67 152.27	51 174.73	113 978.61
营业收入	1 171 099.77	1 135 176.40	1 157 436.14	988 029.40

3家上市公司营业收入、净利润、总资产及经营活动现金相关数据，见表4-28。

表4-28　3家上市公司营业收入、净利润、总资产及经营活动现金　单位：万元

公司名称	项　目	2015年	2014年	2013年
智慧能源（600869）	经营活动现金流量净额	138 150.55	67 152.27	51 174.73
	营业收入	1 171 099.77	1 135 176.40	1 157 436.14
	净利润	45 129.06	19 934.31	29 462.82
	总资产	1 316 242.34	1 224 306.88	995 587.70
中超控股（002471）	经营活动现金流量净额	18 604.78	−28 733.58	−18 568.25
	营业收入	516 537.85	486 577.14	444 796.27
	净利润	11 478.44	15 010.63	20 810.92
	总资产	842 014.67	608 651.47	523 146.73
亨通光电（600487）	经营活动现金流量净额	115 681.91	22 754.81	11 268.09
	营业收入	1 356 327.27	1 041 954.91	858 653.32
	净利润	69 327.52	38 344.28	32 670.93
	总资产	1 548 218.11	1 238 838.5	997 262.81

【工作任务】

（1）计算远东智慧能源股份有限公司2012—2015年营业收入现金比率并进行分析。

（2）将远东智慧能源股份有限公司营业收入现金比率与同行业其他企业进行对比分析。

（3）计算电线电缆业3家上市公司2013—2015年净利润现金含量并分析。

（4）计算电线电缆业3家上市公司2013—2015年全部资产现金回收率并分析。

【工作过程】

（1）计算远东智慧能源股份有限公司2012—2015年营业收入现金比率并进行分析。

根据营业收入现金比率公式，计算得到远东智慧能源股份有限公司4年的营业收入现金比率，见表4-29。

表4-29　远东智慧能源股份有限公司现金营业收入现金比指标　单位：万元

项　目	2015年	2014年	2013年	2012年
经营活动现金流量净额①	138 150.55	67 152.27	51 174.73	113 978.61
营业收入②	1 171 099.77	1 135 176.40	1 157 436.14	988 029.40
营业收入现金比率③=（①÷②）×100%	11.8%	5.92%	4.42%	11.54%

依据表4-29数据绘制远东智慧能源股份有限公司2012—2015年的营业收入现金比率图（如图4-4所示）。

图4-4　远东智慧能源股份有限公司2012—2015年的营业收入现金比率

远东智慧能源股份有限公司在2015年的营业收入现金比率最高，也就是说在2015年，该公司每1元的营业收入得到的净现金是0.1180元，而在2014年和2013年则分别是0.0592元和0.0442元。这说明该公司在2015年的销售资金回收情况较好。

（2）将远东智慧能源股份有限公司营业收入现金比率与同行业其他企业进行对比分析。

动脑筋　如果要将远东智慧能源股份有限公司的营业收入现金比率与同行业其他企业进行对比分析，应该怎么做呢？

提示　可以将远东智慧能源股份有限公司与电线电缆业其他2家上市公司的营业收入现金比率指标进行横向比较分析（见表4-30），指标数据根据表4-28计算所得。

表4-30　3家上市公司营业收入现金比率分析

公司名称	2015年	2014年	2013年
智慧能源（600869）	11.80%	5.92%	4.42%
中超控股（002471）	3.60%	-5.91%	-4.17%
亨通光电（600487）	8.53%	2.18%	1.31%

依据表4-30数据绘制图4-5。

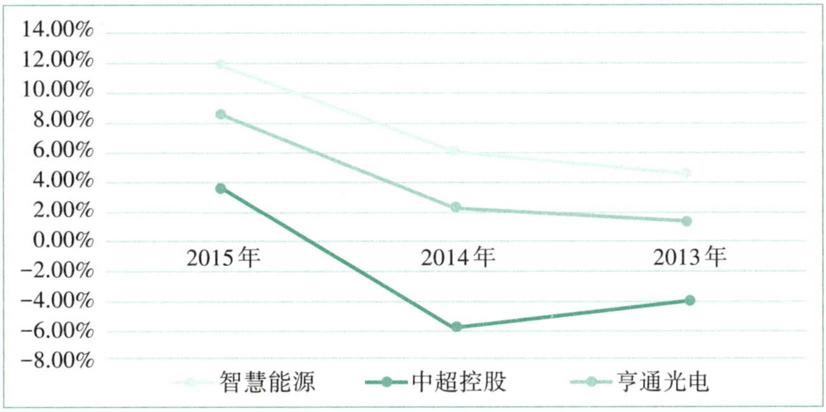

图4-5　电线电缆业3家上市公司营业收入现金比率

通过电线电缆业3家上市公司3年的营业收入现金比率变化可以看出，2013—2015年，3家上市公司的经营状况和经营收益都有不同程度的提升。这说明这些公司回收账款的能力在增强，销售质量上升会影响这些公司的偿债能力，对这些公司的持续经营会形成良性影响。

（3）计算电线电缆业3家上市公司2013—2015年净利润现金含量并分析。

电线电缆业3家上市公司的净利润现金含量计算见表4-31，指标数据根据表4-28计算所得。

表4-31 电线电缆业3家上市公司的净利润现金含量

公司名称	2015年	2014年	2013年
智慧能源（600869）	306.12%	336.87%	173.69%
中超控股（002471）	162.08%	-191.42%	-89.22%
亨通光电（600487）	166.86%	59.34%	34.49%

依据表4-31数据绘制图4-6。

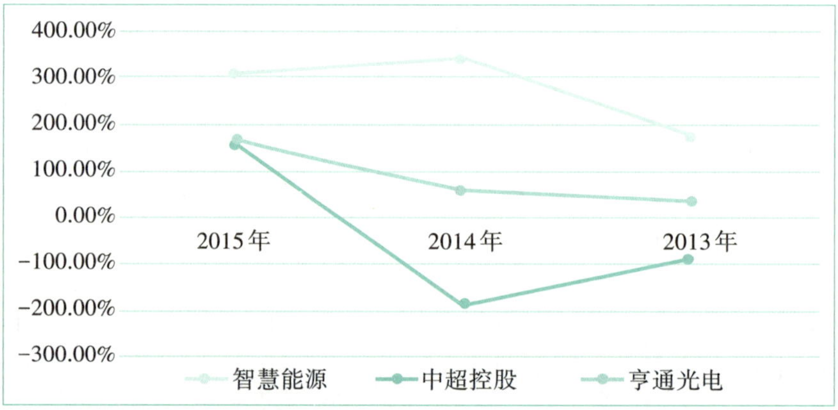

图4-6 电线电缆业3家上市公司净利润现金含量

通过计算可以看出，智慧能源和亨通光电的比率相对比较稳定，总体均呈上升趋势，有利于企业发展。中超控股的比率波动幅度较大，2014年下滑很多，2015年又大幅提升。虽说2015年中超控股的收现能力变强，利润质量较好，但从趋势上来看变动幅度较大，该公司也应予以重视，找出原因，提高自身的经营管理能力，规避经营风险。

经营活动产生的现金流量与净利润之比若大于等于1，说明会计收益的收现能力强，利润质量较好；若小于1，则说明净利润可能受到人为操纵或存在大量应收账款，利润质量较差。如果企业操纵账面利润，一般是没有相应的现金流量的。这个指标对于防止企业操纵利润而给报表使用者带来误导有一定的作用。

利润表中的净利润并不能反映企业生产经营活动产生了多少现金，通过经营活动的现金流量与会计利润进行比较，就可以对利润的质量进行具体评价了。但是此比率不宜过高，保持商业信用也是企业生存发展所必需的。

（4）计算电线电缆业3家上市公司2013—2015年全部资产现金回收率并分析。

计算电线电缆业3家上市公司的全部资产现金回收率，见表4-32，指标数据根据表4-28计算所得。

表4-32　电线电缆业3家上市公司的全部资产现金回收率

公司名称	2015年	2014年	2013年
智慧能源（600869）	10.50%	5.48%	5.14%
中超控股（002471）	2.21%	-4.72%	-3.55%
亨通光电（600487）	7.47%	1.84%	1.13%

依据表4-32数据绘制图4-7。

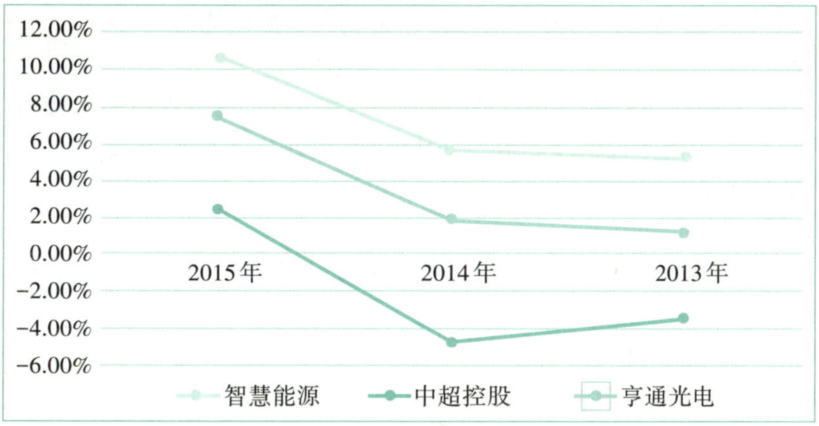

图4-7　电线电缆业3家上市公司的全部资产现金回收率

通过计算可以看出，智慧能源在2015年的比率最高，说明该公司资产的利用率较高，利用资产创造现金净流量的能力较强。中超控股的比率波动相对较大，说明在不同的年度其利用资产的效率波动较大，不利于该公司的稳定发展。

企业的现金获利能力还可以用“每股现金净流量”和“投资活动创现率”来衡量。

每股现金净流量实质上是作为每股盈利的支付保障的现金流量。每股现金净流量既反映平均每股流通在外的普通股股票所占的现金流量，也反映企业为每股普通股获得的现金流入量。其计算公式如下：

$$每股现金净流量 = \frac{总现金流量 - 优先股股利}{流通在外的普通股股数} \times 100\%$$

同步训练

一、判断题（正确的在括号内打“√”，错误的打“×”）

（　　）1. 固定资产折旧的变动不影响当期现金流量的变动。

（　　）2. 计提的坏账准备应调整增加经营活动现金流量。

（　　）3. 企业分配现金股利引起现金流出量的增加。

二、单项选择题（每题只有一个正确答案，请将正确答案填在括号内）

1.下列各项属于现金等价物的是（　　）。

A.短期股票投资　　B.包装物

C.3个月到期的债券投资　　D.库存商品

2.减少注册资本所支付的现金应当列入（　　）。

A.经营活动产生的现金流量　　B.投资活动产生的现金流量

C.筹资活动产生的现金流量　　D.以上都不是

3.下列各项属于投资活动产生的现金流量的是（　　）。

A.吸收投资收到的现金　　B.融资租赁支付的现金

C.收回投资所到的现金　　D.支付的各项税费

三、实训题

【实训目的】学会利用常用财务指标分析企业现金偿债能力。

【实训资料】

研究标的：软控股份有限公司（股票代码：002073）现金收益能力分析。

分析期间：以2015年度为主，并与2014年度和2013年度作比较。

注册地址：青岛市保税区纽约路2号。

公司网址：www.mesnac.com。

行业分类：制造业—机械设备制造—专用设备制造—其他专用机械—轮胎橡胶机械。

组织形式：民营相对控股企业。

主营业务：橡胶装备系统的研发与制造。目前已形成完整的轮胎橡胶机械产品链，能够为轮胎生产的配料、密炼、压延、裁断、成型、硫化、检测七个环节提供智能化装备及系统软件服务。该公司的主要产品包括橡胶机械产品链、工业机器人及自动化物流设备等。

【实训要求】

（1）指标数据见表4-33。

表4-33　软控股份有限公司报表相关项目数据　单位：万元

项　目	2015年	2014年	2013年
经营活动现金流量净额	2 194	-28 978	40 652
营业收入	251 633	294 961	251 980
净利润	19 699	19 011	12 545
总资产	806 070	788 912	675 316

（2）指标计算。

表4-34　软控股份有限公司现金偿债能力指标

项　目	2013年	2014年	2015年
营业收入现金比率			
经营现金流量净利润比			
全部资产现金回收率			

请依据表4-34数据绘制指标分析对比图如下：

（3）现金偿债能力分析（写出文字分析）。

（4）请将软控股份有限公司2015年的现金偿债能力与同行业其他3家企业进行对比分析。

提示 可以将软控股份有限公司与同行业3家上市公司（请同学们自己搜集并选择3家上市公司报表数据资料）2015年的现金收益能力进行横向比较分析（见表4-35）。

表4-35　　　　橡胶制品行业上市公司的现金偿债能力指标对比

2015年12月31日

项　目	软控股份（002073）			
营业收入现金比率				
经营现金流量净利润比				
全部资产现金回收率				

根据表4-35计算结果进行现金偿债能力同行业横向分析，写出分析结论。

项目小结

本项目主要知识点归纳总结见表4-36。

表4-36 本项目主要知识点归纳总结

主要知识点	内容	
现金流量表及现金净流量的概念	现金流量表	现金流量表是反映企业一定会计期间现金和现金等价物（以下简称现金）流入和流出的报表。现金流量表应当按照经营活动、投资活动和筹资活动的现金流量分类分项列示
	现金净流量	现金净流量是指现金流入与现金流出的差额。现金净流量可能是正数，也可能是负数。如是正数，则为净流入；如是负数，则为净流出
现金流量的分析内容	现金流量结构分析	所谓现金流量结构分析，就是计算各个活动所产生的现金流量占全部现金流量的比重，进而研究并发现问题和规律，提出改进方案的一种常用的财务分析方法
	现金流量增加额及增量结构分析	从三种活动的增量金额入手，研究它们之间的规律性，把财务分析引向深入，从更高的层次认识企业的财务状况
	现金流量综合分析	现金流量表综合分析，即对现金流量表各个项目进行综合分析研究
现金能力分析基本框架	现金偿债能力分析	现金偿债能力是指企业用经营活动产生的现金偿还到期债务的能力。为反映企业的现金偿债能力，可以将经营活动的现金净流量与企业的各种债务进行对比计算现金偿债比率
	现金盈利能力分析	现金收益能力的高低是报表使用者更加关心的财务指标，是反映企业根本性财务能力的指标。它是通过企业经营活动的现金净流量与收入或利润进行对比来反映企业获取现金的能力
现金偿债能力分析指标	现金比率	$\frac{\text{现金类资产}}{\text{流动负债}}\times 100\%$
	现金流动负债比	$\frac{\text{经营活动现金流量净额}}{\text{流动负债}}\times 100\%$
	现金债务总额比	$\frac{\text{经营活动现金流量净额}}{\text{负债总额}}\times 100\%$
	现金偿付比率	$\frac{\text{经营活动现金流量净额}}{\text{长期负债}}\times 100\%$
资产盈利能力分析指标	营业收入现金比率	$\frac{\text{经营活动现金流量净额}}{\text{营业收入}}\times 100\%$
	经营现金流量净利润比	$\frac{\text{经营活动现金流量净额}}{\text{净利润}}\times 100\%$
	全部资产现金回收率	$\frac{\text{经营活动现金流量净额}}{\text{总资产}}\times 100\%$

项目五

营运能力分析

学习目标

1. 了解营运能力分析的意义
2. 掌握营运能力分析的内容及方法
3. 熟悉营运能力分析常用指标含义
4. 掌握营运能力分析常用指标计算公式
5. 理解营运能力分析常用指标评价标准
6. 能依据上市公司财务报表正确计算营运能力常用指标，并根据计算结果对上市公司营运能力展开恰当分析

知识点

营运能力分析意义　营运能力分析的基本框架　流动资产营运能力分析　固定资产营运能力分析　总资产营运能力分析

技能点

会选取相关数据进行报表分析　计算营运能力分析指标　分析评价企业营运能力

案例导入

中国制造业收账难

据彭博汇总沪深上市公司2016数据显示，中国932家制造业企业资金周转效率正处在15年来最差水平：这些企业2016年营运资本与收入之比升至32.5%，为2001年以来新高，远超22.5%的全球平均水平。2016年上半年这些企业销售回款天数的中值，升至92天的纪录新高，较2015年的83天及5年前的56天大幅上升。

应收账款和存货是企业营运资本的重要组成部分，营运资本的增加很有可能是因为应收账款和存货在年内都出现了较大增长。事实上，据报道，2016年上半年A股整体应收账款高达3.53万亿元，同比增长17.7%，其中地产、化工、汽车、工业企业等增幅较大；整体存货高达8万亿元，同比增长8.4%。近日统计局公布，中国8月工业企业利润增加19.5%，增速为三年最高，然而数据显示资金周转效率并未转好。8月应收账款同比增长了8.5%，一年来应收账款的周转率继续下降，这些都意味着企业应收账款的回收期依然偏长，资金周转压力没有缓解。

应收账款若不能回收，可能会进一步成为坏账。存货的增加意味着企业可能产能过剩，供过于求，存货累积难以卖出。

武汉科技大学金融证券研究所所长董登新也认为，过剩产能是企业高负债、高存货，以及高应收账款的主要原因。因此，化解过剩产能是当务之急，主要对策只能是经济转型、产业升级。

资料来源：佚名. 资金周转效率创15年新低　中国制造业深陷“收账难”[EB/OL].[2016-10-01]. http://money.163.com/16/1001/19/C2AKBNUN002580S6.html. 编者有删改。

思考

（1）究竟是什么原因导致中国制造业“收账难”？

（2）应收账款怎样管理才是科学的？

任务一　流动资产营运能力分析

知识准备

一、营运能力分析的意义

营运能力主要是指营运资产的效率和效益。营运资产的效率通常是指资产的周转速度。营运资产的效益是指资产的利用效果，通过其投入和产出相比较来体现。对企业营运能力进行分析的意义主要体现在以下三个方面。

（一）评价企业资产的流动性

企业资产的两大基本特征是收益性和流动性。企业经营的基本动机就是获取预期的收益。当企业的资产处于静止状态时，根本就谈不上收益，当企业运用这些资产进行经营时，才可能产生收益。企业营运能力越强，资产的流动性越高，企业获得预期收益的可能性越大。流动性是企业营运能力的具体体现，通过对企业营运能力的分析，就可以对企业资产的流动性做出评价。

（二）评价企业资产利用的效益

对企业各项资产占用或投资的合理性和运用的有效性进行评估，可以揭示企业内部的各项资产是否都最充分地投入到经营运转中，是否出现生产经营资源的闲置或不足。企业资产营运能力分析的实质，就是以尽可能少的资产占用、尽可能短的时间周转，生产出尽可能多的产品，实现尽可能多的销售收入，创造出尽可能多的纯收入。通过产出额与资产占用额的比较，可以评价企业资产利用的效益，为提高企业经济效益指明方向。

（三）分析企业资产利用的潜力

只有了解各项资产的运用效率，才能最大限度地挖掘资产的使用潜力，节约资金使用。通过资产营运能力分析，可以了解企业资产利用方面存在哪些问题，还有多少潜力可以挖掘，进而采取有效措施，提高企业资产营运能力。

二、营运能力分析的基本框架

营运能力是指企业管理人员充分利用现有资源创造社会财富的能力，用来评价企业对拥有资源的利用程度。对企业营运能力进行分析，实质是对企业经营状况及其潜力的分析，是对资产存量是否合理、管理效率高低的分析，目的是实现对现有资源进行合理配置，对资金进行有效利用，以尽可能短的周转时间，创造尽可能多的营业收入。可见，营运能力影响着企业的盈利能力、偿债能力和发展能力。

对企业营运能力进行分析时，在考虑绝对值的基础上，往往更多地考虑相对值指标。相对值指标一般是指各种比率指标。营运能力分析的基本框架包括流动资产营运能力分析、固定资产营运能力分析和总资产营运能力分析三部分，如图5-1所示。

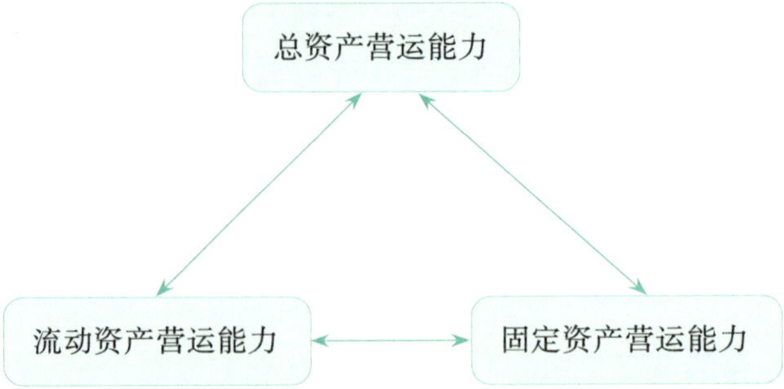

图5-1 营运能力分析基本框架

动脑筋 各种营运能力之间的相互关系是怎样的？

三、流动资产营运能力分析的内容及方法

企业的流动资产在生产经营过程中，从货币资金开始，然后经过存货、应收账款，又回到货币资金，周而复始地不断循环和周转，因此，对流动资产的构成和周转使用情况的分析在营运能力分析中具有重要地位。其中，应收账款和存货的周转速度对整个流动资产的周转及使用效果起着重要作用。

流动资产营运能力分析是指通过将利润表中的营业收入或营业成本与资产负债表中流动资产有关项目有机结合起来，来求得流动资产的周转速度并进行分析。因此，流动资产营运能力的分析常用的方法是比率分析法，反映流动资产营运能力的主要指标包括应收账款周转率、存货周转率和流动资产周转率。

四、流动资产营运能力分析常用财务指标

（一）应收账款周转率

1. 应收账款周转率的含义

应收账款周转率，也称为应收账款周转次数，是指赊销收入净额与应收账款平均余额之比。它是反映企业应收账款变现速度的指标，表示平均每年应收账款周转多少次。

2. 应收账款周转率的计算公式

应收账款周转率的计算公式如下：

$$应收账款周转率（次数）=\frac{赊销收入净额}{应收账款平均余额}$$

式中：

$$应收账款平均余额=\frac{期初应收账款余额+期末应收账款余额}{2}$$

$$赊销收入净额=产品销售收入-现销收入-销售退回、销售折扣与折让$$

提示 在实务中，反映应收账款周转变现能力还有另外一种表示方法，就是应收账款周转天数，又叫收账期。其计算公式为：$应收账款周转天数=\frac{360}{应收账款周转率}$。

3. 应收账款周转率的评价标准

在通常情况下，该指标越高越好。在一定时期内，应收账款周转次数越多，表明企

业的平均收账期越短，应收账款回收速度越快，企业管理工作的效率就越高。这不仅有利于企业及时收回货款，减少和避免发生坏账损失的可能性，而且有利于提高企业资产的流动性，提高企业短期债务的偿还能力。

微课：流动资产营运能力分析

提示　在使用和计算应收账款周转率时，应注意以下三个方面的问题：

（1）由于赊销收入净额通常作为企业的商业机密，因此，在实务中可用销售收入或营业收入净额来代替。

（2）由于应收账款周转率会受到企业季节性经营、分期付款结算方式、年末销售不稳定等多种因素影响，在分析这一指标时，应与企业前期指标、行业平均水平和其他类似企业相比较，同时结合企业所售商品的种类、各地商业往来惯例、企业信用政策等进行综合考虑，确定合理的评价标准，才能做出正确的判断。

（3）应收账款周转率并非越高越好。如果应收账款周转率过高，则可能是由于企业的信用政策、付款条件过于苛刻所致，这样会限制企业销售量的扩大，从而影响企业的盈利水平。

（二）存货周转率

1. 存货周转率的含义

存货周转率是指企业销售成本与存货平均余额之比。它是用以衡量企业销货能力和存货管理效率的重要指标，反映企业存货利用效率的高低，表示平均每年存货周转多少次，也称为存货周转次数。

2. 存货周转率的计算公式

存货周转率的计算公式如下：

$$\text{存货周转率（次数）}=\frac{\text{销售成本}}{\text{存货平均余额}}$$

式中：

$$\text{存货平均余额}=\frac{\text{期初存货}+\text{期末存货}}{2}$$

销售成本通常指主营业务成本。

提示　在实务中，对存货周转变现能力还有另外一种表示方法，就是存货周转天数，又叫存货期。其计算公式为：存货周转天数$=\dfrac{360}{\text{存货周转次数}}$。

3. 存货周转率的评价标准

在通常情况下，该指标越高越好。一般来说，存货周转率越高、存货周转天数越少，说明存货周转速度越快，存货占用流动资金的水平越低，资金的流动性越强，存货转化为现金或应收账款的速度就越快。该指标越高，说明企业存货利用效果越好，存货管理工作效率越高。这不仅表明企业的营运能力强，而且会增强企业的短期偿债能力和盈利能力。

提示　在使用和计算存货周转率时，应注意以下两个方面的问题：

（1）在分析企业存货周转率时，可以参照比较的标准包括行业平均水平标准和企业历史标准。

（2）存货周转率并非越高越好。如果存货周转率过高，则有可能因为存货量过少导致生产停顿或错失销售商机；如果存货周转率过低，则显示企业在存货管理中存在滞销积压、管理不善等问题。因此，一定要保持存货结构合理、质量可靠。

（三）流动资产周转率

1.流动资产周转率的含义

流动资产周转率是指企业一定时期的销售收入净额与流动资产平均余额之比。它是反映企业流动资产周转速度的指标。

2.流动资产周转率的计算公式

流动资产周转率的计算公式如下：

$$流动资产周转率（次数）=\frac{销售收入净额}{流动资产平均余额}$$

式中：

$$流动资产平均余额=\frac{期初流动资产+期末流动资产}{2}$$

提示 在实务中，对流动资产周转变现能力还有另外一种表示方法，就是流动资产周转天数。其计算公式为：$流动资产周转天数=\frac{360}{流动资产周转次数}$。

3.流动资产周转率的评价标准

在通常情况下，该指标数越高越好。在一定时期内，流动资产周转次数越多，表明流动资产周转速度越快，流动资产利用的效果越好。企业完成一定的销售收入占用的流动资产越少，表明企业营运能力增强。相反，流动资产周转次数越少，表明流动资产周转速度越慢，企业的流动资产利用效果越差，从而降低企业的营运能力。

提示 在使用和计算流动资产周转率时，应注意以下两个方面的问题：

（1）在分析企业流动资产周转速度时，还需结合同类企业的流动资产周转速度进行比较分析，并与反映盈利能力的指标结合在一起分析使用，这样可以全面评价企业的盈利能力。

（2）从公式中可以看出，提高流动资产周转率可以从两个方面着手：一是增加销售收入；二是降低流动资产占用额。但在销售收入既定的情况下，要注意不能单纯地以大幅降低流动资产为代价去追求高的流动资产周转率。因为流动资产的多少直接反映了企业短期偿债能力的强弱，企业应保持一个较稳定的流动资产水平，以保证其短期偿债能力，在此基础上再提高其使用效率。

动脑筋 流动资产周转率与应收账款周转率和存货周转率三个指标之间有什么联系？

典型任务举例

【背景资料】

研究标的：远东智慧能源股份有限公司（股票代码：600869）流动资产营运能力分析。

分析期间：以2015年为主，并与2014年和2013年作比较。

注册地址：青海省西宁市城北区生物园区经二路12号。

公司网址：www.600869.com。

行业分类：制造业、输配电业，包括电线电缆、电子商务、能源系统、智能系统四大板块业务。

组织形式：民营企业。

主营业务：经营智慧能源和智慧城市技术、产品与服务及其互联网、物联网应用的研发、制造与销售；智慧能源和智慧城市项目规划设计、投资建设及能效管理与服务；智慧能源和智慧城市工程总承包及进出口贸易；仓储物流（不含运输、不含危险品）。

【工作任务】远东智慧能源股份有限公司流动资产营运能力分析。

【工作过程】

（1）指标数据选取（见表5-1）。

表5-1 远东智慧能源股份有限公司报表相关项目数据 单位：万元

项　目	2015年	2014年	2013年	2012年
营业收入	1 171 100	1 135 176	1 157 436	—
营业成本	944 765	947 775	965 140	—
应收账款	397 583	335 392	292 770	294 422
存货	113 339	91 775	96 815	112 499
流动资产合计	856 776	877 459	722 452	747 950

（2）指标计算（见表5-2）。

表5-2 远东智慧能源股份有限公司流动资产营运能力指标

项　目	2013年	2014年	2015年
应收账款周转率	3.94	3.61	3.20
应收账款周转率环比增长速度	—	-0.33	-0.41
应收账款周转天数	91	100	113
应收账款周转天数环比增长速度	—	9	13
存货周转率	9.22	10.05	9.21
存货周转率环比增长速度	—	0.83	-0.84
存货周转天数	39	36	39
存货周转天数环比增长速度	—	-3	3
流动资产周转率	1.57	1.42	1.35
流动资产周转率环比增长速度	—	-0.15	-0.07
流动资产周转天数	229	254	267
流动资产周转天数环比增长速度	—	25	13

依据表5-2数据绘制图5-2。

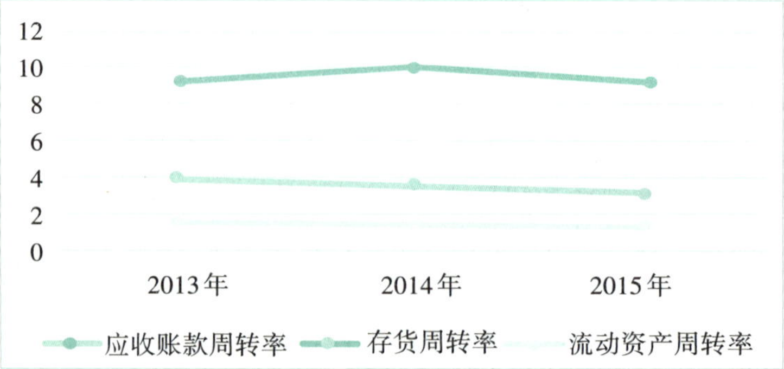

图5-2　远东智慧能源股份有限公司流动资产营运能力指标对比

（3）流动资产营运能力分析。

从表5-2和图5-2中可知，与2013年和2014年相比，远东智慧能源股份有限公司2015年流动资产营运能力各项指标呈小幅下降趋势，说明该公司2015年流动资产营运能力表现并不理想。①应收账款周转率2015年为3.20次，比2014年降低0.41次，周转天数增加13天；比2013年降低0.74次，周转天数增加22天。说明该公司应收账款回收速度变慢，平均收账期变长，不利于及时收回货款。②存货周转率2015年为9.21次，比2014年降低0.84次，周转天数增加3天；和2013年相对持平。说明该公司存货周转速度略有下降，存货周转天数变长，存货转化为现金的速度放缓，该公司存货利用效果略有下降。③流动资产周转率2015年为1.35次，比2014年降低0.07次，周转天数增加13天；比2013年降低0.22次，周转天数增加25天。说明该公司流动资产周转速度变慢，完成一定销售收入占用的流动资产变多，流动资产利用效果在逐渐变差，从而容易降低营运能力。

动脑筋　如果要将远东智慧能源股份有限公司2015年的流动资产营运能力与同行业其他企业进行对比分析，应该怎么做呢？

提示　可以将远东智慧能源股份有限公司与同行业其他4家上市公司2015年的流动资产营运能力指标进行横向比较分析（见表5-3）。

表5-3　电线电缆业上市公司的流动资产营运能力指标对比

2015年12月31日

项　目	智慧能源（600869）	中超控股（002471）	亨通光电（600487）	汉缆股份（002498）	中天科技（600522）
应收账款周转率	3.20	1.99	4.61	2.60	4.60
应收账款周转天数	113	181	78	139	78
存货周转率	9.21	2.97	3.61	3.56	5.92
存货周转天数	39	121	100	101	61
流动资产周转率	1.35	0.90	1.48	0.92	1.75
流动资产周转天数	267	398	244	389	206

根据表5-3的计算结果进行流动资产营运能力同行业横向分析，可以得出以下

结论：

（1）应收账款周转速度最快的公司是亨通光电，周转率为每年4.61次，周转天数为78天；应收账款周转速度最慢的公司是中超控股，周转率为每年1.99次，周转天数为181天；智慧能源的应收账款周转速度在5家上市公司中处于居中位置。说明与同行业相比，智慧能源的应收账款周转速度相对一般，需要进一步加强应收账款回收工作，降低风险。

（2）存货周转速度最快的公司是智慧能源，周转率为每年9.21次，周转天数为39天；存货周转速度最慢的公司是中超控股，周转率为每年2.97次，周转天数为121天。说明与同行业相比，智慧能源的存货周转速度很好，变现能力很强，需要进一步保持。

（3）流动资产周转速度最快的公司是中天科技，周转率为每年1.75次，周转天数为206天；流动资产周转速度最慢的公司是中超控股，周转率为每年0.90次，周转天数为398天；智慧能源的流动资产周转速度在5家上市公司处于居中位置。说明与同行业相比，智慧能源的流动资产周转速度相对一般，这主要是由应收账款周转速度不理想导致，需要进一步加强各项流动资产的变现能力，降低风险。

同步训练

一、判断题（正确的在括号内打“√”，错误的打“×”）

（　　）1.应收账款周转次数是利用销售收入与应收账款平均占用额进行对比所确定的指标。

（　　）2.存货周转次数是用企业存货平均占用额与销售成本进行对比所确定的指标。

（　　）3.通常情况下，存货周转速度越快，如果是盈利企业则其利润会越多；如果利润额不变，则其存货资金占用量会越多。

二、单项选择题（每题只有一个正确答案，请将正确答案填在括号内）

1.在计算应收账款周转天数指标的公式中，计算期天数一般为（　　）天。

A.270　　B.365　　C.360　　D.30

2.反映流动资产周转速度的指标是（　　）。

A.流动资产周转率　　B.资产报酬率

C.固定资产周转率　　D.利息保障倍数

3.某企业上年度和本年度的流动资产平均占用额分别为100万元和120万元，流动资产周转率分别为6和8，则本年度比上年度的销售收入增加了（　　）万元。

A.80　　B.180　　C.320　　D.360

三、实训题

【实训目的】学会利用常用财务指标分析企业流动资产营运能力。

【实训资料】

研究标的：软控股份有限公司（股票代码：002073）流动资产营运能力分析。

分析期间：以2015年为主，并与2014年和2013年作比较。

注册地址：青岛市保税区纽约路2号。

公司网址：www.mesnac.com。

行业分类：制造业—机械设备制造—专用设备制造—其他专用机械—轮胎橡胶机械。

组织形式：民营相对控股企业。

主营业务：橡胶装备系统的研发与制造。目前已形成完整的轮胎橡胶机械产品链，能够为轮胎生产的配料、密炼、压延、裁断、成型、硫化、检测七个环节提供智能化装备及系统软件服务。该公司的主要产品包括橡胶机械产品链、工业机器人及自动化物流设备等。

2012—2015年软控股份有限公司报表有关项目数据见表5-4。

表5-4 软控股份有限公司报表有关项目数据 单位：万元

项　目	2015年	2014年	2013年	2012年
营业收入	251 633	294 961	251 980	—
营业成本	172 369	206 196	191 402	—
应收账款	199 854	203 966	177 276	197 846
存货	137 249	132 753	122 662	125 924
流动资产合计	501 209	490 657	481 276	495 350

【实训要求】对软控股份有限公司的流动资产营运能力进行分析。

（1）计算软控股份有限公司流动资产营运能力指标（见表5-5）。

表5-5 软控股份有限公司流动资产营运能力指标

项　目	2013年	2014年	2015年
应收账款周转率			
应收账款周转率环比增长速度	—		
应收账款周转天数			
应收账款周转天数环比增长速度	—		
存货周转率			
存货周转率环比增长速度	—		
存货周转天数			
存货周转天数环比增长速度	—		
流动资产周转率			
流动资产周转率环比增长速度	—		
流动资产周转天数			
流动资产周转天数环比增长速度	—		

（2）请依据表5-5数据绘制流动资产营运能力指标对比图。

（3）流动资产营运能力分析（写出文字分析）。

（4）将软控股份有限公司2015年的流动资产营运能力与同行业其他4家上市公司进行对比分析，相关数据填入表5-6中，并根据计算结果进行流动资产营运能力同行业横向分析，写出分析结论。

表5-6 橡胶制品行业上市公司的流动资产营运能力指标对比

2015年12月31日

项　目	软控股份（002073）				
应收账款周转率					
应收账款周转天数					
存货周转率					
存货周转天数					
流动资产周转率					
流动资产周转天数					

任务二 固定资产营运能力分析

知识准备

一、固定资产营运能力分析的内容及方法

企业的固定资产占资产总额的比重一般来说比较大，且直接构成企业的生产能力，对企业产生经营杠杆效应。企业固定资产的利用情况直接影响企业生产效率、产品质量和成本水平，因此分析固定资产利用情况对于判断企业营运能力具有重要意义。固定资产营运能力分析是通过将利润表中的营业收入与资产负债表中固定资产项目有机结合起来，来求得固定资产的周转速度并进行分析。因此，固定资产营运能力的分析常用的方法是比率分析法，分析和评价固定资产营运能力最常用的指标是固定资产周转率。

二、固定资产周转率

（一）固定资产周转率的含义

固定资产周转率是指企业销售收入净额与固定资产平均净值的比率。它是反映企业固定资产周转情况、衡量固定资产利用效率的指标。固定资产周转率主要用于分析企业对厂房、设备等固定资产的利用效率。

（二）固定资产周转率的计算公式

固定资产周转率的计算公式如下：

$$\text{固定资产周转率（次数）}=\frac{\text{销售收入净额}}{\text{固定资产平均净值}}$$

式中：

$$\text{固定资产平均净值}=\frac{\text{期初固定资产净值}+\text{期末固定资产净值}}{2}$$

$$\text{销售收入净额}=\text{产品销售收入}-\text{销售退回、销售折扣与折让}$$

提示 在实务中，反映固定资产周转变现能力还有另外一种表示方法，就是固定资产周转天数。其计算公式为：$\text{固定资产周转天数}=\frac{360}{\text{固定资产周转率}}$。

（三）固定资产周转率的评价标准

在通常情况下，该指标越高越好。固定资产周转率高，表明企业固定资产利用充分，固定资产投资得当，固定资产结构合理，能够充分发挥效率，固定资产管理效率高；反之，如果固定资产周转率不高，则表明企业的固定资产使用效率不高，提供的生产成果不多，企业的营运能力不强。

提示 在使用和计算固定资产周转率时，应注意以下两个方面的问题：

（1）从固定资产周转率的计算公式中可以看出，该指标除了与销售收入之间存在关联外，还受到固定资产净值的影响。由于固定资产净值的影响因素比较多，如果在某期，固定资产周转率出现了忽高忽低的变化时，则一定不能直接认为企业的营运能力在短期内有调整，而需要进一步分析固定资产净值组成项目是否在本期有特殊异动后再做判断。

（2）固定资产周转率并非越高越好。不同行业对固定资产的需求不同，过高的固定资产周转率，可能是企业的设备已被充分利用，需要扩大生产规模，也可能是企业的设备老化，即将折旧完了，导致净值很小，所以弄清楚原因很重要。

典型任务举例

【背景资料】

研究标的：远东智慧能源股份有限公司（股票代码：600869）固定资产营运能力分析。

分析期间：以2015年为主，并与2014年和203年度作比较。

注册地址：青海省西宁市城北区生物园区经二路12号。

公司网址：www.600869.com。

行业分类：制造业、输配电业，包括电线电缆、电子商务、能源系统、智能系统四大板块业务。

组织形式：民营企业。

主营业务：经营智慧能源和智慧城市技术、产品与服务及其互联网、物联网应用的研发、制造与销售；智慧能源和智慧城市项目规划设计、投资建设及能效管理与服务；智慧能源和智慧城市工程总承包及进出口贸易；仓储物流（不含运输、不含危险品）。

【工作任务】远东智慧能源股份有限公司固定资产营运能力分析。

【工作过程】

（1）指标数据选取（见表5–7）。

表5–7 远东智慧能源股份有限公司报表相关项目数据 单位：万元

项　目	2015年	2014年	2013年	2012年
营业收入	1 171 100	1 135 176	1 157 436	—
固定资产净值	214 496	206 312	138 930	119 584

（2）指标计算（见表5–8）。

表5–8 远东智慧能源股份有限公司固定资产营运能力指标

项　目	2013年	2014年	2015年
固定资产周转率	8.95	6.58	5.57
固定资产周转率环比增长速度	—	–2.01	–1.01
固定资产周转天数	40	55	65
固定资产周转天数环比增长速度	—	15	10

依据表5–8数据绘制图5–3如下：

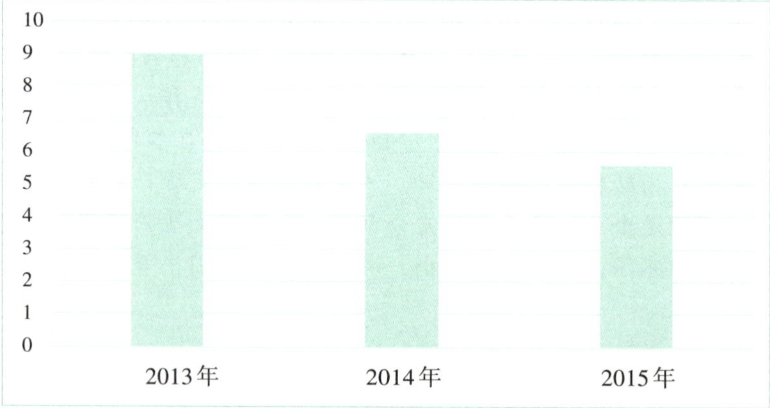

图5-3 远东智慧能源股份有限公司固定资产周转率对比

（3）固定资产营运能力分析。

从表5-8和图5-3中可知，远东智慧能源股份有限公司固定资产周转率指标近3年呈总体下降趋势。与2013年和2014年相比，远东智慧能源股份有限公司2015年固定资产周转率为5.57次；比2014年降低1.01次，周转天数增加10天；比2013年降低3.38次，周转天数增加25天。说明该公司固定资产周转速度逐步变慢，完成一定销售收入占用的固定资产变多，固定资产利用效果在逐渐变差，该公司的营运能力不强。

动脑筋 如果要将远东智慧能源股份有限公司2015年的固定资产营运能力与同行业其他企业进行对比分析，应该怎么做呢？

提示 可以将远东智慧能源股份有限公司与电线电缆业其他4家上市公司2015年的固定资产营运能力指标进行横向比较分析（见表5-9）。

表5-9 电线电缆业上市公司的固定资产营运能力指标对比

2015年12月31日

项　目	智慧能源（600869）	中超控股（002471）	亨通光电（600487）	汉缆股份（002498）	中天科技（600522）
固定资产周转率	5.57	5.52	4.38	8.93	6.26
固定资产周转天数	65	65	82	40	58

根据表5-9计算结果进行固定资产营运能力同行业横向分析，可以得出以下结论：

固定资产周转速度最快的公司是汉缆股份，周转率为每年8.93次，周转天数为40天；固定资产周转速度最慢的公司是亨通光电，周转率为每年4.38次，周转天数为82天；智慧能源的固定资产周转速度在5家上市公司中处于居中位置，说明与同行业相比，智慧能源的固定资产周转速度相对一般，需要进一步加强固定资产使用效率，提高固定资产利用效果。

同步训练

一、判断题（正确的在括号内打“√”，错误的打“×”）

（　　）1. 固定资产周转率是利用销售收入与固定资产原值进行对比所确定的指标。

（　　）2. 如果企业设备老化严重，则会导致固定资产周转率降低。

（　　）3. 在通常情况下，固定资产周转速度越快，表明固定资产利用效果越好。

二、单项选择题（每题只有一个正确答案，请将正确答案填在括号内）

1. 在计算固定资产周转率指标的公式中，分母一般采用（　　）。

A. 固定资产原值　　B. 固定资产净值

C. 固定资产原值平均数　　D. 固定资产净值平均数

2. 反映固定资产周转速度的指标是（　　）。

A. 流动资产周转率　　B. 总资产周转率

C. 固定资产周转率　　D. 利息保障倍数

3. 某企业上年度和本年度的固定资产净值分别为200万元和220万元，本年度营业收入为1438.50万元，则本年度的固定资产周转天数是（　　）。

A. 50　　B. 53　　C. 55　　D. 58

三、实训题

【实训目的】学会利用常用财务指标分析企业固定资产营运能力。

【实训资料】

研究标的：软控股份有限公司（股票代码：002073）固定资产营运能力分析。

分析期间：以2015年为主，并与2014年和2013年作比较。

注册地址：青岛市保税区纽约路 2 号。

公司网址：www.mesnac.com。

行业分类：制造业—机械设备制造—专用设备制造—其他专用机械—轮胎橡胶机械。

组织形式：民营相对控股企业。

主营业务：橡胶装备系统的研发与制造。目前已形成完整的轮胎橡胶机械产品链，能够为轮胎生产的配料、密炼、压延、裁断、成型、硫化、检测七个环节提供智能化装备及系统软件服务。该公司的主要产品包括橡胶机械产品链、工业机器人及自动化物流设备等。

软控股份有限公司报表相关项目数据指标的选取见表5-10。

表 5-10　软控股份有限公司报表相关项目数据　　单位：万元

项　目	2015年	2014年	2013年	2012年
营业收入	251 633	294 961	251 980	—
固定资产净值	176 126	167 902	86 269	77 910

【实训要求】

（1）计算该公司固定资产营运能力指标，填入表5-11。

表5-11 软控股份有限公司固定资产营运能力指标

项　目	2013年	2014年	2015年
固定资产周转率			
环比增长速度	—		
固定资产周转天数			
环比增长速度	—		

（2）请依据表5-11数据绘制固定资产营运能力指标对比图。

（3）固定资产营运能力分析（写出文字分析）。

（4）将软控股份有限公司2015年的固定资产营运能力与同行业其他4家上市公司进行对比分析，相关数据填入表5-12中，并进行固定资产营运能力同行业横向分析，写出分析结论。

表5-12 橡胶制品行业上市公司的固定资产营运能力指标对比

2015年12月31日

项　目	软控股份（002073）				
固定资产周转率					
固定资产周转天数					

分析结论：

任务三 总资产营运能力分析

知识准备

一、总资产营运能力分析的内容及方法

总资产就是企业所有的资产，包括流动资产和固定资产。资产直接构成了企业的生产能力，它的利用情况直接关系到企业的生存和发展，因此，分析总资产周转能力意义重大，它在一定程度上反映了企业的营运能力和盈利能力。总资产营运能力分析是通过将利润表中的营业收入与资产负债表中资产总额项目有机结合起来，来求得总资产的周转速度并进行分析。因此，总资产营运能力的分析常用的方法是比率分析法，分析和评价总资产营运能力最常用的指标是总资产周转率。

微课：总资产营运能力分析

二、总资产周转率

（一）总资产周转率的含义

总资产周转率是指企业销售收入净额与平均资产总额的比率。它是反映企业全部资产周转情况、衡量企业全部资产利用效率的指标。总资产周转率是考察企业资产运营效率的一项重要指标，体现了企业经营期间全部资产从投入到产出周而复始的流转速度，反映了企业全部资产的管理质量和利用效率。

（二）总资产周转率的计算公式

总资产周转率的计算公式如下：

$$\text{总资产周转率（次数）}=\frac{\text{销售收入净额}}{\text{平均资产总额}}$$

式中：

$$\text{平均资产总额}=\frac{\text{期初资产总额}+\text{期末资产总额}}{2}$$

$$\text{销售收入净额}=\text{产品销售收入}-\text{销售退回、销售折扣与折让}$$

提示 实务中，反映总资产周转变现能力还有另外一种表示方法，就是总资产周转天数。其计算公式为：$\text{总资产周转天数}=\frac{360}{\text{总资产周转率}}$。

（三）总资产周转率的评价标准

在通常情况下，该指标越高越好。总资产周转率越高，表明企业全部资产周转速度越快，企业资产营运能力越强；反之，总资产周转率越低，表明企业全部资产营运效率越低，总资产周转速度慢，资产的利用效率低下。

提示 在使用和计算总资产周转率时，应注意以下五个方面的问题：

（1）总资产营运能力取决于每一项资产的营运能力。在分析总资产营运能力时，应单独分析各项重要资产的营运能力。例如，如果流动资产周转率高，则总资产周转速度就会变快。

（2）资产结构会影响总资产营运能力。例如，流动资产占总资产的比重越大，总资产的流动性就越强，总资产的周转速度就越快，营运能力也就越强。

（3）资产的增加应与销售收入的增加相配比，特别是固定资产的增加要满足生产能力的需求。

（4）如果企业某期总资产周转率突然上升，而销售收入与以往持平，这并不能说明企业资产利用效率真的提高，很有可能是本期报废了大量固定资产造成的。因此，在进行总资产周转率分析时，应与企业以前年度的资产周转率相比较，进行趋势分析。

（5）不同行业总资产营运能力差异较大，计算分析时要参照同行业水平。

典型任务举例

【背景资料】

研究标的：远东智慧能源股份有限公司（股票代码：600869）总资产营运能力分析。

分析期间：以2015年为主，并与2014年和2013年作比较。

注册地址：青海省西宁市城北区生物园区经二路12号。

公司网址：www.600869.com。

行业分类：制造业、输配电业，包括电线电缆、电子商务、能源系统、智能系统四大板块业务。

组织形式：民营企业。

主营业务：经营智慧能源和智慧城市技术、产品与服务及其互联网、物联网应用的研发、制造与销售；智慧能源和智慧城市项目规划设计、投资建设及能效管理与服务；智慧能源和智慧城市工程总承包及进出口贸易；仓储物流（不含运输、不含危险品）。

【工作任务】对远东智慧能源股份有限公司总资产营运能力进行分析。

【工作过程】

（1）指标数据选取（见表5-13）。

表5-13　远东智慧能源股份有限公司报表相关项目数据　单位：万元

项目	2015年	2014年	2013年	2012年
营业收入	1 171 100	1 135 176	1 157 436	—
资产总额	1 316 242	1 224 307	995 588	920 063

（2）指标计算（见表5-14）。

表5-14　远东智慧能源股份有限公司总资产营运能力指标

项目	2013年	2014年	2015年
总资产周转率	1.21	1.02	0.92
总资产周转率环比增长速度	—	-0.19	-0.10
总资产周转天数	298	352	390
总资产周转天数环比增长速度	—	54	38

依据表5-14数据绘制图5-4如下：

图5-4　远东智慧能源股份有限公司总资产周转率对比

（3）总资产营运能力分析。

从表5-14和图5-4中可知，远东智慧能源股份有限公司总资产周转率指标近3年呈总体下降趋势。与2013年和2014年相比，远东智慧能源股份有限公司2015年总资产周转率为0.92次，比2014年降低0.10次，周转天数增加38天；比2013年降低0.29次，周转天数增加92天。说明总资产周转速度逐步变慢，该公司完成一定销售收入占用的总资产变多，企业全部资产营运效率较低，资产的利用效率低下，该公司的营运能力不强。结合前面的分析可知，该公司流动资产和固定资产的营运能力近3年都呈下降趋势，这就导致了总资产周转率的降低。

动脑筋　如果要将远东智慧能源股份有限公司2015年的总资产营运能力与同行业其他企业进行对比分析，应该怎么做呢？

提示　可以将远东智慧能源股份有限公司与电线电缆业其他4家上市公司2015年的总资产营运能力指标进行横向比较分析（见表5-15）。

表5-15 电线电缆业上市公司的总资产营运能力指标对比

2015年12月31日

项　目	智慧能源（600869）	中超控股（002471）	亨通光电（600487）	汉缆股份（002498）	中天科技（600522）
总资产周转率	0.92	0.71	0.97	0.69	1.20
总资产周转天数	390	506	370	522	300

根据表5-15计算结果进行总资产营运能力同行业横向分析，可以得出以下结论：

总资产周转速度最快的公司是中天科技，周转率为每年1.20次，周转天数为300天；总资产周转速度最慢的公司是汉缆股份，周转率为每年0.69次，周转天数为522天；智慧能源的总资产周转速度在5家上市公司中处于居中位置，说明与同行业相比，智慧能源的总资产周转速度相对一般，需要进一步加强资产使用效率，提高资产利用效果。

同步训练

一、判断题（正确的在括号内打“√”，错误的打“×”）

（　　）1.总资产周转率是利用销售收入与资产总额进行对比所确定的指标。

（　　）2.在一般情况下，资产结构会影响总资产营运能力。

（　　）3.如果本期总资产比上期有较大幅度增加，表明本期总资产营运能力较强。

二、单项选择题（每题只有一个正确答案，请将正确答案填在括号内）

1.某公司2015年营业收入为5 852万元，年末总资产为2 012万元，年初总资产为1 650万元，则总资产周转率为（　　）。

A.3.5　　B.3.8　　C.3.2　　D.2.9

2.反映总资产周转速度的指标是（　　）。

A.流动资产周转率　　B.总资产周转率

C.固定资产周转率　　D.利息保障倍数

3.某企业总资产周转率为1.8，会引起该指标下降的经济业务是（　　）。

A.销售商品取得收入　　B.借入一笔短期借款

C.用银行存款购入一台设备　　D.用银行存款支付一年保险费

三、实训题

【实训目的】学会利用常用财务指标分析企业总资产营运能力。

【实训资料】

研究标的：软控股份有限公司（股票代码：002073）总资产营运能力分析。

分析期间：以2015年为主，并与2014年和2013年度作比较。

注册地址：青岛市保税区纽约路2号。

公司网址：www.mesnac.com。

行业分类：制造业—机械设备制造—专用设备制造—其他专用机械—轮胎橡胶机械。

组织形式：民营相对控股企业。

主营业务：橡胶装备系统的研发与制造，目前已形成完整的轮胎橡胶机械产品链，能够为轮胎生产的配料、密炼、压延、裁断、成型、硫化、检测七个环节提供智能化装备及系统软件服务。该公司的主要产品包括橡胶机械产品链、工业机器人及自动化物流设备等。

软控股份有限公司报表相关项目数据的选取见表5-16。

表5-16　软控股份有限公司报表有关项目数据　单位：万元

项　目	2015年	2014年	2013年	2012年
营业收入	251 633	294 961	251 980	—
资产总额	806 070	788 912	675 316	635 427

【实训要求】

（1）计算该公司总资产营运能力指标，填入表5-17中。

表5-17　软控股份有限公司总资产营运能力指标

项　目	2013年	2014年	2015年
总资产周转率			
环比增长速度	—		
总资产周转天数			
环比增长速度	—		

（2）请依据表5-17数据绘制总资产营运能力指标对比图。

（3）总资产营运能力分析（写出文字分析）。

（4）将软控股份有限公司2015年的总资产营运能力与橡胶制品行业其他4家上市公司进行对比，相关数据填入表5-18中，并对同行业的总资产营运能力进行横向分析，写出分析结论。

表5-18　橡胶制品行业上市公司的总资产营运能力指标对比

2015年12月31日

项　目	软控股份（002073）				
总资产周转率					
总资产周转天数					

分析结论：

项目小结

本项目主要知识点归纳总结见表5-19。

表5-19 本项目主要知识点归纳总结

主要知识点	内容	
营运能力分析的意义	评价企业资产的流动性	流动性是企业营运能力的具体体现，企业营运能力越强，资产的流动性越高，企业获得预期收益的可能性越大
	评价企业资产利用的效益	企业资产营运能力分析的实质，就是以尽可能少的资产占用、尽可能短的时间周转，生产出尽可能多的产品，实现尽可能多的销售收入，创造出尽可能多的纯收入
	分析企业资产利用的潜力	了解企业资产利用方面存在哪些问题，还有多少潜力可以挖掘，进而采取有效措施，提高企业资产营运能力
营运能力分析的基本框架	流动资产营运能力分析	流动资产营运能力分析是通过将利润表中的营业收入或营业成本与资产负债表中流动资产有关项目有机结合起来，来求得流动资产的周转速度进行分析
	固定资产营运能力分析	固定资产营运能力分析是通过将利润表中的营业收入与资产负债表中固定资产项目有机结合起来，来求得固定资产的周转速度进行分析
	总资产营运能力分析	总资产营运能力分析是通过将利润表中的营业收入与资产负债表中资产总额项目有机结合起来，来求得总资产的周转速度进行分析
流动资产营运能力分析指标	应收账款周转率	$应收账款周转率=\frac{赊销收入净额}{应收账款平均余额}$
	存货周转率	$存货周转率=\frac{销售成本}{存货平均余额}$
	流动资产周转率	$流动资产周转率=\frac{销售收入净额}{流动资产平均余额}$
固定资产营运能力分析指标	固定资产周转率	$固定资产周转率=\frac{销售收入净额}{固定资产平均净值}$
总资产营运能力分析指标	总资产周转率	$总资产周转率=\frac{销售收入净额}{平均资产总额}$

项目六

发展能力分析

学习目标

1.熟悉市场增长能力分析的内容与方法
2.熟悉资产增长能力分析的内容与方法
3.熟悉资本增长能力分析的内容与方法
4.掌握市场增长能力分析常用财务指标的计算与应用
5.掌握资产增长能力分析常用财务指标的计算与应用
6.掌握资本增长能力分析常用财务指标的计算与应用

知识点

市场增长能力的分析　资产增长能力的分析　资本增长能力的分析

技能点

会选取相关数据进行报表分析　计算发展能力分析指标　分析评价企业发展能力

案例导入

兴衰诺基亚

2007年，全球通信业发生了两件大事，深刻地影响了整个手机市场的格局。

2007年6月底，苹果公司CEO乔布斯向世界抛出了一款叫做iPhone的手机。iPhone的触摸屏颠覆了用户使用手机的方式，带来了革命性的全新体验。另一件大事的主角是谷歌。2007年11月，谷歌宣布成立开放手机联盟，并且将旗下Android手机操作系统开源。

这两件事都在2007年掀起了轩然大波，两个与手机毫不相关的门外汉居然一前一后敲锣打鼓地闯了进来。尽管诺基亚错过了发布触摸屏的最佳时机，但是在该领域的失利也只是让它受了点儿皮外伤；真正让诺基亚伤筋动骨的是其在操作系统上的挫折，直接导致了接下来的举步维艰。曾经一度，Symbian是全球操作系统无可争议的老大，2007年其全球的市场占有率一度高达72%。然而，当谷歌推出免费的操作系统Android后，过往的美好日子注定成为回忆。自从谷歌将Android手机操作系统开源后，舆论上就有一种共同的声音：开放是必然，是未来，似乎如果再闭关下去，只能死路一条。诺基亚开始拥着Symbian孤独前行。

一直以来，中国市场都对诺基亚表现出了颇大的热情和友好。那么，诺基亚在其他市场遭遇寒流时，中国能否成为一个可靠的避风港？随着智能终端的迅速发展，华为与中兴等国内厂商近年开始注重自身品牌的建设，试图建立自己的手机王国。运营商开始推广千元智能手机以刺激用户的使用热情。而在和运营商合作的伙伴中，国内手机厂商占了很大比重。曾经，诺基亚凭借完备而深入的渠道覆盖赢得了中国市场，然而一直以来，诺基亚对于渠道的管理颇为严格，对此渠道商的抱怨已经有很长一段时间，大规模爆发似乎也不是什么稀奇事。产品、市场、渠道这三大领域，诺基亚似乎哪一方面都已不再有优势。

资料来源：许小火．兴衰诺基亚［J］．销售与市场（评论版）．2012（3）．编者有删改。

思考

请搜集诺基亚公司2012年前后的财务报告，利用报告中的数据分析其发展能力变化情况，评价其发展能力。

任务一　市场增长能力分析

知识准备

一般来说，一家企业的市场竞争能力越强，产品的市场占有率越高，企业就有更强的持续发展能力。只有不断地拓展市场，增加收入，企业才能有更好的发展空间。衡量企业的发展能力首先要从产品销售增长情况方面进行分析（即市场增长能力分析），常用的定量分析指标有销售增长率、销售平均增长率和净利润增长率。

微课：发展能力分析内容

一、销售增长率

销售增长率是指本年销售增长额与上年销售额之比。它反映企业销售的完成情况。销售增长率越大说明企业销售实现得越多。其计算公式如下：

$$销售增长率=\frac{本年销售增长额}{上年销售额}\times 100\%$$

式中：

$$本年销售增长额=本年销售额-上年销售额$$

在使用和计算销售增长率时，应注意以下三个方面的问题：

（1）销售增长率是衡量企业经营状况、市场占有能力和预测企业经营业务拓展趋势的重要指标，也是企业扩张增量和存量资本的重要前提。不断增加的销售收入是企业生存的基础和发展的条件。世界500强排名主要依据销售收入的多少进行。

（2）该指标若大于0，则表明企业本年的销售收入有所增长。指标值越高，增长速度越快，企业市场前景就越好；该指标若小于0，则表明企业或是产品不适销对路、质次价高，或是在售后服务等方面存在问题，产品销售不出去，市场份额萎缩。

（3）该指标在实际操作时，应结合企业历年的销售水平、企业市场占有情况、行业未来发展及其他影响企业发展的潜在因素，进行前瞻性预测，或者结合企业前三年的销售收入增长率做出趋势性分析判断。

二、销售平均增长率

销售增长率指标存在一定的局限性，其中包含当年度外部诸多因素的影响，不排除偶发、意外的特殊因素影响，因此，在分析销售增长情况时，还可以同时计算、分析近三年的销售平均增长率，从而更充分地评价企业相关市场长期发展趋势以及市场稳定性。其计算公式如下：

$$三年销售平均增长率=\left(\sqrt[3]{\frac{当年主营业务收入总额}{三年前主营业务收入总额}}-1\right)\times 100\%$$

销售平均增长率越高，表明企业主营业务持续增长势头越好，市场扩张能力越强。

提示 在使用和计算销售平均增长率时，应注意以下三个方面的问题：

（1）分析中需要观察三年独立增长率与平均增长率之间的差率，是平滑上涨还是大起大落，与企业重大项目或重大决策有无关联性。

（2）分析销售平均增长率的同时，要注意企业规模及行业发展情况（行业增长），以便于综合分析。

（3）分析销售平均增长率时，应注意引导增长的是主营业务还是企业临时性投资。例如，从与产品销售业务无关联的房地产投资中获利。

三、净利润增长率

净利润增长率是指本年净利增长额与上年净利额之比。它反映企业净利润的变化。净利润增长率数值越大，表明企业获得净利润的能力越强，企业自身发展的能力也就越强。其计算公式如下：

$$净利润增长率=\frac{本年净利增长额}{上年净利额}\times 100\%$$

式中：

$$本年净利增长额=本年净利润-上年净利润$$

典型任务举例

【背景资料】

研究标的：远东智慧能源股份有限公司（股票代码：600869）市场增长能力分析。

分析期间：以2015年为主，并与2014年和2013年作比较。

注册地址：青海省西宁市城北区生物园区经二路12号。

公司网址：www.600869.com。

行业分类：制造业、输配电业，包括电线电缆、电子商务、能源系统、智能系统四大板块业务。

组织形式：民营企业。

主营业务：经营智慧能源和智慧城市技术、产品与服务及其互联网、物联网应用的研发、制造与销售；智慧能源和智慧城市项目规划设计、投资建设及能效管理与服务；智慧能源和智慧城市工程总承包及进出口贸易；仓储物流（不含运输、不含危险品）。

远东智慧能源股份有限公司利润表相关项目数据见表6-1。

表6-1　远东智慧能源股份有限公司利润表相关项目数据　单位：万元

项　目	2015年	2014年	2013年
营业收入	1 171 100	1 135 176	1 157 436
营业成本	944 765	947 775	965 140
销售毛利	226 335	187 401	192 296
税金及附加	4 028	3 247	3 588
销售费用	96 736	97 037	115 157
管理费用	43 057	35 217	33 137
财务费用	31 128	23 625	16 266
资产减值损失	20 906	14 402	13 970
公允价值变动收益	355	−28	−192
投资收益	13 533	1 073	1 951
营业利润	44 368	14 917	11 938
营业外收入	12 449	9 944	24 440
营业外支出	1 942	942	824
利润总额	54 875	23 920	35 554
所得税费用	9 746	3 985	6 091
净利润	45 129	19 934	29 463

【工作任务】

（1）纵向分析远东智慧能源股份有限公司的市场增长能力。

（2）横向比较分析远东智慧能源股份有限公司与同行业其他4家上市公司的市场增长能力。

【工作过程】

（1）纵向分析远东智慧能源股份有限公司市场增长能力。

①收集远东智慧能源股份有限公司2013—2015年的财务报告。

②确定市场增长能力分析所需指标。

常见的分析指标有：销售增长率、三年销售平均增长率、净利润增长率。在进行分析时，可以根据分析目的等具体情况选择其中的几个进行分析。

③计算相关指标，评价市场增长能力。

选定分析指标后，根据财务报告中的数据进行计算。2015年智慧能源指标计算如下：

$$销售增长率 = \frac{本年销售增长额}{上年销售额} \times 100\%$$

$$= [(1\,171\,100 - 1\,135\,176) \div 1\,135\,176] \times 100\%$$

$$\approx 3.16\%$$

$$三年销售平均增长率 = \left(\sqrt[3]{\frac{当年主营业务收入总额}{三年前主营业务收入总额}} - 1\right) \times 100\%$$

$$= \left(\sqrt[3]{\left(\frac{1\,171\,100}{988\,029}\right)} - 1\right) \times 100\%$$

$$\approx 5.83\%$$

$$净利润增长率 = \frac{本年净利增长额}{上年净利额} \times 100\%$$

$$= [(45\,129 - 19\,934) \div 19\,934] \times 100\%$$

$$\approx 126.39\%$$

2014年和2013年计算过程略，计算结果见表6-2。

表6-2　　远东智慧能源股份有限公司市场增长能力分析

项　目	2015年	2014年	2013年
销售增长率	3.16%	-1.92%	17.15%
三年销售平均增长率	5.83%	1.07%	—
净利润增长率	126.39%	-39.68%	—

④根据计算结果进行市场增长能力变化趋势的分析。

从表6-2看可知，远东智慧能源股份有限公司各年的销售收入增长不稳定，2013年的销售收入增长幅度较大，达到17.15%，但是2014年出现了销售收入负增长的情况，2015年再次实现增长，然而增长幅度不大，仅有3.16%。三年平均增长率表现为正增长，净利润增长率2015年达到126.39%，2014年净利润出现负增长，增长率为-39.68%。在该公司销售增长幅度变化不大的情况下，净利润出现大幅度的变化，意味着利润的增长并非销售增长的贡献，可见该公司具有的市场竞争能力还不稳定，需要增强市场竞争力，保证未来不断增加收入，增强持续发展能力。

（2）横向比较分析远东智慧能源股份有限公司与同行业其他4家上市公司市场增长能力。

①收集远东智慧能源股份有限公司及同行业其他4家上市公司2015年的财务报告。

首先，确定智慧能源所属行业属于电线电缆业。

其次，查找同行业其他上市公司，确定中超控股、亨通光电、汉缆股份、中天科技4家上市公司作为比较分析的对象。

最后，搜集同行业上述4家上市公司同期财务报告，准备进行同行业分析。

②确定市场增长能力分析所需指标。

常见的分析指标有：销售增长率、三年销售平均增长率、净利润增长率等。在进行分析时，可以根据分析目的等具体情况选择其中的几个进行分析。

③计算相关指标，进行市场增长能力的横向比较分析。

计算过程同（1），略。计算结果见表6-3。

表6-3　电线电缆业上市公司的市场增长能力指标

2015年12月31日

项　目	智慧能源（600869）	中超控股（002471）	亨通光电（600487）	汉缆股份（002498）	中天科技（600522）
销售增长率	3.16%	6.16%	30.17%	-10.06%	73.23%
净利润增长率	126.39%	-25.23%	80.80%	39.96%	38.11%

④根据计算结果进行市场增长能力同行业横向分析。

根据表6-3，可以得出以下结论：

第一，销售增长率最高的公司是中天科技，为73.23%；最低的公司是汉缆股份，为-10.06%。这意味着：除汉缆股份以外，其他上市公司的销售均保持了增长的态势，然而增长幅度差异较大，其中中天科技增速高达73.23%，然而智慧能源的增长率仅仅是3.16%，略低于中超控股，远低于中天科技与亨通光电。

第二，净利润增长率最高的公司是智慧能源，为126.39%；最低的公司是中超控股，为-25.23%。这意味着：相比其他4家上市公司，智慧能源的净利润增长率远远高出，与其销售增长的表现并不匹配，需要进一步分析净利润增长的影响因素，以便分析其未来持续发展能力。

同步训练

一、判断题（正确的在括号内打“√”，错误的打“×”）

（　　）1.销售增长率是用来衡量企业相关市场长期发展趋势以及市场稳定性的重要指标。

（　　）2.销售平均增长率是计算几年销售增长额占这几年平均收入额的比率，用以评价市场发展的长期趋势。

（　　）3.若净利润增长率小于1，则说明企业或是产品不适销对路、质次价高，或是在售后服务等方面存在问题，产品销售不出去，市场份额萎缩。

二、不定项选择题（每题至少有一个正确答案，请将正确答案填在括号内）

1.一般来说，企业市场发展能力分析常用的财务指标是（　　）。

A.市场占有率　B.资本积累率　C.销售利润率　D.销售增长率

2.下列各项说法不正确的是（　　）。

A.销售增长率是衡量企业经营状况、市场占有能力和预测企业经营业务拓展趋势的重要指标，也是企业扩张增量和存量资本的重要前提

B.销售增长率若大于0，表示企业本年的销售利润有所增长，指标值越高，表明增长速度越快，企业市场前景越好

C.该指标在实际操作时，应结合企业历年的销售水平、企业市场占有情况、行

业未来发展及其他影响企业发展的潜在因素，进行前瞻性预测

D. 分析销售平均增长率的同时，要注意企业规模及行业发展情况（行业增长），以便于综合分析

三、实训题

【实训目的】掌握企业市场发展能力分析常用指标的应用。

【实训资料】

研究标的：软控股份有限公司（股票代码：002073）市场增长能力分析。

分析期间：以2015年为主，并与2014年和2013年作比较。

注册地址：青岛市保税区纽约路2号。

公司网址：www.mesnac.com。

行业分类：制造业—机械设备制造—专用设备制造—其他专用机械—轮胎橡胶机械。

组织形式：民营相对控股企业。

主营业务：橡胶装备系统的研发与制造。目前已形成完整的轮胎橡胶机械产品链，能够为轮胎生产的配料、密炼、压延、裁断、成型、硫化、检测七个环节提供智能化装备及系统软件服务。该公司的主要产品包括橡胶机械产品链、工业机器人及自动化物流设备等。

2013—2015年软控股份有限公司利润表有关项目数据见表6-4。

表6-4 软控股份有限公司利润表有关项目数据 单位：万元

项　目	2015年	2014年	2013年
营业收入	251 633	294 961	251 980
营业成本	172 369	206 196	191 402
销售毛利	79 264	88 765	60 578
税金及附加	1 800	1 672	2 665
销售费用	11 008	9 550	12 682
管理费用	48 771	54 422	39 826
财务费用	9 782	9 461	5 989
资产减值损失	3 699	7 212	3 659
投资收益	11 209	4 411	370
营业利润	15 412	10 859	−3 874
营业外收入	9 726	11 401	12 393
营业外支出	521	872	749
利润总额	24 616	21 388	7 770
所得税费用	4 917	2 377	−4 775
净利润	19 699	19 011	12 545

【实训要求】

（1）计算软控股份有限公司市场增长能力指标，并填入表6-5中。

表6-5　软控股份有限公司市场增长能力指标

项　目	2015年	2014年	2013年
销售增长率			
三年销售平均增长率			
净利润增长率			

（2）请根据表6-5中的数据绘制市场增长能力趋势变动图。

（3）市场增长能力分析（写出文字分析）。

（4）将软控股份有限公司2015年的市场增长能力与同行业其他4家上市公司进行对比分析，相关数据填入表6-6中，并根据计算结果进行市场能力同行业横向分析，写出分析结论。

表6-6　软控股份有限公司市场增长能力横向分析

2015年12月31日

项　目	软控股份（002073）				
销售增长率					
三年销售平均增长率					
净利润增长率					

（5）比较评价各企业的市场发展能力后，你认为哪家公司发展能力最强？为什么？

任务二　资产增长能力分析

知识准备

资产作为企业开展经营的基础，其增长情况是企业发展能力的重要外在表现。在正常情况下，市场销售的增长、收入规模的提高将带来资产规模的扩大，它们之间通常存在同向变动的关系，因此企业的发展能力可以通过分析评价资产规模的扩张情况来进行评价。资产增长能力分析主要是通过计算总资产增长率指标来进行的。

总资产增长率是指本年总资产增长额与年初资产总额之比。它反映企业总资产增长速度的快慢。其计算公式如下：

$$总资产增长率=\frac{本年总资产增长额}{年初资产总额}\times 100\%$$

提示　在使用和计算总资产增长率时，应注意以下三个方面的问题：

（1）总资产增长率指标是从企业资产总量扩张衡量企业的发展能力，表明企业规模增长水平对企业发展后劲的影响。

（2）总资产增长率指标越高，表明一个企业经营规模扩张的速度越快。但在实际操作时，应注意资产规模扩张的质与量的关系，以及企业的后续发展能力，避免资产盲目扩张。

（3）总资产增长率指标是考核企业发展的重要指标，我国上市公司业绩综合排序中，该指标位居第二。

典型任务举例

【背景资料】

研究标的：远东智慧能源股份有限公司（股票代码：600869）资产增长能力分析。

分析期间：以2015年为主，并与2014年和2013年作比较。

注册地址：青海省西宁市城北区生物园区经二路12号。

公司网址：www.600869.com。

行业分类：制造业、输配电业，包括电线电缆、电子商务、能源系统、智能系统四大板块业务。

组织形式：民营企业。

主营业务：经营智慧能源和智慧城市技术、产品与服务及其互联网、物联网应用的研发、制造与销售；智慧能源和智慧城市项目规划设计、投资建设及能效管理与服务；智慧能源和智慧城市工程总承包及进出口贸易；仓储物流（不含运输、不含危险品）。

远东智慧能源股份有限公司资产负债表相关项目数据见表6-7。

表6-7　远东智慧能源股份有限公司资产负债表相关项目数据　单位：万元

项　目	2015年12月31日	2014年12月31日	2013年12月31日
货币资金	249 786	327 995	210 040
交易性金融资产	329	85	99
应收票据	37 934	25 026	60 659
应收账款	397 583	335 392	292 770
预付款项	12 619	34 138	5 604
应收利息	406	1 345	837
其他应收款	43 206	43 242	48 138
存货	113 339	91 775	96 815
其他流动资产	1 574	18 460	7 490
流动资产合计	856 776	877 459	722 452
可供出售金融资产	11 725	8 372	0
持有至到期投资	1	1	1
长期股权投资	1 794	18	7 405
投资性房地产	0	1 017	1 077
固定资产原值	314 830	282 612	203 336
累计折旧	100 334	76 300	64 406
固定资产净值	214 496	206 312	138 930
固定资产减值准备	435	389	706
固定资产	214 061	205 924	138 224
在建工程	5 886	19 115	39 836
无形资产	48 864	32 164	26 148
商誉	133 236	39 132	2 460
长期待摊费用	144	367	454
递延所得税资产	24 767	19 352	15 945
其他非流动资产	18 988	21 386	41 588
非流动资产合计	459 466	346 848	273 136
资产总计	1 316 242	1 224 307	995 588
短期借款	362 529	526 368	423 484

续表

项　目	2015年12月31日	2014年12月31日	2013年12月31日
交易性金融负债	0	4	1
应付票据	34 360	0	1 260
应付账款	114 937	111 928	57 891
预收款项	104 923	75 716	88 243
应付职工薪酬	13 637	10 185	9 780
应交税费	25 237	16 730	17 637
应付利息	411	1 420	632
应付股利	21	21	21
其他应付款	118 000	49 431	56 986
一年内到期的非流动负债	20 056	7 379	400
其他流动负债	57	64	0
流动负债合计	794 166	799 245	656 335
长期借款	17 740	22 900	0
长期应付款	60 122	63 297	21 857
专项应付款	3 366	3 366	3 366
预计非流动负债	1 245	489	384
长期递延收益	1 565	3 334	0
递延所得税负债	2 429	1 358	1 129
其他非流动负债	0	0	2 194
非流动负债合计	86 468	94 744	28 931
负债合计	880 634	893 989	685 266
实收资本（或股本）	208 299	99 004	99 004
资本公积	103 644	150 728	150 728
减：库存股	0	0	0
盈余公积	17 048	16 625	16 499
未分配利润	86 860	45 056	36 810
归属于母公司股东权益合计	415 851	311 413	303 042
少数股东权益	19 757	18 904	7 280
所有者权益（或股东权益）合计	435 608	330 318	310 322
负债和所有者权益（或股东权益）总计	1 316 242	1 224 307	995 588

【工作任务】

（1）纵向分析远东智慧能源股份有限公司的资产增长能力。

（2）横向比较分析远东智慧能源股份有限公司与同行业其他4家上市公司的资产增长能力。

【工作过程】

（1）纵向分析远东智慧能源股份有限公司的资产增长能力。

①收集远东智慧能源股份有限公司2013—2015年的财务报告。

②确定资产增长能力分析所需指标。

常见的分析指标是总资产增长率。在进行分析时，可以根据分析目的等具体情况选择总资产增长率、流动资产增长率、固定资产增长率等进行分析。

③计算相关指标，评价资产增长能力。

选定分析指标后，可根据财务报告中的数据进行计算。2015年12月31日总资产增长率计算如下：

$$\text{总资产增长率}=\frac{\text{本年总资产增长额}}{\text{年初资产总额}}\times 100\%$$

$$=[(1\,316\,242-1\,224\,307)\div 1\,224\,307]\times 100\%$$

$$\approx 7.51\%$$

其他年份计算过程略，计算结果见表6-8。

表6-8　远东智慧能源股份有限公司资产增长能力分析

项　目	2015年	2014年	2013年
总资产增长率	7.51%	22.97%	8.21%

④根据计算结果进行资产增长能力变化趋势分析。

从表6-8中可知，远东智慧能源股份有限公司的资产规模处于扩张态势，但是3年增长率变化幅度较大。2014年的资产增长率高达22.97%，而2015年和2013年则为7.51%和8.21%，需要继续分析2014年大幅增加的原因以及2015年增速回落的原因，从而进一步研究该公司未来的发展能力。

（2）横向比较分析远东智慧能源股份有限公司与同行业其他4家上市公司的资产增长能力。

①收集远东智慧能源股份有限公司同行业5家上市公司2015年的财务报告。

首先，确定智慧能源所属行业属于电线电缆业。

其次，查找同行业其他上市公司，确定中超控股、亨通光电、汉缆股份、中天科技4家上市公司作为比较分析的对象。

最后，搜集同行业上述4家上市公司同期财务报告，准备进行同行业分析。

②确定资产增长能力评价所需指标。

常见的分析指标是总资产增长率。在进行分析时，可以根据分析目的等具体情况选择总资产增长率、流动资产增长率、固定资产增长率等进行分析。

③计算相关指标，进行资产增长能力的横向比较分析。

计算过程同（1），略。计算结果见表6-9。

表6-9 电线电缆业上市公司的资产增长能力分析指标

2015年12月31日

项　目	智慧能源（600869）	中超控股（002471）	亨通光电（600487）	汉缆股份（002498）	中天科技（600522）
总资产增长率	7.51%	38.35%	24.97%	-3.03%	20.03%

④根据计算结果进行资产增长能力同行业横向分析。

从表6-9中可知，总资产增长率最高的公司是中超控股，为38.35%；最低的公司是汉缆股份，为-3.03%；智慧能源为7.51%。相比较而言，在上述5家上市公司中，智慧能源经营规模的扩张速度表现一般，后续发展能力尚需观察。

动脑筋 横向比较分析时应考虑哪些客观因素？

同步训练

一、判断题（正确的在括号内打"√"，错误的打"×"）

（　　）1.资产增长能力分析主要是通过计算总资产增长率及净资产增长率指标来进行的。

（　　）2.总资产增长率指标越高，表明一个企业经营规模扩张的速度越快，企业的后续发展能力越强。

二、不定项选择题（每题至少有一个正确答案，请将正确答案填在括号内）

1.不随销售规模变动而变动的资产是（　　）。

A.货币资金　　B.应收账款　　C.存货　　D.固定资产

2.总资产增长率指标计算不包括（　　）的增长。

A.不良资产　　B.虚拟资产　　C.贬值资产　　D.表外资产

三、实训题

【实训目的】掌握企业资产发展能力分析常用指标的应用。

【实训资料】

研究标的：软控股份有限公司（股票代码：002073）资产增长能力分析。

分析期间：以2015年为主，并与2014年和2013年作比较。

注册地址：青岛市保税区纽约路2号。

公司网址：www.mesnac.com。

行业分类：制造业—机械设备制造—专用设备制造—其他专用机械—轮胎橡胶机械。

组织形式：民营相对控股企业。

主营业务：橡胶装备系统的研发与制造，目前已形成完整的轮胎橡胶机械产品链，能够为轮胎生产的配料、密炼、压延、裁断、成型、硫化、检测七个环节提供智能化装备及系统软件服务。该公司的主要产品包括橡胶机械产品链、工业机器人及自动化物流设备等。

软控股份有限公司资产负债表相关数据见表6-10。

表6-10　　软控股份有限公司资产负债表相关数据　　单位：万元

项　目	2015年12月31日	2014年12月31日	2013年12月31日
货币资金	70 191	61 759	82 986
应收票据	37 622	22 181	49 240
应收账款	199 854	203 966	177 276
预付款项	25 240	36 583	33 179
其他应收款	13 115	11 189	5 708
存货	137 249	132 753	122 662
其他流动资产	17 938	22 228	10 225
流动资产合计	501 209	490 657	481 276
可供出售金融资产	30 481	34 996	31 927
长期股权投资	2 335	2 478	5 288
投资性房地产	3 443	3 528	3 615
固定资产原值	227 239	207 143	112 206
累计折旧	51 113	39 240	25 937
固定资产净值	176 126	167 902	86 269
固定资产	176 126	167 902	86 269
在建工程	5 085	6 342	25 171
固定资产清理	1 037	345	0
无形资产	39 032	31 768	13 246
商誉	24 321	24 321	7 551
长期待摊费用	822	914	1 055
递延所得税资产	20 112	22 613	19 918
其他非流动资产	2 069	3 049	0
非流动资产合计	304 861	298 255	194 040
资产总计	806 070	788 912	675 316
短期借款	129 248	131 788	8 488
应付票据	47 877	44 108	47 878
应付账款	66 545	89 792	84 587
预收款项	43 466	52 961	72 626

续表

项　目	2015年12月31日	2014年12月31日	2013年12月31日
应付职工薪酬	2 119	1 806	1 392
应交税费	1 888	3 337	-4 176
应付利息	622	840	3 035
其他应付款	13 749	11 886	4 762
一年内到期的非流动负债	16 554	91	13
其他流动负债	0	50 000	33
流动负债合计	322 069	386 608	218 638
应付债券	0	16 401	94 176
长期应付款	3	3	4
专项应付款	0	0	115
预计非流动负债	727	661	574
长期递延收益	29 777	26 469	0
递延所得税负债	7 479	8 895	8 086
其他非流动负债	0	0	22 689
非流动负债合计	37 986	52 429	125 645
负债合计	360 055	439 037	344 282
实收资本（或股本）	81 859	74 237	74 237
资本公积	94 720	33 284	60 335
减：库存股	3 549	0	0
专项储备	1 954	1 394	686
盈余公积	30 246	29 381	26 876
未分配利润	201 263	183 471	167 362
外币报表折算差额	0	0	-293
归属于母公司股东权益合计	426 858	348 397	329 202
少数股东权益	19 157	1 478	1 831
所有者权益（或股东权益）合计	446 015	349 875	331 034
负债和所有者权益（或股东权益）总计	806 070	788 912	675 316

【实训要求】

（1）计算软控股份有限公司的资产增长能力指标，并填入表6-11中。

表6-11　　软控股份有限公司资产增长能力指标

项　目	2015年	2014年	2013年
总资产增长率			

（2）请依据表6-11中的数据绘制资产增长能力变动趋势图。

（3）资产增长能力分析（写出文字分析）。

（4）将软控股份有限公司2015年的资产增长能力与同行业其他4家上市公司进行对比分析，相关数据填入表6-12中，并根据计算结果进行资产能力同行业横向分析，写出分析结论。

表6-12　　软控股份有限公司资产增长能力横向分析

2015年12月31日

项　目	软控股份（002073）				
总资产增长率					

（5）比较评价各公司的总资产发展能力后，你认为哪家公司发展能力最强？为什么？

任务三 资本增长能力分析

知识准备

资本是指企业所有者所拥有的资产。资本积累越多，企业应对风险的能力就更强，因此持续发展的能力也更强。分析企业资本增长能力常用的指标有资本积累率和资本保值增值率。

提示 这里所提到的资本即净资产。

一、资本积累率

资本积累率是指本年所有者权益增长额与年初所有者权益之比。它反映企业一年中所有者权益的增长，体现自身的发展能力。其计算公式如下：

$$资本积累率=\frac{本年所有者权益增长额}{年初所有者权益}\times 100\%$$

式中：

本年所有者权益增长额=本年所有者权益年末数-本年所有者权益年初数

提示 在使用和计算资本积累率时，应注意以下三个方面的问题：

（1）资本积累率是企业当年所有者权益总的增长率，反映了企业所有者权益在当年的变动水平。

（2）资本积累率体现了企业资本的积累情况，是企业发展强盛的标志，也是企业扩大再生产的源泉，展示了企业的发展潜力。

（3）资本积累率如为负值，表明企业资本受到侵蚀，所有者利益受到损害，应予以充分重视。

二、资本保值增值率

资本保值增值率是指所有者权益的年末数与年初数之比。其计算公式如下：

$$资本保值增值率=\frac{期末所有者权益}{期初所有者权益}\times 100\%$$

一般来说，如果资本保值增值率大于100%，则说明企业资本保值且有一定程度的增值。

导致期末所有者权益增加的主要因素有：实现净利润；发行股票或吸收新的投资；法定财产重估增值；吸收外币投资时发生汇兑收益；接受捐赠；可转换债券按规定转换为股票。

提示 许多非盈利因素可能导致资本保值并且增值，因此分析该指标时应结合企业的获利能力进行综合研判，得出恰当的结论。事实上，亏损企业资本保值增值率大于100%的情况并不少见，但这往往是一系列偶然因素增加的净资产，从长远发展的观点看，提高资本保值增值率的最根本的办法是获利。

三、修正资本保值增值率

为了剔除客观因素对资本保值增值率的影响，可以使用修正后的计算方法，其计算公式如下：

$$\text{修正资本保值增值率}=\frac{\text{扣除客观因素后的期末所有者权益}}{\text{期初所有者权益}}\times 100\%$$

式中：扣除客观因素后的年末所有者权益是指《国有资产保值增值考核试行办法》（国资企发〔1994〕98号）中规定的客观因素，具体包括国家资本金及其权益因客观因素增加额和国家资本金及其权益因客观因素减少额两大类。

提示 在使用和计算资本保值增值率时，应注意以下三个方面的问题：

（1）资本保值增值率是根据资本保全原则设计的指标，更加谨慎、稳健地反映了企业资本保全和增值状况。它充分体现了对所有者权益的保护，能够及时、有效地发现侵蚀所有者权益的现象。

（2）资本保值增值率指标反映了投资者投入企业资本的保全性和增长性。该指标越高，表明企业的资本保全状况越好，所有者的权益增长越快，债权人的债权越有保障，企业发展的后劲也就越强。

（3）资本保值增值率指标如为负值，则表明企业资本受到侵蚀，没有实现资本保全，损害了所有者的权益，也妨碍了企业进一步发展壮大，应予以充分重视。

典型任务举例

【背景资料】

研究标的：远东智慧能源股份有限公司（股票代码：600869）资本增长能力分析。

分析期间：以2015年为主，并与2014年和2013年作比较。

注册地址：青海省西宁市城北区生物园区经二路12号。

公司网址：www.600869.com。

行业分类：制造业、输配电业，包括电线电缆、电子商务、能源系统、智能系统四大板块业务。

组织形式：民营企业。

主营业务：经营智慧能源和智慧城市技术、产品与服务及其互联网、物联网应用的研发、制造与销售；智慧能源和智慧城市项目规划设计、投资建设及能效管理与服务；智慧能源和智慧城市工程总承包及进出口贸易；仓储物流（不含运输、不含危险品）。

远东智慧能源股份有限公司资产负债表相关项目数据见表6-13。

表6-13　远东智慧能源股份有限公司资产负债表相关项目数据　单位：万元

项　目	2015年12月31日	2014年12月31日	2013年12月31日
货币资金	249 786	327 995	210 040
交易性金融资产	329	85	99
应收票据	37 934	25 026	60 659
应收账款	397 583	335 392	292 770
预付款项	12 619	34 138	5 604
应收利息	406	1 345	837
其他应收款	43 206	43 242	48 138
存货	113 339	91 775	96 815
其他流动资产	1 574	18 460	7 490
流动资产合计	856 776	877 459	722 452
可供出售金融资产	11 725	8 372	0
持有至到期投资	1	1	1
长期股权投资	1 794	18	7 405
投资性房地产	0	1 017	1 077
固定资产原值	314 830	282 612	203 336
累计折旧	100 334	76 300	64 406
固定资产净值	214 496	206 312	138 930
固定资产减值准备	435	389	706
固定资产	214 061	205 924	138 224
在建工程	5 886	19 115	39 836
无形资产	48 864	32 164	26 148
商誉	133 236	39 132	2 460
长期待摊费用	144	367	454
递延所得税资产	24 767	19 352	15 945
其他非流动资产	18 988	21 386	41 588
非流动资产合计	459 466	346 848	273 136
资产总计	1 316 242	1 224 307	995 588
短期借款	362 529	526 368	423 484
交易性金融负债	0	4	1

续表

项　目	2015年12月31日	2014年12月31日	2013年12月31日
应付票据	34 360	0	1 260
应付账款	114 937	111 928	57 891
预收款项	104 923	75 716	88 243
应付职工薪酬	13 637	10 185	9 780
应交税费	25 237	16 730	17 637
应付利息	411	1 420	632
应付股利	21	21	21
其他应付款	118 000	49 431	56 986
一年内到期的非流动负债	20 056	7 379	400
其他流动负债	57	64	0
流动负债合计	794 166	799 245	656 335
长期借款	17 740	22 900	0
长期应付款	60 122	63 297	21 857
专项应付款	3 366	3 366	3 366
预计非流动负债	1 245	489	384
长期递延收益	1 565	3 334	0
递延所得税负债	2 429	1 358	1 129
其他非流动负债	0	0	2 194
非流动负债合计	86 468	94 744	28 931
负债合计	880 634	893 989	685 266
实收资本（或股本）	208 299	99 004	99 004
资本公积	103 644	150 728	150 728
减：库存股	0	0	0
盈余公积	17 048	16 625	16 499
未分配利润	86 860	45 056	36 810
归属于母公司股东权益合计	415 851	311 413	303 042
少数股东权益	19 757	18 904	7 280
所有者权益（或股东权益）合计	435 608	330 318	310 322
负债和所有者权益（或股东权益）总计	1 316 242	1 224 307	995 588

【工作任务】

（1）纵向分析远东智慧能源股份有限公司的资本增长能力。

（2）横向比较分析远东智慧能源股份有限公司与同行业其他4家上市公司的资本增长能力。

【工作过程】

（1）纵向分析远东智慧能源股份有限公司的资本增长能力。

①收集远东智慧能源股份有限公司2013—2015年的财务报告。

②确定资本增长能力评价所需指标。

常见的分析指标是资本积累率、资本保值增值率、修正资本保值增值率。在进行分析时，可以根据分析目的等具体情况选择分析指标以便进行分析。

③计算相关指标，评价发展能力。

选定分析指标后，根据财务报告中的数据进行计算。

$$\text{资本积累率}=\frac{\text{本年所有者权益增长额}}{\text{年初所有者权益}}\times 100\%$$

$$=\frac{435\,608-330\,318}{330\,318}\times 100\%$$

$$\approx 31.88\%$$

$$\text{资本保值增值率}=\frac{\text{期末所有者权益}}{\text{期初所有者权益}}\times 100\%$$

$$=\frac{435\,608}{330\,318}\times 100\%$$

$$\approx 131.88\%$$

其他年份计算略，计算结果见表6-14。

表6-14 远东智慧能源股份有限公司资本增长能力分析

项　目	2015年	2014年	2013年
资本积累率	31.88%	6.44%	3.04%
资本保值增值率	131.88%	106.44%	103.04%

④根据计算结果进行资本增长能力变化趋势分析。

从表6-14中可知，2015年远东智慧能源股份有限公司的所有者权益比较前两年有较大幅度的增长，资本积累率达到31.88%，2014年与2013年则分别为6.44%和3.04%。

（2）横向比较分析远东智慧能源股份有限公司与同行业其他4家上市公司的资本增长能力。

①收集远东智慧能源股份有限公司与同行业其他4家上市公司2015年的财务报告。

首先，确定智慧能源所属行业属于电线电缆业。

其次，查找同行业其他上市公司，确定中超控股、亨通光电、汉缆股份、中天科技4家上市公司作为比较分析的对象。

最后，搜集同行业其他公司同期财务报告，准备进行同行业分析。

②确定资本增长能力评价所需指标。

常见的分析指标是资本积累率、资本保值增值率、修正资本保值增值率。在进行分析时，可以根据分析目的等具体情况选择分析指标以便进行分析。

③计算相关指标，进行资本增长能力的横向比较分析。

计算过程同（1），略。计算结果见表6-15。

表6-15　电线电缆业上市公司的资本增长能力指标

2015年12月31日

项　目	智慧能源（600869）	中超控股（002471）	亨通光电（600487）	汉缆股份（002498）	中天科技（600522）
资本积累率	31.88%	20.64%	16.28%	-9.05%	19.28%
资本保值增值率	131.88%	120.64%	116.28%	90.95%	119.28%

④根据计算结果进行资本增长能力同行业横向分析。

根据表6-15，可以得出以下结论：

第一，资本积累率最高的公司是智慧能源，为31.88%；最低的是汉缆股份，为-9.05%。相比较而言，智慧能源的所有者权益增长最快。

第二，资本保值增值率最高的公司是智慧能源，为131.88%；最低的是汉缆股份，为90.95%。相比较而言，所有者权益增长最快。

动脑筋　智慧能源的后续发展能力如何？

同步训练

一、判断题（正确的在括号内打“√”，错误的打“×”）

（　　）1.资本保值增值率大于100%，说明企业资本保值且有一定程度的增值。

（　　）2.最能准确衡量企业发展能力的方法是分析评价资本保值增值率。

（　　）3.企业发展速度越快越好。

二、不定项选择题（每题至少有一个正确答案，请将正确答案填在括号内）

1.资本指的是（　　）。

A.资产　　B.净资产　　C.注册资本　　D.权益

2.下列各项表述正确的是（　　）。

A.资本保值增值率是企业当年所有者权益总的增长率，反映了企业所有者权益在当年的变动水平

B.资本保值增值率体现了企业资本的积累情况，是企业发展强盛的标志

C.资本保值增值率如为负值，则表明企业资本受到侵蚀，所有者利益受到损害

D.一般来说，如果资本保值增值率大于100%，则说明企业资本保值且有一定程度的增值

3.计算修正后资本保值增值率时，扣除了（　　）。

A.资本金增减额　　B.盈余公积增减额

C.未分配利润增减额　　D.以上均不是

三、实训题

【实训目的】掌握企业资本发展能力分析常用指标的应用。

【实训资料】

研究标的：软控股份有限公司（股票代码：002073）资本增长能力分析。

分析期间：以2015年为主，并与2014年和2013年作比较。

注册地址：青岛市保税区纽约路2号。

公司网址：www.mesnac.com。

行业分类：制造业—机械设备制造—专用设备制造—其他专用机械—轮胎橡胶机械。

组织形式：民营相对控股企业。

主营业务：橡胶装备系统的研发与制造，目前已形成完整的轮胎橡胶机械产品链，能够为轮胎生产的配料、密炼、压延、裁断、成型、硫化、检测七个环节提供智能化装备及系统软件服务。该公司的主要产品包括橡胶机械产品链、工业机器人及自动化物流设备等。

软控股份有限公司资产负债表相关数据见表6-16。

表6-16　软控股份有限公司资产负债表相关数据　单位：万元

项　目	2015年12月31日	2014年12月31日	2013年12月31日
货币资金	70 191	61 759	82 986
应收票据	37 622	22 181	49 240
应收账款	199 854	203 966	177 276
预付款项	25 240	36 583	33 179
其他应收款	13 115	11 189	5 708
存货	137 249	132 753	122 662
其他流动资产	17 938	22 228	10 225
流动资产合计	501 209	490 657	481 276
可供出售金融资产	30 481	34 996	31 927
长期股权投资	2 335	2 478	5 288
投资性房地产	3 443	3 528	3 615
固定资产原值	227 239	207 143	112 206
累计折旧	51 113	39 240	25 937
固定资产净值	176 126	167 902	86 269
固定资产	176 126	167 902	86 269
在建工程	5 085	6 342	25 171
固定资产清理	1 037	345	0

续表

项　目	2015年12月31日	2014年12月31日	2013年12月31日
无形资产	39 032	31 768	13 246
商誉	24 321	24 321	7 551
长期待摊费用	822	914	1 055
递延所得税资产	20 112	22 613	19 918
其他非流动资产	2 069	3 049	0
非流动资产合计	304 861	298 255	194 040
资产总计	806 070	788 912	675 316
短期借款	129 248	131 788	8 488
应付票据	47 877	44 108	47 878
应付账款	66 545	89 792	84 587
预收款项	43 466	52 961	72 626
应付职工薪酬	2 119	1 806	1 392
应交税费	1 888	3 337	-4 176
应付利息	622	840	3 035
其他应付款	13 749	11 886	4 762
一年内到期的非流动负债	16 554	91	13
其他流动负债	0	50 000	33
流动负债合计	322 069	386 608	218 638
应付债券	0	16 401	94 176
长期应付款	3	3	4
专项应付款	0	0	115
预计非流动负债	727	661	574
长期递延收益	29 777	26 469	0
递延所得税负债	7 479	8 895	8 086
其他非流动负债	0	0	22 689
非流动负债合计	37 986	52 429	125 645
负债合计	360 055	439 037	344 282
实收资本（或股本）	81 859	74 237	74 237
资本公积	94 720	33 284	60 335

续表

项　目	2015年12月31日	2014年12月31日	2013年12月31日
减：库存股	3 549	0	0
专项储备	1 954	1 394	686
盈余公积	30 246	29 381	26 876
未分配利润	201 263	183 471	167 362
外币报表折算差额	0	0	−293
归属于母公司股东权益合计	426 858	348 397	329 202
少数股东权益	19 157	1 478	1 831
所有者权益（或股东权益）合计	446 015	349 875	331 034
负债和所有者权益（或股东权益）总计	806 070	788 912	675 316

【实训要求】

（1）计算软控股份有限公司资本增长能力指标，并填入表6−17中。

表6−17　软控股份有限公司资本增长能力指标

项　目	2015年	2014年	2013年
资本积累率			
资本保值增值率			
修正资本保值增值率			

（2）请依据表中数据绘制资本增长能力趋势变动图。

（3）资本增长能力分析（写出文字分析）。

（4）将软控股份有限公司2015年的资本增长能力与同行业其他4家上市公司进行对比分析，相关数据填入表6-18中，并根据计算结果进行资本发展能力同行业横向分析，写出分析结论。

表6-18　软控股份有限公司资本增长能力横向分析

2015年12月31日

项　目	软控股份（002073）				
资本积累率					
资本增值保值率					
修正资本保值增值率					

分析结论：

（5）比较评价各企业的资本发展能力后，你认为哪家公司发展能力最强？为什么？

项目小结

本项目主要知识点归纳总结见表6–19。

表6–19 本项目主要知识点归纳总结

主要知识点	内容	
市场增长能力分析	销售增长率	$销售增长率=\frac{本年销售增长额}{上年销售额}\times 100\%$
	三年销售平均增长率	$三年销售平均增长率=\left(\sqrt[3]{\frac{当年主营业务收入总额}{三年前主营业务收入总额}}-1\right)\times 100\%$
	净利润增长率	$净利润增长率=\frac{本年净利增长额}{上年净利额}\times 100\%$
资产增长能力分析	总资产增长率	$总资产增长率=\frac{本年总资产增长额}{年初资产总额}\times 100\%$
资本增长能力分析	资本积累率	$资本积累率=\frac{本年所有者权益增长额}{年初所有者权益}\times 100\%$
	资本增值率	$资本保值增值率=\frac{期末所有者权益}{期初所有者权益}\times 100\%$
	修正资本保值增值率	$修正资本保值增值率=\frac{扣除客观因素后的期末所有者权益}{期初所有者权益}\times 100\%$

项目七

财务报表综合分析

学习目标

1. 学会识别十个重要的财务数据
2. 掌握十个最主要的财务指标计算分析方法
3. 掌握五个主要财务结构的分析方法
4. 掌握五大主要财务数据增减原因的分析方法
5. 学会判断五个企业决策成败的方法
6. 能列举出企业五大核心优势
7. 结合财报学会整理出企业的五大发展规划
8. 结合财务信息能够分析、防范企业可能面临的五大风险
9. 学会三张报表之间的关系分析
10. 总结、强化财报知识，达到对三张财务报表基本原理的深刻理解与掌握

知识点

十个财报主要数据　十个财务指标计算　五个财务结构　五大主要指标增减计算整理　五个企业决策原理　三张报表关系　三张报表的数据来源

技能点

企业决策好坏的判定能力　企业核心优势的识别能力　企业发展规划的制定能力　企业各项风险的防范能力　将净利润调节为经营活动现金净流量的能力

案例导入

万科公司何以被多方大佬频频举牌?

1.公司简介

深圳万科股份有限公司（以下简称万科公司）是首批公开上市的企业之一。该公司主要从事兴办实业、国内商业、物资供销业、房地产开发等业务。万科公司积极促进业绩的持续增长和市场地位的提升，推动该公司向绿色企业转型，在投资者、客户、员工等方面，实现产品和服务的均衡发展。

2.万科公司潜存的多个优势决定了其被频频举牌收购

优势一，每股净资产价值高。归属于上市公司股东的每股净资产在2015年年末达到9.08元/股，而在2015年11月30日的收盘价为14.35元/股，此时可以看出万科股价被严重低估，预示着一波强力的拉升行情即将展开。果然，进入12月份开始，仅仅用了14个交易日，万科股价就从每股14.35元拉抬到停牌价23.71元，升幅65.23%。

优势二，资产成长性好。2015年12月31日，万科公司总资产为6 112亿元，同比增长20.24%，从上市初期的总资产为9.6亿元的资产规模到现在的6 112亿元，年均复合增长率超过30%。2015年该公司销售面积为2 067.1万平方米，销售金额为2 614.7亿元，同比分别增长14.3%和20.7%。反观近些年股价走势，却与其资产增长、销售增长的趋势背道而驰，如2008年度股价下降72.85%，2010年度股价下降28.97%，2011年度股价下降10.52%，2013年度股价下降58.97%，尽管其中的一些年度有反弹，但是总体上跌多涨少，与高成长的状况极端背离，这也预示了万科公司有可能被资本大鳄选中。

优势三，留存收益多。以2015年年末为例，万科公司的留存收益（盈余公积加未分配利润）达到806亿元，约合7.32元/股，这在上市公司中是非常出色的业绩水平了。

优势四，主业突出，核心竞争优势明显。2015年度，万科公司实现的1 955亿元营业收入中，主营业务收入就达到了1 931亿元，占比为98.77%，由此可见，万科公司主业非常突出。该公司房地产开发业务的主要产品为商品住宅以及其他与城市配套相关的消费地产、产业地产。2015年该公司所销售的住宅中，144平方米以下中小户型普通商品房套数占比为93%。

优势五，预收账款多，低成本资金优势明显。2015年年末万科公司应付票据、应付账款、预收账款合计约3 208亿元，说明该公司声誉较好，有信誉，赊账能力强，节省资金成本。这些都是其潜在的优势。

优势六，销售净利率高。万科公司的销售净利率从2004年一直保持在10%的水平以上，并且在房地产市场十分火爆的2005—2007年，没有因为房地产市场火爆而引致土地价格飞涨、成本上升、利润率下降。

综上所述，万科公司具有多方面的潜在优势，由于其股价没有被炒高，所以更容易被市场资金大鳄频频举牌。

资料来源：http://www.vanke.com/investors.aspx. 根据万科财务报告，编者整理。

思考

（1）如何综合分析一家企业的财务报表？

（2）从哪八个方面全面把握一家企业的信息？

任务一　“八步五十点法”财务综合分析

知识准备

一、“八步五十点法”财务综合分析架构

微课：三张财务报表之间关系分析

全面分析掌握一个企业的财务综合情况，需要对企业进行综合分析，即对企业的财务信息和一些非财务的经营信息、决策信息等，进行全面梳理、整合、评价和全面的概括总结。所谓“八步五十点法”，就是全面分析企业财务经营情况的一种方法。本法分为八个步骤，每一分析步骤具体包括五小点或十小点，合计五十个具体分析点，因而简称“八步五十点法”。“八步五十点法”财务综合分析架构如图7-1所示。

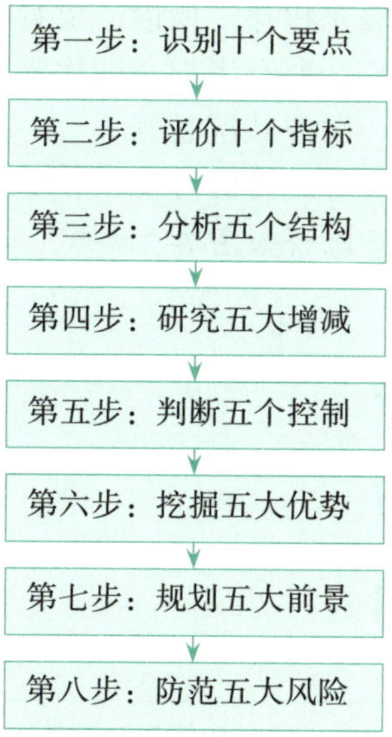

图7-1　“八步五十点法”财务综合分析架构

动脑筋 你认为全面了解、把握一家企业的财务状况和经营情况，需要从哪些方面入手？请自己设计一套分析架构。

二、“八步五十点法”财务综合分析方法

（一）识别十个要点

对于企业的财务报告中的一些财务数据，尤其是一些重要的财务数据，分析者要能够选择出重中之重。在“八步五十点法”中，选出十个重要的财务数据，即资产负债表中的三个重点数据、利润表中的三个重点数据和现金流量表中的四个重点数据。

1.资产负债表中的三个重点数据

对于资产负债表而言，需要重点掌握会计等式的三要素，即总资产、总负债和所有者权益。

（1）总资产。

根据总资产的金额，能够分析出该企业的资产规模。同时，对资产期初、期末变化情况，还要做到心中有数，掌握企业总资产的规模和变化。

（2）总负债。

企业总资产一共有三个主要来源：一是负债取得的；二是股东投资或者投资人投入的；三是赚取的留存收益。投资者投入和留存收益加起来，就是所有者权益。总负债和所有者权益都是总资产来源的途径。重点看总负债规模，同时还要比较总负债的前后变化，期末比期初增加了还是减少了。另外，还要关注在总资产来源结构中总负债所占的比重，也就是通常关注的资产负债率。

（3）所有者权益。

要看所有者权益规模，还要看所有者权益前后的变化。如果期末所有者权益比期初增加，则实现了资本保值增值。同时，还要注意所有者权益结构。

所有者权益在资产负债表中包括股本、资本公积、盈余公积、未分配利润等。更广义地说，合并报表中还包括少数股东权益。所以，要看所有者权益结构，要分析所有者权益的全部金额中，留存收益占整个所有者权益的比重有多大，因为这个比重越大，表明所有者权益中盈余积累得越多，财务状况越好。

动脑筋 你认为资产负债表中最关键的项目有哪几个？

动脑筋 资产负债表三要素比喻如图7-2所示，请给出你认为正确的对应连线。

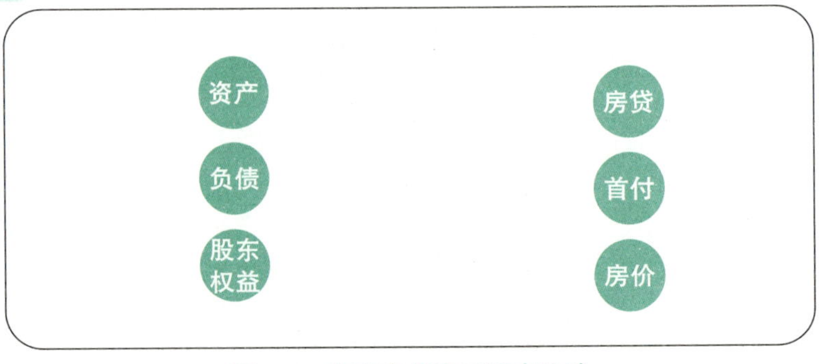

图7-2 资产负债表三要素比喻

动脑筋 假设房价为500万元，首付为200万元，贷款为300万元。如果房价涨了20%，那么三要素怎么变化？等式还存在吗？

动脑筋 假设房价为500万元，首付为200万元，贷款为300万元。如果房价下跌了20%，那么三要素怎么变化？等式还存在吗？

2.利润表的三个重点数据

利润表的三个重点数据包括营业收入、营业成本和净利润。这三个项目是利润表中最重要、最受人关注的三个指标。

（1）营业收入。

营业收入包括主营业务收入和其他业务收入。作为利润表的第一项，其金额的大小非常关键，代表了一家企业在营业方面——以年报为例——这一年取得了多少收入。在分析中，要把营业收入进行一番对比：首先，和上一年同期进行对比；其次，和企业的营业成本进行比较；最后用营业收入减掉营业成本，可以算出毛利润。

同时，可以将净利润与营业收入进行比较，得出销售净利率；将营业收入与平均总资产进行比较，得出总资产周转率；将营业收入与平均应收账款进行比较，得出应收账款周转次数。再用360天除以应收账款周转次数，得出应收账款的收账期。账期一般认为要短一点，以防止企业资金被长期占用，影响资金流动。

（2）营业成本。

营业成本这个重点项目可以判断企业为取得营业收入所配比的制造成本的大小，可以与营业收入比较、与上期成本比较。另外，可以将营业成本与平均存货进行比较，得出存货一年的周转次数。我们希望存货在一年中多周转一些次数，或者说，周转速度快一些。存货周转快，说明企业的生产经营活动运转良好。

（3）净利润。

净利润是企业财务报表中，包括资产负债表、利润表和现金流量表中最重要的一个项目，也是最受投资人关注、受市场关注的一个指标。净利润要和众多其他相关项目进行比较。比如：净利润除以营业收入得出销售净利率，净利润除以平均总资产得出总资产净利率，净利润除以平均所有者权益得出净资产收益率，净利润除以平均股本得出每股收益。

动脑筋 你认为利润表中最关键的项目有哪几个？

动脑筋 总资产周转率怎样在利润表与资产负债表之间建立联系？请参照图7-3进行说明。

动脑筋 请根据图7-3思考并回答以下问题：

（1）初始的资产负债率是多少？

（2）初始的所有者权益是多少？

（3）当年实现了多少净利润？

（4）假设用年初总资产为依据，计算总资产净利率。

（5）假设用年初净资产为依据，计算净资产收益率。

（6）股利分配率是多少？

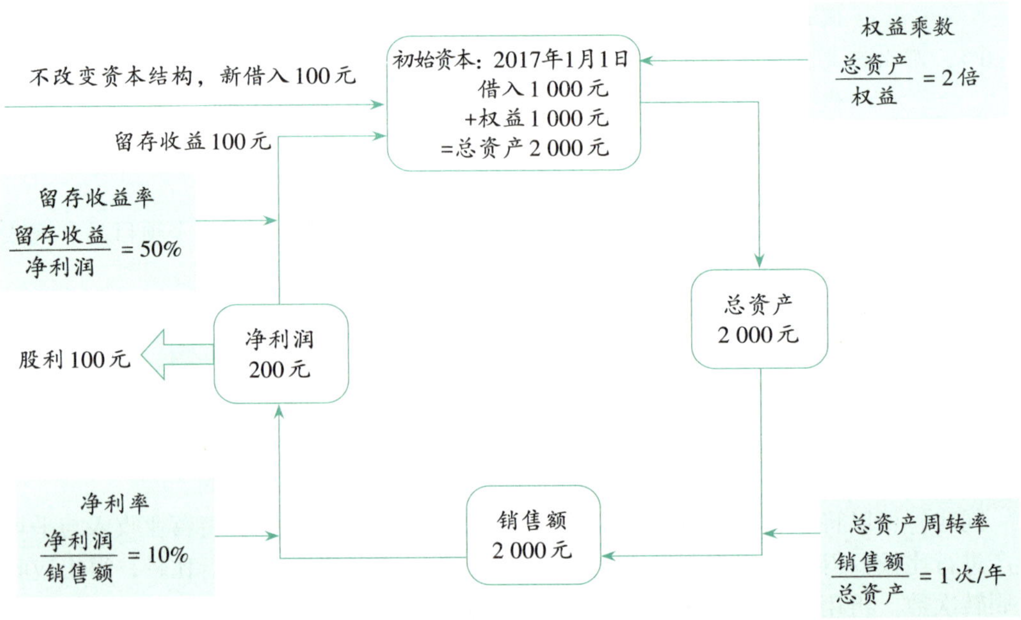

图7-3　留存利润和负债使总资产增长的过程

（7）年末的融资结构怎样？

（8）年末新资金到位以后的总资产是多少？

（9）年末新资金到位以后的资产负债率是多少？

（10）年末新资金到位以后的权益乘数是多少？与年初相比是否有变化？为什么？

（11）总资产年末较年初增长多少？在权益乘数不变的前提下的总资产增长率（即可持续增长率）是多少？

（12）总资产净利率是销售净利率的几倍？为什么？

（13）净资产收益率是总资产净利率的几倍？为什么？

（14）请用本例数据验证：净资产收益率=销售净利率×总资产周转率×权益乘数

（15）请用本例数据验证：可持续增长率=销售净利率×总资产周转率×权益乘数×留存收益率

3. 现金流量表的四个重点数据

现金流量表的四个重点数据分别是：经营活动产生的现金净流量、投资活动产生的现金净流量、筹资活动产生的现金净流量和全部活动产生的现金净流量。其共性都是净流量。所谓净流量，是用该种活动的现金流入之和，减去现金流出之和。其中，这四个项目中最重要的是经营活动产生的现金净流量。

（1）经营活动产生的现金净流量。

经营活动产生的现金净流量越大越好，指标越大，表明企业在当期经营活动方面表现越好，能够顺利实现现金回流，也就是说销售商品、提供劳务收到的现金，加上收到的其他与经营活动有关的现金，要大于购买商品、接受劳务、支付给职工、支付的各项税费和支付的其他与经营活动有关的现金支出之和，剩余的现金还有富裕。经营活动产生的现金净流量，和上期进行比较，希望呈现增长趋势。如果出现下降，就要仔细分析原因是市场份额减少了、收账变得更困难了，还是产品滞销了。这些都会反映出一些比较严峻的问题。

还可以把经营活动产生的现金净流量与净利润相比较。这两个项目均为关键指标，一般希望这两个指标都大。但现实中可能会出现四种组合：大大，小小，大小，小大。最好的情况是净利润大，经营现金净流量也大。最不好的情况是既没有利润，也不产生经营现金，此时这个企业或者这个项目就要考虑出售或者放弃。另外两种情况也经常发生。一种情况是有净利润，但是没有经营现金，也就是企业缺乏资金。如果净利润的数字是真实的，那么企业要抓紧进行融资活动。另外一种情况是经营净现金还可以，但是净利润不理想。此时需要分析利润下降的原因，加强成本费用管理，重点分析如何控制企业成本费用的超支，从加强经营管理、成本费用控制方面来保证利润的水平。

（2）投资活动产生的现金净流量。

投资活动产生的现金净流量的本意是用本活动流入的现金减去流出的现金。如果一个企业处在初创的成长期，那么在这两个阶段中现金投入得比较多，包括对外投资、对内投资的金额往往都比较多。如果变卖资产、转让投资等变现、收回现金的情况不多，那么投资活动现金流出经常大于投资活动现金流入，因此投资活动产生的现金净流量往往是负数。投资活动产生的现金净流量，在很多上市公司的年度报告中经常是负数多于正数，出现这种情况并不是坏事，往往表示该公司处于上升阶段，未来会有收回投资的机会。

（3）筹资活动产生的现金净流量。

筹资活动产生的现金净流量和投资活动产生的现金净流量的概念不同。投资活动产生的现金净流量如果是正数，说明企业在投资方面变现的多，收回的多，投入的少。而筹资活动产生的现金净流量如果为正数，说明企业筹资流入的多，比如借款多、发行股票上市收到的投资多，而筹资活动流出的可能比较少，比如还款、还本付息、分配股利比较少。

反之，如果筹资活动产生的现金净流量为负数，则表明在筹资活动方面流出多，即还本付息、支付股利所支付的现金要大于借款、吸收投资、发行股票所收到的现金。这说明企业的资金运行处于净流出状态，管理者应该警惕。

（4）全部活动产生的现金净流量。

全部活动产生的现金净流量，是上述三个指标之和。如果不考虑汇率变动的话，应该就是经营、投资、筹资活动三个活动现金净流量之和。其本身的金额大小并不太重要，重要的在于形成这个金额的另外三个原始数据。

该指标的含义很明确：如果全部现金是正数，说明当期现金是增加了，各种活动的结果增加了现金余额。至于增加原因，可能是经营赚的现金多，也可能是变卖资产收回的现金多，也可能是借款或者吸收投资、发行股票取得的资金多；如果该指标是负数，可能是经营活动在亏欠现金，也可能是投资活动处于大量投入的阶段，或者筹资活动在大量还本付息，还可能是这三种情况的某种组合。

动脑筋　你认为现金流量表中最关键的项目有哪几个？

在分析全部活动产生的现金增加的原因时，主要看经营活动对现金贡献了多少，投资活动对现金贡献了多少，还有筹资活动对现金贡献了多少。经营活动产生现金是最理想的，投资活动对现金的贡献则可能比较有限，更多的可能是因为变现资产。当然，能取得投资收益方面的现金也是很好的现金来源渠道，但是这种情况收回的现金金额往往是有限的。总之，要具体分析全部活动产生的现金流量构成中的各种原始活动的原因。

（二）评价十个指标

在本书前面，我们已学过了很多财务比率指标。在进行财务综合分析时，诸多财务指标都是很有作用、很有意义的，但是仍要有重点、有取舍。以下是十个比较重要的财务比率指标：

（1）只涉及一张报表。只涉及利润表的两个指标：销售毛利率、销售净利率；只涉及资产负债表的三个指标：资产负债率、流动比率、速动比率。

（2）涉及两张报表。涉及利润表和资产负债表的四个指标，即净资产收益率、总资产周转率、存货周转天数和应收账款周转天数。涉及利润表与现金流量表的一个指标，即经营现金净流量与净利润之比。

这十个指标的具体意义在前文中都有详细地解释，在此我们直接使用。在这十个指标中，重点介绍销售毛利率这个主要财务指标。

如图7–4所示，虽然毛利率只是一个财务指标，但是通过对毛利率的深入研究，可以知晓企业产品的竞争能力，了解企业管理水平，甚至探明企业的技术门槛以及产品的品牌效应和客户的忠诚度。

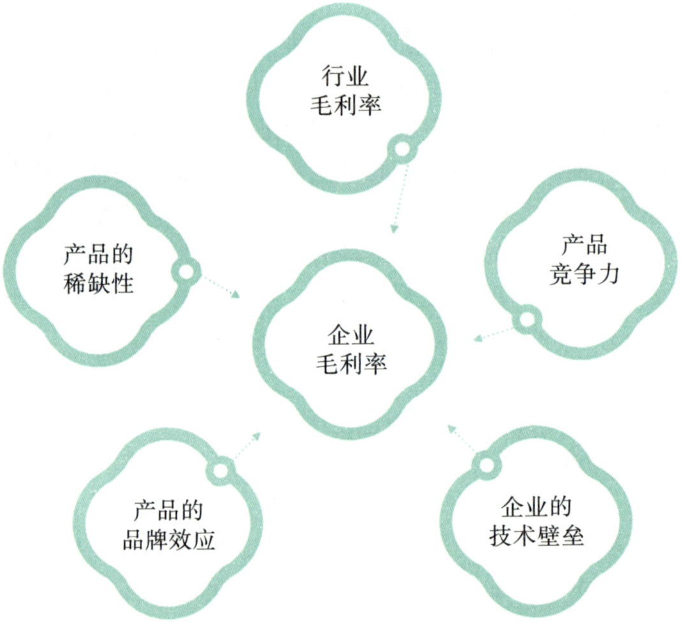

图7–4　毛利率的影响范围

1.毛利率是企业实现利润的起点

利润表可分为四个层次，即营业收入、营业成本、毛利润和净利润。毛利润=营业收入-营业成本。在毛利润和净利润之间，还有三项期间费用、投资收益以及营业外收支等。

如图7-5所示，只有实现足够多的毛利润，企业在期间费用的投入方面才能有余力。典型的期间费用包括研发费（管理费用）、广告费（销售费用）以及借款利息（财务费用），毛利率越高，投入的期间费用才会越充分。

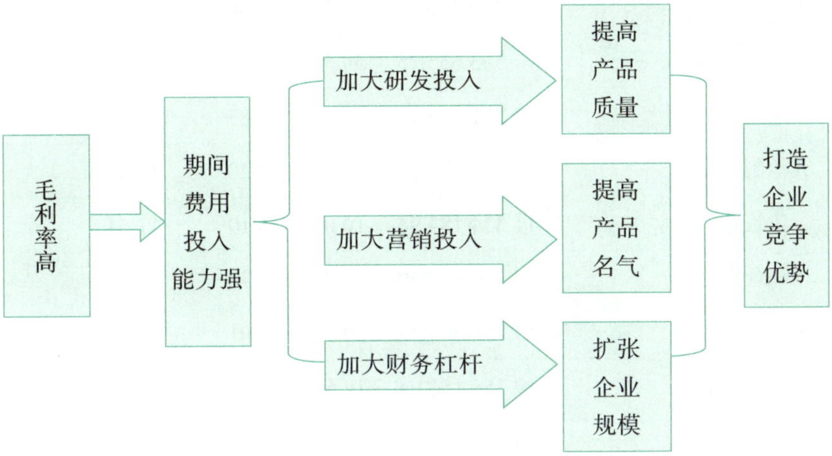

图7-5　毛利率对企业竞争力的保障作用

产品的竞争力，一是靠产品的质量；二是靠产品的品牌能力；三是靠企业的发展潜力。为了保证产品的高质量，就需要持续不断的研发投入，投入资金计入管理费用；为了保证产品的知名度，就需要加大广告宣传，花销计入销售费用；为了保证企业的发展潜力，就要敢于扩大规模，包括负债融资，利息计入财务费用。加大这三项开支，企业才能源源不断地培育出有竞争力的产品进行高速增长，以确保优势竞争地位。

2. 毛利率的数额具有明显的行业特征

各行业的毛利率有高有低，某年度全部上市公司按行业汇总的营业收入、营业成本、净利润以及计算出的加权平均毛利率等四项指标见表7-1。

表7-1　各行业的统计数据　金额单位：万元

行业名称	营业收入	营业成本	加权平均毛利率（%）	净利润
电力、煤气及水的生产和供应行业	23 260 630.08	20 981 070.88	9.80	123 090.04
采掘业	231 992 659.20	180 701 395.74	22.11	16 661 791.11
交通运输和仓储业	36 358 144.98	27 482 384.47	24.41	4 600 422.76
金融和保险业	132 037 051.27	87 222 015.41	33.94	34 910 000.53
金属和非金属业	134 115 656.13	116 340 678.91	13.25	7 212 724.72
社会服务业	3 877 921.06	2 635 300.92	32.04	459 955.05
石油、化学、塑胶、塑料	33 937 263.03	28 898 039.45	14.85	1 578 298.54

续表

行业名称	营业收入	营业成本	加权平均毛利率（%）	净利润/万元
传播与文化产业	697 895.23	496 024.54	28.93	61 996.22
木材和家具	449 406.79	327 968.80	27.02	25 963.68
机械、设备、仪表	71 553 655.75	59 532 409.24	16.80	3 506 527.76
农、林、牧、渔业	3 511 736.51	2 794 654.87	20.42	38 461.19
其他制造业	2 747 825.53	2 317 947.20	15.64	144 174.56
建筑业	11 334 184.94	10 015 445.19	11.64	291 285.50
综合类	8 224 317.50	6 759 569.98	17.81	419 502.88
食品和饮料行业	13 754 684.37	9 479 319.91	31.08	1 027 147.67
信息技术业	19 758 156.94	14 696 265.51	25.62	973 969.97
批发和零售贸易	43 012 888.08	37 334 012.39	13.20	1 280 168.02
电子	12 778 538.60	10 593 154.80	17.10	238 544.54
造纸和印刷	5 259 143.29	4 135 441.35	21.37	384 942.77
医药和生物制品	13 114 539.49	9 409 445.85	28.25	893 577.36
房地产业	9 235 772.11	5 551 318.95	39.89	1 239 900.79
纺织、服装、皮毛	7 300 790.00	5 892 522.69	19.29	456 657.39
合计/平均	821 963 110.20	646 504 920.17	21.35	76 771 635.23

可见，各行业加权平均毛利率大致在10%～40%，毛利率较低的三个行业是公用事业（电力、煤气及水的生产和供应行业）、建筑业、金属和非金属业；毛利率较高的三个行业是房地产业、金融和保险业、社会服务业。当然，上述数据由于时间的限制未必代表最新的情况，有资料表明，目前毛利率最高的行业当属软件业和奢侈品行业。

动脑筋 你能写出下列财务比率的计算公式吗？

（1）销售毛利率；

（2）销售净利率；

（3）资产负债率；

（4）流动比率；

（5）速动比率；

（6）净资产收益率；

（7）总资产周转率；

（8）存货周转天数。

（三）分析五个结构

财务综合分析一个重要方面是结构分析。“八步五十点法”的第三步就是对五个重要的结构进行分析。其中包括资产负债表的两个结构、利润表的两个结构和现金流量表的一个结构。资产负债表的两个结构，一是资产负债表左边的资产结构，二是资产负债表右边的资本结构。利润表的两个结构，一是收入结构，二是成本费用结构。现金流量表的一个结构是现金流量结构。

1.资产结构

资产结构重点看“固流比”，即总资产中固定资产占多大的比重、流动资产占多大的比重、固定资产与流动资产之比。一般来说，流动资产占比重大，固定资产占比重小的资产结构，可以称为轻资产结构，也就是说，大量的资产是在资产负债表的上面浮着的轻资产；反之，如果总资产中包括大量固定资产，即房屋建筑物、机器设备等，当然还包括在建工程、工程物资及其他一些长期资产、无形资产等，这种资产结构一般被称为重资产结构。

掌握企业的资产结构特征是一个很重要的财务分析工具和手段。首先我们要清楚这个企业是轻资产企业还是重资产企业，或者是固定资产和流动资产比较均等的均衡结构型企业，然后再进行其他方面的深入分析。

动脑筋 你认为哪些行业的资产结构偏重？

2.资本结构

本书采用广义的资本结构的概念，即企业总资产全部来源之间的关系。资本结构主要研究全部负债和所有者权益的关系。当然有的把资本结构定义为长期负债和所有者权益的关系。我们一般地分析，从资产负债表角度采用广义的概念。尤其要把所有者权益展开分析，分解为股东投入部分和留存收益部分。因此企业资本结构的构成有三个部分，即总负债、股东投入和留存收益。

什么样的资本结构是好的资本结构？应该是综合资本成本低、财务风险可控的资本结构。在分析资产负债表的时候，一个比较好的企业资本结构至少应该是负债不要占太多，而留存收益尽量占得多一些，这样的资本结构表明这是一家能赚钱的企业。当然并不是说留存收益占比小的企业就一定不赚钱，有的企业很赚钱，但是留存收益占比不大，很可能是因为这个企业每年进行了大比例的分红。也就是说，企业实现的收益，除了计提法定盈余公积之外，以大量的现金股利形式分给投资人。如果是这样，其资产负债表中留存收益未必就有多大。如果留存收益占比很大，则说明这个企业盈利能力强；如果留存收益占比不大，我们也不能武断地说该企业不赚钱，可能是用于分配了。

资产结构和资本结构的配合非常重要，如图7-6所示，在实际分析中不能孤立地看某一个结构的情况。

其中，安全型和进取型在资产结构上属于轻资产配置，加重型和危机型均属于重资产配置。即使同属轻资产配置的类型，在财务安全方面，安全型和进取型也不相同：安全型采用更少的短期资金融资，更多的长期资本融资，因此是最稳健的；进取型则不同，融资结构大量采用短期资金来源，好处是成本比较低，但由于偿还的紧迫性和高杠杆结构会增加继续融资的难度，兑付风险加大。

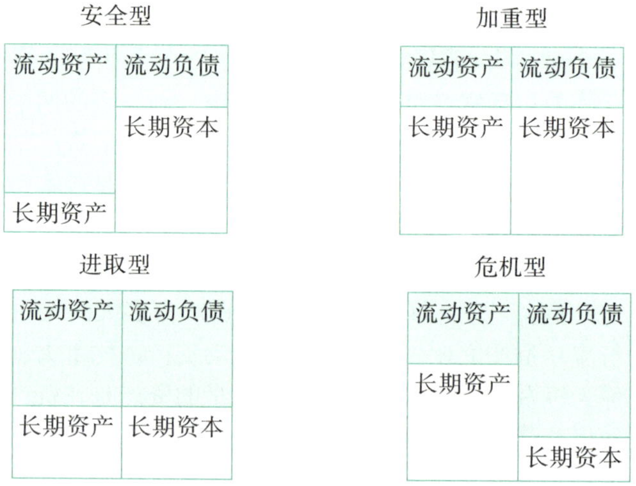

图7-6　资产结构和资本结构配合类型

加重型和危机型存在的主要问题是资产结构太重，易导致很高的退出门槛，转型升级难度大，成本构成呈现刚性，固定成本比重偏大，技术壁垒风险加大，更新换代压力大，资产减值的可能性偏大。对于危机型而言，更危险的是短贷长投，很容易导致资金链断裂，企业随时陷入财务危机。

动脑筋　你认为哪个行业的资本结构偏高，蕴含风险？

3. 收入结构

收入结构主要涉及利润表。首先要把企业的全部收入、收益做一个结构分析表。假设全部收入、收益是100，那么来自主营业务占多少，来自其他业务占多少，来自投资收益占多少，来自营业外收入占多少，来自补贴收入，甚至是来自公允价值变动收益的各占多少。掌握这些结构性情况，就可以清楚地看到企业主业是不是突出，其业绩主要靠什么活动取得。

分析发现，有的企业业绩靠投资收益，有的企业虽然营业收入不多，但是最后的净利润不少，这又是大家最关注的情况。原因很可能就来自其他一些收入，如投资收益、营业外收入、公允价值变动收益等。所以进行收入结构的研究是非常重要的。

4. 成本费用结构

进行成本费用结构分析的目的是要清楚企业的成本和费用重点发生在哪几个项目上。是发生在营业成本上，还是发生在三项期间费用——管理费用、财务费用、销售费用上，或是发生在营业外支出或者所得税费用上。

根据这个结构的不同情况，可以分析得出一些重要的结论。如果一个企业大量的成本费用发生在营业成本上，主要是材料费、人工费和制造费用，那么说明这家企业很可能属于传统的产业，附加值不是很高，如传统制造业、传统零售业等。如果一家企业成本很低，主要发生在费用（如销售费用）上，则说明这家企业很可能属于快速消费品行业。还有的企业大量的成本费用既不是发生在营业成本上，也不是发生在销售费用上，而是发生在管理费用上，那么一般可以预判这个家企业应该是一家IT大类行业公司，研发费用、人员费用比较多。如果有的企业更多地发生在财务费用上，则说明这家企业的财务负担很重，使用了更大的财务杠杆。

动脑筋　你认为总收入中来自什么活动的收入最可靠？

5.现金流量结构

经营活动产生的现金净流量、投资活动产生的现金净流量和筹资活动产生的现金净流量，这三个数之间的关系有很多组合，研究这个组合能够看出很多企业重要的财务决策线索，把握其理财特征。比如净现金流是负的，可能是在经营方面表现不佳，也可能是处在初创期或者快速成长期，经营现金处于大量投入阶段，用于存货备货、应收账款铺货、开拓销售渠道等。

这时候就要再继续观察投资活动和筹资活动产生的现金净流量的表现。如果筹资活动占主要资金来源，也就是说筹资活动现金净流量是正数，这说明创业期间企业资金还可以接续；否则，如果经营活动不能取得现金净流量，筹资活动也不能取得现金净流量，此时投资活动现金净流量是正数，那么这家企业很可能处在衰退破产期，不得不变卖资产，面临解体清算了。

如果在上述三种活动中，经营活动很好，投资活动基本不需要大量投放，筹资活动现金流也不需要太多筹资流入来平衡，那么一般预示着企业步入成熟期或者接近成熟期。也就是说，其主要现金来自经营活动，由经营活动产生的现金可以满足投资活动，甚至分红、还本付息的需要。

如图7-7所示（单位：万元），1～4分别代表了企业发展的四个不同阶段，从创业期到成长期，再到成熟期，最后是调整转型期。第一个阶段的特征是借钱（融资）投资；第二个阶段的特征是借钱（融资）、赚钱（经营活动产生的现金）投资；第三阶段的特征是现金流充沛；第四个阶段的特征是变现资产偿付债务，实现转产转型。

1

项目	现金流
经营净流量	-100
投资固定资产流出	200
出售变卖资产流入	0
投资净流量	-200
筹资流入	400
还款、付息、付股利	50
筹资净流量	350
全部现金净流量	50

2

项目	现金流
经营净流量	300
投资固定资产流出	500
出售变卖资产流入	0
投资净流量	-500
筹资流入	500
还款、付息、付股利	200
筹资净流量	300
全部现金净流量	100

3

项目	现金流
经营净流量	1 000
投资固定资产流出	100
出售变卖资产流入	200
投资净流量	100
筹资流入	300
还款、付息、付股利	200
筹资净流量	100
全部现金净流量	1 200

4

项目	现金流
经营净流量	-200
投资固定资产流出	0
出售变卖资产流入	300
投资净流量	300
筹资流入	0
还款、付息、付股利	100
筹资净流量	-100
全部现金净流量	0

图7-7　通过现金流量结构研判企业发展阶段

动脑筋　如果投资活动产生的现金净流量是负数，一定就不好吗？

所以要综合了解企业的财务表现。我们在第三步中分析了企业的财务结构，这五个结构是非常重要的。要重点看资产结构和资本结构、收入结构和成本费用结构，还要综合研判现金流的三个活动之间的关系结构。

（四）研究五大增减

“八步五十点法”的第四步，我们要研究企业的五大增减情况，具体包括：总资产增减情况、净资产增减情况、营业收入增减情况、净利润增减情况和全部现金增减情况。尤其是这五个重要项目增减的原因。

1. 总资产增减变化的深度原因分析

（1）总资产增减研究。在分析研究企业财务表现的时候，如果发现总资产年末比年初有了增加，那么就要认真地找出总资产增加的原因。一般从理论上讲，企业总资产增加不外乎来自三个因素：一是借的；二是股东投的；三是利润赚的。要看导致企业总资产增加的各个因素贡献的比例。当然，第三个因素贡献得多才是最好的。

（2）总资产的减少。企业总资产之所以减少，与前面的分析相对应，主要有以下三个原因：一是归还偿付导致资产减少；二是股东撤资；三是亏损。具体减少的原因是因为负债减少了，还是因为股东撤资了，或者是因为亏损了，要分析具体原因和结构。可能三个原因中有的增加，但有的减少，实际表现往往丰富多彩、不一而足。亏损所导致的总资产减少当然是最不好的，如果不是亏损，那么要继续研究是不是股东撤资了，股东为什么要撤资？或者大比例进行现金分红也会导致总资产减少。总之要看减少的原因。

总资产减少未必是坏事。如果一个企业总资产减少是由于负债减少了600万元，同时利润增加了500万元，股东投资不变，那么总资产整体减少了100万元，但这个企业实际上很优秀。

总资产增加的3种原因如图7-8所示（单位：万元）。

初始状态

资产	金额	负债和所有者权益	金额
货币资金	100	负债	0
存货	300	股本	1 000
固定资产	600	未分配利润	0
资产总计	1 000	负债和所有者权益合计	1 000

贷款200万元 → 1

资产	金额	负债和所有者权益	金额
货币资金	300	负债	200
存货	300	股本	1 000
固定资产	600	未分配利润	0
资产总计	1 200	负债和所有者权益合计	1 200

股东出资500万元 → 2

资产	金额	负债和所有者权益	金额
货币资金	800	负债	200
存货	300	股本	1 500
固定资产	600	未分配利润	0
资产总计	1 700	负债和所有者权益合计	1 700

销售存货200万，售价500万，已收款，假设不考虑税费 → 3

资产	金额	负债和所有者权益	金额
货币资金	1 300	负债	200
存货	100	股本	1 500
固定资产	600	未分配利润	300
资产总计	2 000	负债和所有者权益合计	2 000

图7-8　总资产增加的3种原因

总资产增加的3种原因如下：从初始状态到第1种状况，总资产增加了200万元，原因是负债，即借款增加所致；从第1种状况到第2种状况，总资产增加了500万元，原因是股东投入所致；从第2种状况到第3种状况，总资产又增加了300万元，其中货币资金增加500万元、存货减少200万元。这300万元增加的原因是利润增加所致，表现在资产负债表上即未分配利润增加了300万元。

动脑筋　你认为总资产越多越好吗？

2.净资产增减变化的深度原因分析

如果不考虑负债的因素，那么净资产增减的原因就是总资产增减的原因。它表现在两个方面：一个是股东投入的增加或者减少导致的；另一个是留存收益的增加或者减少导致的。留存收益增加是盈利带来的，这是好的。如果留存收益减少，未必一定是亏损，也可能是大比例分配所致，要注意区分。

动脑筋　你认为净资产增加就一定盈利吗？

3.营业收入增减变化的深度原因分析

分析企业营业收入本年度较上年度的增减原因很有意义。如果营业收入增加，这是件好事，首先要详细地分析营业收入增加的原因：是来自主营业务还是其他业务。然后要具体分析构成主营业务的产品有哪些，同行业企业营业收入增减幅度如何，还要区分地区情况，企业各个地区收入情况的变化，哪个地区带来的营业收入增加、贡献更大。

这些是进行营业收入增减分析时的重点线索。反之，营业收入减少的情况肯定是大家不愿意看到的，这也要分析具体的原因：是主动收缩战线造成的，还是由于“三去一降一补”（去产能、去杠杆、去库存、降成本、补短板）造成的。

动脑筋　你认为营业收入的增减受到哪些因素的影响和制约？

4.净利润增减变化的深度原因分析

企业经营的主要目标是增加净利润，如果增加了则还要看是因为收入的增加，还是成本费用的降低。当然更多的情况是收入增加，成本费用税费也同时增加。只要收入增加的幅度大于成本费用税费增加的幅度，那么净利润就增加，这种情况就是健康的。但要防止收入增加，而成本费用税费增加的幅度超过了收入增加的幅度的情况，这会导致利润的下降甚至亏损。要深入分析其成本费用结构情况，找到影响净利润的症结，采取适当的管理措施，提高管理水平。

动脑筋　你认为可以从哪些方面改善净利润水平？

5.全部现金增减变化的深度原因

如果资产负债表的期末货币资金比期初增加了，一般认为是有利的情况。但是这里面问题很复杂，要看增加的原因是来自哪个活动的贡献。我们更希望来自经营活动贡献的部分在现金的增加中占主角。如果来自筹资活动贡献的部分占主角，尤其是来自负债筹资的部分占主角，要注意这种现金的增加是有很大财务风险的。如果来自资产变现的现金很多，则要关注该企业是否处于转型期，甚至清算期。

动脑筋　你能从现金流量的变化分析判断企业所处的发展阶段吗？

（五）判断五个控制

“八步五十点法”的第五步，要分析、判断企业在五个方面的内部控制措施是否有效：企业销售活动的控制措施、成本费用的控制措施、资金管理的控制措施、采购环节的控制措施、投资环节（对内对外）的控制措施。企业可以针对以上诸多方面的控制措施的有效性展开分析。

可以结合企业的财务报告的文字部分，如内部控制的评价部分、董事会报告的部分，相关内部控制情况的描述，再结合对这个企业的调研情况，对企业具体业务的控制措施进行评价。

可以研究的控制措施包括的内容有很多。对于不同企业，根据该企业的特征、行业特点、规模、发展阶段、产品的特征等，可能选择不同的控制点。

动脑筋 你认为内部控制的五要素是什么？

（六）挖掘五大优势

为了加强对企业的综合研究，企业领导在决策时，要把握企业在目前市场竞争中具备的核心优势，一般要提炼出不少于五个核心优势。应该指出的是，这些优势在不同的企业中是不相同的。企业情况千差万别，每一个企业有自己独特的优势。这家企业的优势拿到另一家可能就不是优势了。

在五大核心优势的提炼过程中，各个企业的提炼结果也各不相同，一定要严格围绕所研究的企业财务报告中相关的分析部分，结合对企业各方面情况的调研，提炼出这个企业目前一个时期或者未来一个阶段所具备的独特优势。

举例来说，某家上市公司具备以下五个方面的优势：

第一，它具有互联网平台的优势；

第二，在规模方面比较占优势；

第三，在技术研发方面比较有实力、有优势；

第四，在产品质量方面有优势；

第五，在品牌文化方面有优势。

所以，把这些竞争优势提炼出来，在财务、经营、决策上重点把握，搞清楚这些优势能够给企业带来什么样优良的财务表现、带来什么样的利润贡献，对企业的发展有哪些重点的支撑。

动脑筋 你能说出五家上市公司的核心优势吗？每一家公司的核心优势都要有自己的独特性。

（七）规划五大前景

每个企业对未来的发展规划都有自己独特的想法和考虑，不能照搬照抄。一个企业可能有五大规划，也可能有八大规划，和另一个企业的十大规划是不一样的。可能个别地方有交叉、有重合，但整体上有各自的特色。所以要紧密结合所分析标的企业的特点，进行五大规划的提炼研究和探讨工作。

比如，一家上市公司有以下五个方面的规划，记录在2016年的年度报告中：

第一，在未来一年里做好并购整合优化主营业务结构的工作；

第二，做好线上线下拓展发展空间的工作；

第三，做好国内国际供应、布局全球市场的规划；

第四，优化制度流程，加强组织督导的工作规划；

第五，加强系统管控，防范经营风险的未来发展规划。

要重点研究企业这五大规划。为什么做出这些规划？这些规划和这家企业目前的市场状况、核心竞争力和财务能力有哪些关系？这些规划的落实工作需要财务部门给予哪些方面的支持？这些是在综合分析这家企业的时候应该从更深层次看到的问题。站在企业决策人的角度来想一想，这家企业下一步向何处走，下一步的投融资布局有什么打算。

动脑筋 你认为规划企业发展前景的意义是什么？

（八）防范五大风险

在综合分析一个企业的时候，应该认识到企业在市场中一定面临着各种风险，应该能够识别出企业所面临的最大的风险是什么。当然不同的企业面临的风险肯定不同。不同的行业、不同的地理位置、不同的经济周期，人员构成情况不同，市场不同，产品不同，原材料价格不同，资金结构不同，导致企业所面临的风险是不一样的。在分析时要有一个结合目标企业实际状况进行提炼的过程。

举例来说，在某一家上市公司年度报告中提炼出来目前所面临的各种风险中，有以下五个方面非常明显：

第一，宏观经济周期的波动给企业带来的风险；

第二，人才风险，企业发展最需要的可能不是资金，而是人才；

第三，市场竞争对手的变化，或者是市场竞争中市场本身的变化；

第四，原材料价格的变动会导致收益水平的不确定性，尤其是原材料涨价；

第五，资金风险，若该企业处于资金需求量比较大的行业，则资金的成本、资金的流动性、资金供应的充沛性等情况以及其资金供应的不确定性使企业面临非常大的风险。

动脑筋 你能说出五家上市公司所面临的风险吗？每一家公司的风险都要有自己的独特性。

总而言之，要综合认识一家企业不是一件容易的事情。分析者要站在更高的角度，对目标企业进行多方面研判。上述“八步五十点法”的具体步骤就是通过精选出的十个重要项目，计算出十个重要的财务指标来分析，重点分析五个重要的结构，研究其五个重要项目的增减变化的原因，从而判断企业在五个方面控制措施的有效性，挖掘该企业所具备的五大优势，规划企业的五个发展前景，识别并提炼出企业所面临的五大风险，给出相应的防范措施。

典型任务举例

【背景资料】软控股份有限公司2015年度财务报告。

注册地址：青岛市保税区纽约路2号。

公司网址：www.mesnac.com。

行业分类：制造业—机械设备制造—专用设备制造—其他专用机械—轮胎橡胶机械。

主营业务：橡胶装备系统的研发与制造。目前已形成完整的轮胎橡胶机械产品链，能够为轮胎生产的配料、密炼、压延、裁断、成型、硫化、检测七个环节提供智能化装备及系统软件服务。该公司的主要产品包括橡胶机械产品链、工业机器人及自动化物流设备等。

【工作任务】运用“八步五十点法”对软控股份有限公司进行综合财务分析。

【工作过程】

（1）识别十个要点。软控股份有限公司2015年度主要项目见表7-2。

表7-2 软控股份有限公司2015年度主要项目 单位：元

序号	要点名称	年末（本期）	年初（上期）	所属报表
1	总资产	8 060 701 851.38	7 889 120 337.33	资产负债表
2	总负债	3 600 552 110.44	4 390 367 286.27	资产负债表
3	所有者权益	4 460 149 740.94	3 498 753 051.06	资产负债表
4	营业收入	2 516 329 712.06	2 949 608 272.50	利润表
5	营业成本	1 723 692 985.80	2 061 955 804.96	利润表
6	净利润	196 990 658.01	190 109 370.63	利润表
7	经营活动产生的现金净流量	21 936 527.40	−289 782 381.46	现金流量表
8	投资活动产生的现金净流量	−115 130 080.12	−600 315 567.93	现金流量表
9	筹资活动产生的现金净流量	261 871 987.86	701 956 163.84	现金流量表
10	全部活动产生的现金净流量	169 542 851.01	−189 078 320.51	现金流量表

（2）评价十个指标。软控股份有限公司2015年度重点指标见表7-3。

表7-3 软控股份有限公司2015年度重点指标

序号	指标名称	指标	指标评价	所涉报表
1	销售毛利率	31.50%	尚可	利润表
2	销售净利率	7.83%	良好	利润表
3	净资产收益率	4.95%	较低	利润表 + 资产负债表
4	资产负债率	44.67%	适中	资产负债表
5	流动比率	1.56倍	适中	资产负债表
6	速动比率	1.13倍	优秀	资产负债表
7	总资产周转率	0.32次	偏慢	利润表 + 资产负债表
8	存货周转天数	281天	慢	利润表 + 资产负债表
9	应收账款周转天数	289天	太长	利润表 + 资产负债表
10	经营现金净利润比	11.14%	一般	利润表 + 现金流量表

（3）分析五个结构。软控股份有限公司2015年度五个结构见表7–4。

表7–4　软控股份有限公司2015年度五个结构

序号	结构名称	计算原理	年末（本期）	年初（上期）	评价
1	资产结构	流动资产合计÷总资产	62.18%	62.18%	流动性好
2	资本结构	负债率：投入率：留存收益率（借：投：赚）	45：21：34	55：14：31	稳健盈利
3	收入结构	营业收入÷（营业收入+公允价值变动收益+投资收益+营业外收入+汇兑收益）	92.33%	94.92%	主业突出
4	成本费用结构	营业成本率：期间费用率：其他费用率（本：费：其他）	70：28：2	71：25：4	正常区间
5	现金流量结构	经营现金率：投资现金率：筹资现金率：初始现金率	4：-21：47：70	-75：-156：182：149	筹资依赖

在资本结构的计算中，负债率即资产负债率，投入率是指股本加上资本公积减去库存股，得出股东投入之和，再除以总资产。留存收益是指股东权益合计减去上述股东投入。

在成本费用结构的计算中，分别用营业成本、三项期间费用之和与其他费用之和，除以营业总成本。注意这里的其他费用之和，是营业利润之前的其他费用之和。

在现金流结构的计算中，把“期末现金及现金等价物余额”作为分母，分别用经营活动产生的现金流量净额、投资活动产生的现金流量净额、筹资活动产生的现金流量净额和期初现金及现金等价物余额这四个项目，除以“期末现金及现金等价物余额”，就可以得出以上四个比率。

（4）研究五大增减。

在分析计算总资产增加原因时，首先计算总资产增量，然后分别用负债增量、股东投入增量、留存收益增量去除以总资产增量。软控股份有限公司2015年度主要项目增加分析见表7–5。

表7–5　软控股份有限公司2015年度主要项目增加分析

序号	增减项目	数据提炼	决策研判	评价
1	总资产增加原因	负债增量率：投入增量率：留存收益增量率	-464：382：182	健康成长
2	净资产增加原因	投入增量率：留存收益增量率	68：32	稳健盈利
3	营业收入增减原因	2015年251 632.97万元，2014年294 960.83万元，比2014年下降14.69%。下降的主要原因是橡胶装备及化工装备业务量减少	-14.69%	下降
4	净利润增加原因	2015年度归属于上市公司股东的净利润为209 589 923.10元，2014年度归属于上市公司股东的净利润为192 151 415.90元，同比增加9.08%。增加的主要原因是营业成本、管理费用和资产减值损失大幅度下降	9.08%	成本费用控制得力
5	全部现金增加原因	（1）投资活动产生的现金流量净额比上年同期数增加了80.82%，主要是受当期处置赛轮金宇股票的流入及同期收购抚顺伊科思新材料有限公司的流出所致 （2）筹资活动产生的现金流量净额比上年同期数减少了62.69%，主要是本期减少了对外借款所致 （3）期末现金及现金等价物余额比上年同期数增加了44.07%，主要是经营活动产生的现金流量净额增加及投资活动产生的现金流量净额同比减少所致	44.07%	经营活动改善及投资活动支出减少

（5）判断五个控制。

①职责划分控制。总裁负责全面工作，各副总裁分别负责某一方面工作，具体职能部门和生产部门各负其责。合理设置分工，科学划分职责权限，贯彻不相容职务相分离及每一个人的工作能自动检查另一个人或更多人的工作的原则，形成相互制衡机制。

②授权与审批控制。明确规范授权审批的范围、权限、程序、责任等内容，各级管理层必须在授权范围内行使相应职权，经办人员必须在授权范围内办理业务。

③财产保护控制。严格限制未经授权的人员对财产的直接接触，采取定期盘点、财产记录、账实核对、财产保险等措施，保持各种财产的安全完整。

④销售和应收账款控制。该公司制定了可行的销售政策，明确销售、发货、收款等环节的职责和审批权限，按照规定的程序办理销售与收款业务。通过采取完善客户信用等级评定制度，严格赊销管理，紧抓回款管理等控制措施，确保企业销售及收款目标的实现。该公司每年按规定提取坏账准备金，有效控制坏账风险。

⑤采购和付款控制。该公司结合实际情况，合理规划和调整采购与付款业务的机构和岗位职责，完善采购业务相关制度，明确了存货的请购、审批、采购、招标、验收、付款、供应商管理等业务流程，建立价格监督机制，定期检查和评价采购控制措施的有效性，确保物资采购满足生产经营的需求。

（6）挖掘五大优势。

①行业中的竞争地位优势。根据《欧洲橡胶》杂志统计，该公司连续三年（2011—2013年）蝉联橡胶装备行业世界第二位、中国第一位，2014年跃居橡胶装备行业世界第一位，是全球唯一一家可为轮胎企业提供交钥匙工程的供应商。

②国际化的战略布局与架构。该公司于2009年在斯洛伐克建立欧洲技术中心，利用欧洲的开发人才和资源进行产品的升级；2011年，在美国设立了全资子公司，同时收购了全球知名成型鼓生产商WYKO，为进军海外高端市场进行准备；2012年，对营销中心进行了改革，在全球设立了五个大区，同时建立起覆盖全球的服务网络，以本土化的优势为客户提供最便捷的服务。

③营销渠道、服务网络优势。该公司的营销网络已遍布欧、美、亚、非等30多个国家和地区，辐射全球60多个国家和地区的300余名客户，利用覆盖全球的五大区域服务中心，在全球建立了13个服务中心、3个服务站，在美国、英国、印度、泰国、巴西、斯洛伐克都建有服务中心，初步形成了覆盖全球的服务网络，并拥有一支300多人的技术服务团队，为遍布全球的300多家客户第一时间提供专业化、本地化的服务。

④全球化研发体系的搭建。该公司先后承建了国家轮胎工艺与控制工程技术研究中心、轮胎先进装备与关键材料国家工程实验室、山东省软件工程技术中心、山东省RFID工程技术中心等，搭建行业最优的技术研发平台。该公司拥有博士后科研工作站、院士工作站，前后在斯洛伐克设立欧洲研发中心，在美国阿克隆设立北美研发中心，在青岛设立研发中心，搭建起完善的国际研发体系。

⑤工业机器人方面的竞争力优势。公司的子公司科捷自动化致力于智能工业机器人的研发生产，拥有多项自主知识产权，在机器人领域积累了丰富的研发技术与产业化经

验，与北京航空航天大学、哈尔滨工业大学、北方工业大学、山东大学、青岛科技大学等多所高等院校开展合作，进行机器人研发，为公司工业机器人产品生产提供保障。

（7）规划五大前景。

①聚焦战略产品，强化技术研发。该公司实行聚焦式产品管理模式，针对战略产品，集中核心资源，以建立产品的市场核心竞争力、盈利能力和可持续发展能力为目标，做强战略产品。

②优化市场结构，深入突破中高端。该公司结合目前整体市场情况和业务现状，保持并提升国内市场的竞争优势，并重点发力海外及中高端客户，进一步提升海外市场及中高端客户的销售比例，逐步完善全球营销体系，保证客户关系良好。

③强化全面质量管理，实现质量问题零重复。该公司建设质量责任文化，推动员工质量意识的提升。强化项目内部和外部质量问题的处置、跟踪闭环和管理，固化并优化质量管理流程；实现质量管理全过程的监控、跟踪、闭环。通过顽症攻关、全流程协同、全员自发管理实现质量问题零重复。

④提升成本控制意识，增强核心竞争力。该公司推动全员降成本，从意识上加强公司每位员工的成本意识，推动各业务环节的成本控制意识与理念的形成；通过优化产品结构、改善制造工艺、推进价值工程，初步形成从营销、研发、设计、供应链到内部管理全流程的降成本体系，完善降成本项目的流程、组织及方法体系，建立体系化的配套机制和管理模式。

⑤开展流程优化，推进信息化平台建设。该公司结合战略规划，继续推进管理标准与核心业务流程的梳理和持续优化；聚焦于核心业务流程实施工作，完成标准发布，促进流程信息化系统的推广应用；完成公司信息化项目规划建设，满足业务应用需求。

（8）防范五大风险。

①市场需求风险。该公司所处行业的发展与宏观经济运行情况密切相关，汽车摇号、环境治理等因素对该公司发展影响深远且重大，宏观经济政策变化及经济增长放缓，将对该公司的发展产生一定的影响。该公司通过产业协同发展，促进产业转型升级和结构调整，积极改善主营业务收入来源单一的局面，增强抗风险能力，提升市场竞争力。

②市场竞争风险。轮胎设备行业大多处于充分竞争的市场状态，国内主要制造厂商在不同的细分市场和销售区域拥有各自的竞争优势。随着竞争对手的发展，如果该公司无法有效提升自身竞争实力，快速适应行业发展趋势和瞬息万变的市场环境，巩固其在行业中的优势竞争地位，则可能出现盈利能力减弱的情况。针对此风险，该公司在巩固和提升现有产品优势的同时，主动开发市场，发展新业务，通过科技创新和管理创新，提高效益和市场竞争力。

③应收账款风险。尽管该公司应收账款多数是由其行业特点及销售结算方式造成的，并且该公司的客户基本为国内大中型企业，客户资信状况良好，但如果主要客户的财务状况出现恶化或者经营情况和商业信用发生重大不利变化，应收账款产生坏账的可能性将增加，从而对该公司的经营产生重大不利影响。该公司将强化应收账款管理，加大应收账款的催收力度，以避免对经营业绩和财务状况产生不利影响。

④经营管理风险。随着该公司的持续发展，资产规模、业务范围进一步扩大，经营地域进一步拓展，国际化步伐加快，对该公司的经营管理提出了更高的要求和更新的挑战，该公司将面临内部各业务协同配合、绩效考核、激励等多维度管理难题。如果该公司不能适应规模的快速扩张，及时调整和完善组织模式和管理制度，实现管理升级，将可能影响市场竞争力，面临管理风险。公司将根据外部环境的变化和内部发展及管理的需要，进一步理顺和完善管理体制和经营机制，优化管理流程，以保证该公司的运营安全有效。

⑤金融工具风险。本公司的主要金融工具包括应收账款、应付账款、借款等，与这些金融工具有关的风险主要有信用风险、市场风险和流动性风险。该公司为降低这些风险，在风险和收益之间取得适当的平衡，将风险对经营业绩的负面影响降低到最低水平，使股东及其他权益投资者的利益最大化。该公司风险管理的基本策略是确定和分析所面临的各种风险，每年两次对各种风险进行评估并制定出应对措施，及时可靠地对各种风险进行监督，将风险控制在限定的范围之内。

同步训练

一、判断题（正确的在括号内打“√”，错误的打“×”）

(　　) 1.企业的总资产越多越好。

(　　) 2.企业如果盈利，总资产就一定增加。

(　　) 3.企业越盈利，现金流就越大。

(　　) 4.企业风险越大，盈利的可能性也就越大。

(　　) 5.通过现金流量结构，可以大致分析企业所处的发展阶段。

二、单项选择题（每题只有一个正确答案，请将正确答案填在括号内）

1.下列各项反映企业盈利能力的指标是（　　）。

A.流动比率　　B.市盈率

C.资产增值率　　D.销售净利率

2.下列财务指标中，综合性最强的是（　　）。

A.净资产收益率　　B.销售净利率

C.总资产利润率　　D.权益乘数

3.在财务分析中，企业所有者最可能关注的是（　　）。

A.获利能力指标　　B.偿债能力指标

C.成本费用指标　　D.以上都不是

4.下列各项中，总资产增加最好的原因是（　　）。

A.发行债券增加了总资产　　B.计提盈余公积增加了总资产

C.发行新股增加了总资产　　D.赊购原材料增加了总资产

5.财务分析中的“净利”，在我国会计制度中是指（　　）。

A.息后税前利润　　B.销售净利润

C.息税后利润　　D.息税前利润

6.提供一段时间企业综合经营情况的报表是（　　）。

A.财务状况表　　B.综合收益表

C.现金流量表　　D.股东权益变动表

7.下列关于资产负债率指标的说法中正确的是（　　）。

A.从股东角度看，负债比率越高越好

B.从股东角度看，负债比率越低越好

C.从债权人角度看，负债比率越大越好

D.从债权人角度看，负债比率越小越好

8.在2017年财务年度，鼎力仪表制造公司的毛利润同2016年财务年度相比没有发生变化，但是，同2016年相比，该公司净利润降低，这可能是由于该公司在2017年（　　）。

A.税率提高

B.相对于销售收入，产品销售成本下降

C.销售收入的提高速度快于营业支出

D.普通股股利提高

9.当固定资产以低于账面价值出售时，下列各项中会下降的是（　　）。

A.流动比率　　B.净利润

C.流动资产　　D.净营运资本

10.下列各项中会增加企业营运资本的是（　　）。

A.收回应收账款

B.交税

C.发行三年期债券抵付即将到期应付票据

D.用10年期抵押贷款购置厂房

11.企业的营运资本是使用下列数据计算的是（　　）。

A.总资产和负债合计　　B.总资产和流动负债

C.流动资产和流动负债　　D.固定资产和长期负债

12.售出自用的办公用小轿车收到现金，将在现金流量表（　　）中报告。

A.经营活动现金流入　　B.投资活动现金流入

C.筹资活动现金流出　　D.现金流量表补充资料

13.在使用间接法编制的现金流量表补充资料中，（　　）将显示为负数。

A.库存减少　　B.应付账款增加

C.应收账款增加　　D.折旧费用

14.在使用间接法编制的现金流量表补充资料中，（　　）将显示为负数。

A.应收账款增加　　B.库存增加

C.应付账款减少　　D.折旧费用

15.下列各项属于资产负债表要素的是（　　）。

A.费用　　B.收入

C.负债　　D.利润

16.下列各项属于资产项目的是（　　）。

A.应付账款　　B.预付保险费

C.酒店预收房费　　D.计提的员工工资

17.2020年12月15日，爱屋吉屋公司收到客户米小芳支付的3 000元，约定将在40天内为米小芳提供租房服务。爱屋吉屋公司使用应计会计基础（权责发生制）。在爱屋吉屋公司编制的2020年度财报时，本交易属于（　　）。

A.未付收入（负债）　　B.预付账款（资产）

C.服务收入（收入）　　D.应收帐款（资产）

18.2019年12月15日，爱屋吉屋公司收到客户米小芳支付的3 000元，约定将在40天内为米小芳提供租房服务。爱屋吉屋公司使用应计会计基础（权责发生制）。2020年1月16日，爱屋吉屋公司为米小芳租到了一套住房。在爱屋吉屋公司编制的2020年度财报时，本交易属于（　　）。

A.未付收入（负债）　　B.预付账款（资产）

C.服务收入（收入）　　D.应收帐款（资产）

19.下列各项不属于流动资产的是（　　）。

A.应收账款　　B.土地使用权

C.预付保险费　　D.生产线上的在产品

20.下列各项属于流动负债的是（　　）。

A.两年后到期的贷款　　B.购买的6个月后到期的债券

C.盈余公积金　　D.未实现收入

21.股东从某公司获得现金股利10 000元，某公司资产中现金会减少10 000元。资产负债表上的其他影响是（　　）。

A.费用增加　　B.负债增加

C.股东权益减少　　D.没有影响

22.爱屋吉屋公司于2020年12月30日请家政公司清理房屋发生2 000元的清理费用。家政公司要求2 000元的清理费用将于2021年1月13日收款，爱屋吉屋公司将在2021年1月12日支付款项。根据权责发生制，爱屋吉屋公司的会计年度于2020年12月31日结束。清理服务对爱屋吉屋公司12月资产负债表的影响是（　　）。

A.资产减少　　B.负债增加

C.对所有者权益不产生影响　　D.负债减少

23.爱屋吉屋公司的流动资产为500 000元，总资产为1 500 000元，流动负债为300 000元，总负债为800 000元。爱屋吉屋公司的所有者权益的金额为（　　）元。

A.200 000　　B.300 000

C.700 000　　D.1 200 000

24.年初爱屋吉屋公司的总资产为1 500 000元，总负债为800 000元。年末时，爱屋吉屋公司的所有者权益增加了90 000元，总负债减少了10 000元。年末总资产的金额为（　　）元。

A.790 000　　B.1 580 000

C.800 000　　　　D.1 600 000

25. 年初爱屋吉屋公司的净资产为1 500 000元，总负债为800 000元。年末时，爱屋吉屋公司的总资产权益增加了90 000元，总负债减少了10 000元。年末总资产的金额为（　　）元。

A.780 000　　　　B.2 380 000

C.2 300 000　　　　D.800 000

三、实训题

【实训目的】掌握“八步五十点法”的综合分析原理。

【实训资料】在8家备选上市公司（见表7-6）中，选择一家你感兴趣的上市公司，自行查找最新一年的年报资料，结合你的广泛调研，然后分步骤完成以下“八步五十点法”的综合分析作业。

表7-6　　8家备选上市公司

序号	行　业	推荐公司	公司代码	公司网址
1	酒店及餐饮	全聚德	002186	www.quanjude.com.cn
2	景点及旅游	桂林旅游	000978	www.guilintravel.com
3	房地产开发	保利地产	600048	www.polycn.com
4	港口航运	中远海控	601919	www.chinacosco.com
5	零售	杭州解百	600814	www.jiebai.com
6	通信服务	三六五网	300295	www.house365.com
7	有色冶炼加工	章源钨业	002378	http：//www.zy-tungsten.com/cn
8	电力	豫能控股	001896	http：//www.yuneng.com.cn/

研究标的：____________________有限公司。

背景资料：以20____年度为主的公司财务报告。

注册地址：____。

公司网址：www.____。

行业分类：____。

主营业务：____。

【实训要求】运用“八步五十点法”对________股份有限公司进行综合财务分析。

（1）识别十个要点（见表7-7）。

表7-7 ________股份有限公司20____年度主要项目 单位：万元

序号	要点名称	年末（本期）	年初（上期）	所属报表
1	总资产			资产负债表
2	总负债			资产负债表
3	所有者权益			资产负债表
4	营业收入			利润表
5	营业成本			利润表
6	净利润			利润表
7	经营活动产生的现金净流量			现金流量表
8	投资活动产生的现金净流量			现金流量表
9	筹资活动产生的现金净流量			现金流量表
10	全部活动产生的现金净流量			现金流量表

关于十个要点，你的简单评论如下：

（2）评价十个指标（见表7-8）。

表7-8 ________股份有限公司20____年度主要比率

序号	指标名称	指标	指标评价	所属报表
1	销售毛利率			利润表
2	销售净利率			利润表
3	净资产收益率			利润表 + 资产负债表
4	资产负债率			资产负债表
5	流动比率			资产负债表
6	速动比率			资产负债表
7	总资产周转率			利润表 + 资产负债表
8	存货周转天数			利润表 + 资产负债表
9	应收账款周转天数			利润表 + 资产负债表
10	经营现金净利润比			利润表 + 现金流量表

关于十个要点，你的简单评论如下：

（3）分析五个结构（见表7-9）。

表7-9 ________股份有限公司20____年度主要结构

序号	结构名称	计算原理	年末（本期）	年初（上期）	评价
1	资产结构	流动资产合计÷总资产			
2	资本结构	负债率：投入率：留存收益率（借：投：赚）			
3	收入结构	营业收入÷（营业收入+公允价值变动收益+投资收益+营业外收入+汇兑收益）			
4	成本费用结构	营业成本率：期间费用率：其他费用率（本：费：其他）			
5	现金流量结构	经营现金率：投资现金率：筹资现金率：初始现金率			

在资本结构的计算中，负债率即资产负债率，投入率用股本加上资本公积减去库存股，得出股东投入之和，再除以总资产。留存收益用股东权益合计减去上述股东投入得出。

在成本费用结构的计算中，分别用营业成本、三项期间费用之和与其他费用之和，去除以营业总成本。注意这里的其他费用之和，是营业利润之前的其他费用之和。

在现金流结构的计算中，首先一直把“期末现金及现金等价物余额”作为分母，分别用经营活动产生的现金流量净额、投资活动产生的现金流量净额、筹资活动产生的现金流量净额和期初现金及现金等价物余额这四个项目，除以“期末现金及现金等价物余额”，可以得出以上四个比率。

（4）研究五大增减（见表7-10）。

表7-10　　________股份有限公司20____年度主要增减变化

序号	增减项目	数据提炼	决策研判	评价
1	总资产增加原因			
2	净资产增加原因			
3	营业收入增减原因			
4	净利润增加原因			
5	全部现金增加原因			

在分析计算总资产增加原因时，首先计算总资产增量，然后分别用负债增量、股东投入增量、留存收益增量除以总资产增量。

（5）判断五个控制。

（6）挖掘五大优势。

（7）规划五大前景。

（8）防范五大风险。

任务二　三张报表之间关系综合分析

知识准备

一、三张报表之间关系综合分析的意义

三张报表之间关系综合分析指的是，基于资产负债表、利润表和现金流量表这三张主表，分析者以财务报表中各个项目之间的钩稽关系作为主要分析工具，通过考察报表中某个项目的金额及相关项目的金额来分析企业的财务状况及其变化原因，解释报表数字背后的交易或事项，进而对企业的财务状况、经营成果和现金流量状况做出判断，为经营决策提供依据。

三张报表之间关系综合分析要求分析者熟悉不同会计政策和会计处理方式对三张报表的影响，能够把握报表项目之间的钩稽关系。由于经济业务越来越复杂，多样化且复杂化的经济业务需要在报表中得到反映；另外，企业的盈余管理手段也在不断翻新。这些因素使得财务报表也变得越来越复杂，同时也使得财务报表分析演变为更专业化的工作。仅仅依靠计算几个财务比率已经无法实现财务报表分析的目的，不能揭示深刻的财务背景，也无法满足现实的需要。

提示　只有建立起概念之间的联系，孤立的数据、信息才可能转化为有用的知识；

只有把这些知识融会贯通，才能提高财务分析能力。

二、三张报表之间关系的主要表现

（一）表内等式关系

在财务报表中，有些钩稽关系是精确的，即各个项目之间可以构成等式。如，资产=负债+所有者权益，收入 - 费用 = 利润；现金净流量 = 现金流入量 - 现金流出量。

1.资产负债表数据的来源

（1）表中各项目“上年年末余额”的填列。

资产负债表“上年年末余额”栏内各项数据，应根据上年年末资产负债表“期末余额”栏内所列数据填列。

（2）表中各项目“期末余额”的填列。

根据会计账簿记录填列，其中大多数项目可以直接根据账户余额填列，但是，不是所有的报表数据都可以直接来自账簿的原始记录。假设公司以480 000元购买了一台设备，预期使用4年，假设不考虑净残值。在编制每月财务报表时，则需要进行调整，以使每个月的利润表报告每月折旧费用10 000元（480 000元的原值成本除以48个月的使用寿命）。这个调整还将导致资产负债表的资产部分每月减少10 000元。

少数项目则要根据账户余额进行分析、计算后填列，具体填列方法有以下几种：

①直接根据总分类账户余额填列。

资产负债表中大多项目的数字可以根据有关总分类账户的余额直接填列。有些报表项目与会计科目相同，如“交易性金融资产”“应收票据”“累计折旧”“短期借款”“其他应付款”“实收资本”“资本公积”“盈余公积”等。

②根据若干个总分类账户的期末余额计算填列。

例如“货币资金”项目应根据“库存现金”“银行存款”“其他货币资金”总分类账户期末余额合计数填列；“存货”项目应根据“在途物资”“原材料”“生产成本”“周转材料”“库存商品”等账户余额合计填列；“长期股权投资”项目应按照“长期股权投资”账户余额扣除“长期股权投资减值准备”账户余额后填列；“固定资产”项目应按照“固定资产”账户余额扣除“累计折旧”和“固定资产减值准备”账户余额后填列；“无形资产”项目应按照“无形资产”账户余额扣除“累计摊销”和“无形资产减值准备”账户余额后填列。

③根据总分类账户所属明细分类账户余额分析、计算后填列。

资产负债表某些项目不能根据总分类账户的期末余额，或若干个总分类账户的期末余额计算填列，需要根据有关账户所属的相关明细账户的期末余额计算填列。如“应收账款”“预付款项”“应付账款”“预收款项”等项目。

第一，“应收账款”项目应根据“应收账款”总分类账户所属的各明细账户的期末借方余额和“预收账款”总分类账户所属各明细分类账户的期末借方余额合计数减去“坏账准备”科目中有关应收账款和预收账款计提坏账准备期末余额后的金额填列。即如果“应收账款”总分类账户所属的明细账户出现贷方余额，应在“预收款项”项目中反映；如“预收账款”总分类账户所属的明细账户出现借方余额时，应合并填列在本项目内。

第二，“预付款项”项目应根据“预付账款”和“应付账款”总分类账户所属各明细分类账户的期末借方余额合计填列，即如果“应付账款”账户所属的明细账户有借方余额，也在本项目内合并反映。

第三，“应付账款”项目应根据“应付账款”和“预付账款”总分类账户所属各明细分类账户的期末贷方余额合计填列。如“应付账款”明细账户有借方余额应在“预付款项”项目内反映。

第四，“预收款项”项目应根据“预收账款”和“应收账款”总分类账户所属各明细分类账户的期末贷方余额合计填列。如“预收账款”明细账户有借方余额，应在“应收账款”项目内反映。

④根据总分类账户和明细分类账户余额分析计算填列。

资产负债表上某些项目不能根据有关总分类账户的期末余额直接填列或计算填列，也不可能根据有关账户所属相关明细分类账户的期末余额计算填列，需要根据总分类账户和明细分类账户余额分析计算填列。如“长期借款”项目，要根据“长期借款”总分类账户余额扣除“长期借款”账户所属的明细分类账户中反映的将在一年内到期的长期借款部分计算填列。

2. 利润表数据的来源

在编制年度利润表时，应将表中的“本年累计金额”改为“上年金额”，填列上年全年累计实际发生数。本年数来自各月份项目的全年累计金额。每月各项目数据来源如下：

(1)“营业收入”项目应根据“主营业务收入”和“其他业务收入”账户的本月发生额合计填列。

(2)“营业成本”项目应根据“主营业务成本”和“其他业务成本”账户的本月发生额合计填列。

(3)“税金及附加”“销售费用”“管理费用”“财务费用”“资产减值损失”“营业外支出”“营业外收入”“所得税费用”项目应根据各自总分类账户的发生额填列。

(4)“公允价值变动收益”项目应根据“公允价值变动损益”账户的本期发生额分析填列，如果为公允价值变动损失，则以“－”号填列。

(5)“投资收益”项目应根据“投资收益”账户的本期发生额分析填列，如果为投资损失，则以“－”号填列。

(6)“对联营企业和合营企业的投资收益”项目反映对联营企业和合营企业投资所取得投资收益，本项目应根据“投资收益”账户所属的明细分类账户的本期发生额分析填列。如果为投资损失，则以“－”号填列。

(7)“资产处置收益”项目反映企业出售划分为持有待售的非流动资产或处置组时确认的处置利得或损失等。本项目应根据“资产处置损益”账户所属的明细分类账户的本期发生额分析填列。如为处置损失，则以“-”号填列。

（8）“基本每股收益”和“稀释每股收益”项目是按不同依据计算的每股收益，反映企业的获利能力。基础会计中不要求掌握这两个指标的计算。

（9）报表中的其他项目，包括“营业利润”“利润总额”“净利润”项目，按照一定的公式计算后填列。

“本年累计金额”反映各项目自年初起至本月末止的累计实际发生数，其金额等于截止到上月末的累计金额与本月金额之和。

3.现金流量表数据的来源

企业会计准则规定，企业应该采用直接法编制现金流量表。在直接法下，一般是先以利润表中的营业收入为起算点，调整与经营活动有关的项目的增减变动，然后计算出经营活动产生的现金流量。采用直接法具体编制现金流量表时，可以采用工作底稿法或“T”形账户法。业务简单的，也可以根据有关科目的记录分析填列。

（1）“经营活动产生的现金流量”的编制方法。

“销售商品、提供劳务收到的现金”项目：本项目可根据“主营业务收入”“其他业务收入”“应收账款”“应收票据”“预收账款”“库存现金”“银行存款”等账户分析填列。

“收到税费返还”项目：本项目反映企业收到返还的各种税费。本项目可以根据“库存现金”“银行存款”“应交税费”“税金及附加”等账户的记录分析填列。

“收到的其他与经营活动有关的现金”项目：本项目反映企业除了上述各项目以外收到的其他与经营活动有关的现金流入，如罚款收入、流动资产损失中由个人赔偿的现金收入等。本项目可根据“营业外收入”“营业外支出”“库存现金”“银行存款”“其他应收款”等账户的记录分析填列。

“购买商品、接受劳务支付的现金”项目：本项目可根据“应付账款”“应付票据”“预付账款”“库存现金”“银行存款”“主营业务成本”“其他业务成本”“存货”等账户的记录分析填列。

“支付给职工以及为职工支付的现金”项目：本项目反映企业实际支付给职工以及为职工支付的工资、奖金、各种津贴和补贴等（含为职工支付的养老、失业等各种保险和其他福利费用）。但不含为离退休人员支付的各种费用和固定资产购建人员的工资。

“支付的各项税费”项目：本项目反映的是企业按规定支付的各项税费和有关费用，但不包括已计入固定资产原价而实际支付的耕地占用税和本期退回的所得税。

“支付其他与经营活动有关的现金”项目：本项目反映企业除上述各项目外，支付的其他与经营活动有关的现金，包括罚款支出、差旅费、业务招待费、保险费支出、支付的离退休人员的各项费用等。本项目应根据“管理费用”“销售费用”“营业外支出”等账户的记录分析填列。

（2）“投资活动产生的现金流量”的编制方法。

“收回投资收到的现金”项目：本项目反映企业出售、转让和到期收回的除现金等价物以外的交易性金融资产、长期股权投资而收到的现金，以及收回持有至到期投资本金而收到的现金。不包括持有至到期投资收回的利息以及收回的非现金资产。本项目应根据“交易性金融资产”“长期股权投资”“库存现金”“银行存款”等账户的记录分析填列。

“取得投资收益收到的现金”项目：本项目反映企业因股权性投资而分得的现金股利和分回利润所收到的现金，以及债权性投资取得的现金利息收入。本项目应根据“投资收益”“库存现金”“银行存款”等账户的记录分析填列。

“处置固定资产、无形资产和其他长期资产收回的现金净额”项目：本项目反映处置上述各项长期资产取得的现金，减去为处置这些资产支付的有关费用后的净额。本项目可根据“固定资产清理”“库存现金”“银行存款”等账户的记录分析填列。

“收到其他与投资活动有关的现金”项目：本项目反映除上述各项目以外，收到的其他与投资活动有关的现金流入。本项目应根据“库存现金”、“银行存款”和其他有关账户的记录分析填列。

“购建固定资产、无形资产和其他长期资产支付的现金”项目：本项目反映企业购买、建造固定资产，取得无形资产和其他长期资产支付的现金。其中企业为购建固定资产支付的现金，包括购买固定资产支付的现金及增值税税款、固定资产购建支付的现金，但不包括购建固定资产的借款利息支出和融资租入固定资产的租赁费。本项目应根据“固定资产”“无形资产”“在建工程”“库存现金”“银行存款”等账户的记录分析填列。

“投资支付的现金”项目：本项目反映企业在现金等价物以外进行交易性金融资产、长期股权投资、债权投资所实际支付的现金，包括佣金手续费支付的现金，但不包括企业购买股票和债券时，实际支付价款中包含的已宣告尚未领取的现金股利或已到付息期但尚未领取的债券利息。本项目应根据“交易性金融资产”“长期股权投资”“债权投资”“库存现金”“银行存款”等账户记录分析填列。

“支付其他与投资活动有关的现金”项目：本项目反映企业除了上述各项以外，支付的与投资活动有关的现金流出。包括企业购买股票和债券时，实际支付价款中包含的已宣告尚未领取的现金股利或已到付息期但尚未领取的债券利息等。本项目应根据“库存现金”“银行存款”“应收股利”“应收利息”等账户的记录分析填列。

（3）“筹资活动产生的现金流量”的编制方法。

“吸收投资收到的现金”项目：本项目反映企业收到投资者投入的现金，包括以发行股票、债券等方式筹集资金实际收到的款项净额（即发行收入减去支付的佣金等发行费用后的净额）。本项目可根据“实收资本（或股本）”“应付债券”“库存现金”“银行存款”等账户的记录分析填列。

“取得借款收到的现金”项目：本项目反映企业举借各种短期借款、长期借款而收到的现金。本项目可根据“短期借款”“长期借款”“银行存款”等账户的记录分析填列。

“收到其他与筹资活动有关的现金”项目：本项目反映企业除上述各项以外，收到的其他与筹资活动有关的现金流入。本项目应根据“库存现金”“银行存款”和其他有关账户的记录分析填列。

"偿还债务支付的现金"项目：本项目反映企业以现金偿还债务的本金，包括偿还金融机构的借款本金、偿还到期的债券本金等。本项目可根据"短期借款""长期借款""应付债券""库存现金""银行存款"等账户的记录分析填列。

"分配股利、利润或偿付利息支付的现金"项目：本项目反映企业实际支付的现金股利、支付给投资人的利润或用现金支付的借款利息、债券利息等。本项目可根据"应付股利（或应付利润）""财务费用""长期借款""应付债券""库存现金""银行存款"等账户的记录分析填列。

"支付其他与筹资活动有关的现金"项目：本项目反映除了上述各项目以外，支付的与筹资活动有关的现金流出。例如，发行股票债券所支付的审计、咨询等费用。本项目可根据"库存现金""银行存款"和其他有关账户的记录分析填列。

（4）"汇率变动对现金及现金等价物的影响"的编制方法。

本项目反映企业的外币现金流量发生日所采用的汇率与期末汇率的差额对现金的影响数额。

（5）"现金及现金等价物净增加额"的编制方法。

"现金及现金等价物的净增加额"，是将本表中"经营活动产生的现金流量净额""投资活动产生的现金流量净额""筹资活动产生的现金流量净额"和"汇率变动对现金的影响"四个项目相加得出的。

（6）"期末现金及现金等价物余额"的填列。

本项目是将计算出来的"现金及现金等价物净增加额"加上"期初现金及现金等价物余额"求得。它应该与企业期末的全部货币资金与现金等价物的合计余额相等。

（二）表间钩稽关系

资产负债表中"未分配利润"年初数、年末数分别与所有者权益变动表（企企04表）中"本年金额（未分配利润）""上年金额（未分配利润）"相等。

现金流量表中的"现金及现金等价物净增加额"一般与资产负债表"货币资金"期末余额与上年年末余额之差相等，前提是企业不存在现金等价物。同理，现金流量表中的"期初现金及现金等价物余额""期末现金及现金等价物余额"分别等于资产负债表中的"货币资金"的上年年末余额、期末余额。

利润表中的"营业收入"、现金流量表中的"销售商品、提供劳务收到的现金"、资产负债表中的"应收账款"等项目之间存在钩稽关系（可以简单估算：营业收入－应收账款＝销售商品、提供劳务收到的现金，当然，还要考虑、应收票据、应交税费中的有关税金的变动数）。

利润表中的"营业成本"、现金流量表中的"购买商品、接受劳务支付的现金"、资产负债表中的"存货""应付账款"等项目之间存在的钩稽关系（可以简单估算：购买商品、接受劳务支付的现金＝营业成本＋存货的增加－应付账款的增加，当然，也要考虑应付票据、应交税费中的有关税金的变动数等）。

请注意 资产负债表有期初、期末两个时点的数据，利润表和现金流量表则是本期间的累积数据。前者为静态报表，后两者为动态报表。

三、净利润与经营活动产生的现金净流量关系

这两者是财务分析中最重要的、最受分析师与市场人士关注的两个指标，其关系可以表述为：

净利润 + 不影响经营活动现金流量但减少净利润的项目（如折旧）– 不影响经营活动现金流量但增加净利润的项目（如投资收益分得现金股利）+ 与净利润无关但增加经营活动现金流量的项目（如预收货款）– 与净利润无关但减少经营活动现金流量的项目（如预付货款）= 经营活动产生的现金流量净额

具体而详细的调整公式如下：

起点：净利润

加：（1）资产减值准备

加：（2）固定资产折旧

加：（3）无形资产摊销

加：（4）长期待摊费用摊销

加：（5）处置固定资产、无形资产和其他长期资产的损失（减：收益）

加：（6）固定资产报废损失

加：（7）公允价值变动损失（减：收益）

加：（8）财务费用

加：（9）投资损失（减：收益）

加：（10）存货的减少（减：增加）

加：（11）经营性应收项目的减少（减：增加）

加：（12）经营性应付项目的增加（减：减少）

终点：经营活动现金净流量

动脑筋 库存增加了，会使经营现金流量增加还是减少？应付账款如果增加了，说明该项需用现金支付的款项尚留在企业，经营现金流量会增加还是减少？

两者大小及其之间的关系如图 7–9 所示。

图 7–9 中两者之间的各种组合关系，分别分析如下：

（一）有利润，有经营现金

此时，说明企业运营正常，经营活动创造了正的现金流量，企业销售活动能及时收到现金，且成本费用控制合理，实现了账面利润。具体分为以下几种情况：

1. 经营活动现金净流量大于净利润

一般地说，企业经营活动产生的现金流量净额应大于净利润。这是因为在计算净利润时，有些作为抵扣项的成本费用不用支出现金，称为非付现成本，如固定资产折旧、长期待摊费用摊销等。这种情况较好理解，是正常的，这里又有两种情况：

（1）经营活动现金净流量 – 净利润 = 非付现成本（折旧、摊销）。

在此种状态下，企业的经营现金流量与净利润的差额，正好有余力补偿当期的“非付现成本”。这种情况可以给予谨慎好评。

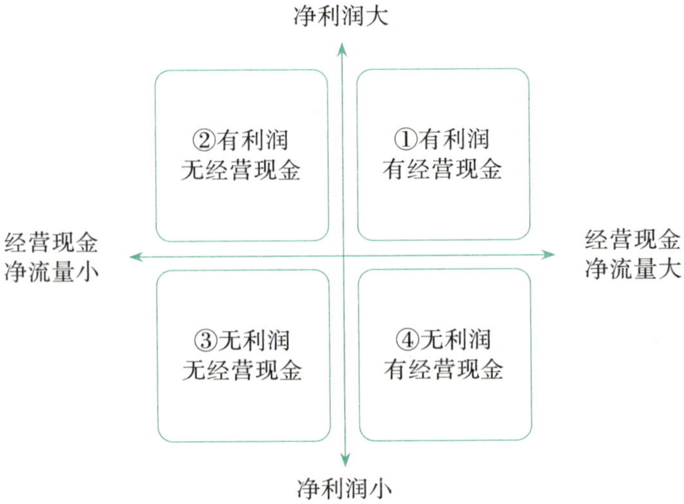

图7-9　净利润与经营活动现金净流量之间的关系

（2）经营活动现金净流量 − 净利润 > 非付现成本。

这时的经营现金净流量和净利润的差额可以补偿当期全部的“非付现成本”，而且还有余力为企业的投资等活动提供现金流量的支持。如果这种状态长期持续，则企业经营现金流量对经营活动的稳定与发展、投资规模的扩大与提升，以及减轻融资压力等方面将起到重要的促进和保障作用，是企业最好的状态。

2. 经营活动现金流量小于净利润

根据一般的财务管理公式：经营活动现金流量 = 净利润 + 折旧，企业的经营现金流量如果小于净利润，说明很可能企业没有补偿当期的“非付现成本”。企业运营之所以能够维持下去，是因为有非付现成本存在。货币资金再生产能力较差，如果某一笔支出要求付现，该笔金额大于非付现成本的金额，企业就需采取寻求融资、拖延债务支付、加大经营活动负债规模的方式来解决。

3. 经营活动现金净流量等于净利润

此时，货币再生产能力能够维持企业经营活动的货币“简单再生产”。但从总体上看，这种维持为企业扩大投资提供的货币支持力度非常有限。

请注意　两者绝对相等不会是常态，不相等才是常态。

（二）有利润，无经营现金

在这种情况下，经营活动现金流量小于零，这意味着企业通过正常的经营取得的现金流入量不足以支付因经营活动而引起的货币支出。这样，企业正常经营活动所需的现金支付则需要通过以下途径去解决：

（1）消耗企业现存的货币积累；

（2）挤占本来可以用于投资活动的现金，使投资活动推迟；

（3）进行额外融资；

（4）拖延债务支付；

（5）加大经营活动负债规模。

从企业的成长过程来分析，在企业从事经营活动的初期，由于其生产阶段的各个环节都处于“投入”“磨合”状态，生产设备、人力资源的利用率较低，材料物资的消耗量相对较大，进而导致企业成本消耗较高。与此同时，为了积极开拓市场，企业有可能投入更多的资金促销，从而有可能使得企业在这一时期的经营活动现金流量表现为“入不敷出”的状态。

但是如果企业在正常生产经营期间持续出现上述状态，则利润的质量比较成问题。此时的利润或许多来自盈余管理的“成绩”或是非经常性业务的贡献。

动脑筋 为什么上市公司经常出现这种情况？网上搜索“信威集团（*ST信威）”，讨论其利润的来源，有没有现金流作保障？为什么？

（三）无利润，无经营现金

此时说明经营活动的现金流入不足以抵补经营过程的现金流出，如果企业货币资金尚可以正常周转，只能是靠筹资活动或投资活动，企业货币资金再生产能力差。加之利润为负，如果主营业务有利润，亏损的原因是营业外损失和投资损失太大，由于投资损失和营业外损失具有暂时性和不确定性，其损失不会太持久，如果加强对应收账款收现工作和降库存的管理，货币资金再生产能力差的情况就会得到改善。如果主营业务亏损，则意味着企业耗费了大量的资金和精力经营的主要业务亏损，仅仅加强对应收账款收现工作的管理是不够的，需要对企业资产整体运作进行调整，提高资产运营效率，同时应考虑资本结构是否合理，负债是否太多等。

提示 退出决策也是决策。

（四）无利润，有经营现金

此时经营活动现金流入大于经营活动现金流出，如果伴随着主营业务利润的出现，企业货币资金生产能力较强。没有利润的原因如果是营业外支出和投资损失太多，则应及时调整，强化主业。

典型任务举例

【背景资料】

晓丽是一名在校大学生，相应国家“双创”号召，决定暑假期间自己创业，勤工俭学，积累实践经验，为将来毕业后自谋职业打好基础。眼看就放假了，晓丽妈给她现金1 000元作为启动资金。

【工作任务】“晓丽公司”三张报表之间关系综合分析。

【工作过程】

第一天

晓丽到书刊批发市场上购买了最新时尚杂志40本，每本5元，再到零售市场以10元/本售出。第一天，所进杂志到晚上全部售出，其中有10本卖给了同学，尚未收款。

“晓丽公司”的业务编制成当期利润表和现金流量表，以及期初、期末的资产负债表，结果如图7-10所示（单位：元）。

利润表	
营业收入	400
营业成本	200
管理费用	
销售费用	
财务费用	
本期净利润	200
期初净利润	0
期末未分配利润	200

第一天 ① ② ④

现金流量表	
销售收现	300
购货付现	200
经营活动净流量	100
投资活动	
筹资活动	
本期现金流	100
期初现金	1 000
期末现金	1 100

资产负债表 ③

资产	期初	期末	负债和所有者权益	期初	期末
货币资金	1 000	1 100	短期借款		
应收账款		100	应付账款		
其他应收款			其他应付款		
存货			股本	1 000	1 000
固定资产			资本公积		
无形资产			未分配利润		200
资产总计	1 000	1 200	负债和所有者权益合计	1 000	1 200

图7-10 “晓丽公司”第一天的三张报表及其内在钩稽关系

图7-10中所示的内在关系分析如下：

①确认营业收入不等于一定收到的现金，本例有100元的应收账款，所以销售收到的现金比确认的营业收入少100元。

②本期实现的净利润不等于经营活动现金净流量，两者之间存在很多影响因素，本例中有100元的应收账款，意味着在确认收入的同时，没有收到相应的经营活动现金流量，因此导致本期实现的净利润200元，比经营活动现金净流量100元多出来100元。或者反之，经营活动现金净流量100元比本期实现的净利润200元要少实现100元。

③资产负债表的未分配利润200元，就是所有者权益变动的最后项目——期末未分配利润200元。

④如果没有现金等价物的影响，资产负债表左侧资产中第一个项目货币资金的期末数1 100元，就是现金流量表最后一个数——期末现金1 100元。

第二天

晓丽赊购精美学习笔记本100本，每本12元，到晚上以18元/本售出了一半，均已经收到现金。前一天的10本杂志款也收回。晓丽根据预计的应交税费，计提了应交所得税100元。

第二天“晓丽公司”的业务编制成当期利润表和现金流量表，以及期初、期末的资产负债表，结果如图7-11所示（单位：元）。

利润表			现金流量表	
营业收入	900	①	销售收现	1 000
营业成本	600	第	购货付现	0
管理费用		二	经营活动净流量	1 000
销售费用		天	投资活动	
所得税费用	100		筹资活动	
本期净利润	200	②	本期现金流	1 000
期初净利润	200		期初现金	1 100
期末未分配利润	400		期末现金	2 100

④

资产	期初	期末	负债和所有者权益	期初	期末
货币资金	1 100	2 100	短期借款		
应收账款	100	0	应付账款		1 200
其他应收款			应交税费		100
存货		600	股本　③	1 000	1 000
固定资产			资本公积		
无形资产			未分配利润	200	400
资产总计	1 200	2 700	负债和所有者权益合计	1 200	2 700

资产负债表

图7-11　“晓丽公司”第二天的三张报表及其内在钩稽关系

图7-11中所示的内在关系分析如下：

①确认营业收入不等于一定收到的现金，本例期初有100元的应收账款在本期收回，所以销售收到的现金1 000元比确认的营业收入900元多100元。

②本期实现的净利润200元，不等于经营活动现金净流量1 000元，两者之间存在800元的差额，本例中期初有100元的应收账款，意味着上期已经确认收入，本期收到了货款，所以经营活动现金净流量比净利润多100元。另外还有存货600元和应付账款1 200元、应交税费100元的影响。总之，净利润和经营活动现金净流量之间的关系见表7-11。

表7-11　将净利润调节到经营活动现金净流量　单位：元

项　目	金　额
净利润	200
加：应收账款的收回（减少）	100
加：应付账款和应交税费的增加	1 300
减：存货的增加	600
经营活动现金净流量	1 000

③资产负债表的未分配利润400元，就是所有者权益变动的最后项目——期末未分

配利润400元。

④如果没有现金等价物的影响，资产负债表左侧资产中第一个项目货币资金的期末数2 100元，就是现金流量表最后一个数——期末现金2 100元。

第三天

晓丽赊购同样的精美笔记本200本，每本14元，以20元/本出售，本日共出售150本，采用先进先出法核算发出存货。当天的销售均收现，购买一辆电动车用于进货，价款为1 800元，已经支付。计提很可能要交纳的占道费100元。

第三天“晓丽公司”的业务编制成当期利润表和现金流量表，以及期初、期末的资产负债表，结果如图7-12所示（单位：元）。

第三天

利润表		现金流量表	
营业收入	3 000	销售收现	3 000
营业成本	2 000	购货付现	0
管理费用		经营活动净流量	3 000
销售费用	100	投资活动	-1 800
所得税费用		筹资活动	
本期净利润	900	本期现金流	1 200
期初净利润	400	期初现金	2 100
期末未分配利润	1 300	期末现金	3 300

①　②　④

资产负债表

资产	期初	期末	负债和所有者权益	期初	期末
货币资金	2 100	3 300	应付账款	1 200	4 000
应收账款	0	0	应交税费	100	100
其他应收款			其他应付款		100
存货	600	1 400	股本　③	1 000	1 000
固定资产		1 800	资本公积		
无形资产			未分配利润	400	1 300
资产总计	2 700	6 500	负债和所有者权益合计	2 700	6 500

图7-12　“晓丽公司”第三天的三张报表及其内在钩稽关系

图7-12中所示的内在关系分析如下：

①由于本期应收账款的期初、期末余额没有变化，所以确认的营业收入3 000元等于销售所收到的现金3 000元。

②本期实现的净利润900元不等于经营活动现金净流量3 000元，两者之间存在2 100元的差额。本期净利润和经营活动现金净流量之间的关系见表7-12。

表7-12　将净利润调节到经营活动现金净流量　单位：元

项　目	金　额
净利润	900
加：应付账款和其他应付款的增加	2 900
减：存货的增加	800
经营活动现金净流量	3 000

③资产负债表的未分配利润1 300元，就是股东权益变动的最后项目——“期末未分配利润”1 300元。

④如果没有现金等价物的影响，资产负债表左侧资产中第一个项目“货币资金”的期末数3 300元，就是现金流量表最后一个数——期末现金3 300元。

第四天

晓丽赊购同样的精美笔记本200本，每本11元，以20元/本出售，共出售120本，用先进先出法核算发出存货。当天的销售均未收现，计提货车折旧80元，支付卫生费100元。同学小美决定加入，出资5 000元，把目前留存的利润转为股份，各占股份50%。

第四天“晓丽公司”的业务编制成当期利润表和现金流量表，以及期初、期末的资产负债表，结果如图7-13所示（单位：元）。

利润表	
营业收入	2 400
营业成本	1 620
管理费用（折旧）	80
销售费用	
所得税费用	
本期净利润	700
期初净利润	1 300
期末未分配利润	2 000

现金流量表	
销售收现	0
支付其他经营现金	100
经营活动净流量	-100
投资活动	
筹资活动	5 000
本期现金流	4 900
期初现金	3 300
期末现金	8 200

资产负债表

资产	期初	期末	负债和所有者权益	期初	期末
货币资金	3 300	8 200	应付账款	4 000	6 200
应收账款	0	2 400	应交税费	100	100
其他应收款			其他应付款	100	0
存货	1 400	1 980	股本 ③	1 000	8 000
固定资产	1 800	1 720	资本公积		
无形资产			未分配利润	1 300	0
资产总计	6 500	14 300	负债和所有者权益合计	6 500	14 300

图7-13 “晓丽公司”第四天的三张报表及其内在钩稽关系

图7-13中所示的内在关系分析如下：

①由于本期应收账款期末比期初增加2 400元，所以确认的营业收入2 400元没有收到现金，属于赊销，销售所收到的现金为零。

②本期实现的净利润700元，不等于经营活动现金净流量-100元，两者之间存在800元的差额，本期净利润和经营活动现金净流量之间的关系见表7-13。

③资产负债表的未分配利润为零，原来所有者权益变动的最后项目——期末未分配利润2 000元，加上本期新股东投入的5 000元，再加上老股东的股本1 000元，共计8 000元，全部转为新股本。

表7-13　　将净利润调节到经营活动现金净流量　　单位：元

项　目	金　额
净利润	700
加：固定资产折旧	80
减：应收账款的增加	2 400
加：应付账款的增加	2 200
减：其他应付款的减少	100
减：存货的增加	580
经营活动现金净流量	-100

④如果没有现金等价物的影响，资产负债表左侧资产中第一个项目“货币资金”的期末数8 200元，就是现金流量表最后一个数——期末现金8 200元。

第五天

晓丽支付购货款3 000元，用现金购进时尚杂志100本，每本10元，以20元/本出售，共出售杂志50本，当天的销售均收现。支付之前已经计提过的应交所得税100元。从小贷公司借短期借款10 000元准备发展业务，年利率为12%，到期一次偿还本息。

第五天“晓丽公司”的业务编制成当期利润表和现金流量表，以及期初、期末的资产负债表，结果如图7-14所示（单位：元）。

利润表	
营业收入	1 000
营业成本	500
管理费用（折旧）	
销售费用	
所得税费用	
本期净利润	500
期初净利润	0
期末未分配利润	500

现金流量表	
销售收现	1 000
购货付现	4 000
支付所得税	100
经营活动净流量	-3 100
筹资活动	10 000
本期现金流	6 900
期初现金	8 200
期末现金	15 100

资产	期初	期末	负债和所有者权益	期初	期末
货币资金	8 200	15 100	短期借款	0	10 000
应收账款	2 400	2 400	应付账款	6 200	3 200
其他应收款			应交税费	100	0
存货	1 980	2 480	股本	8 000	8 000
固定资产	1 720	1 720	资本公积		
无形资产			未分配利润	0	500
资产总计	14 300	21 700	负债和所有者权益合计	14 300	21 700

图7-14　“晓丽公司”第五天的三张报表及其内在钩稽关系

图7–14中所示的内在关系分析如下：

①由于本期应收账款的期初、期末余额没有变化，所以确认的营业收入1 000元等于销售所收到的现金1 000元。

②本期实现的净利润500元，不等于经营活动现金净流量–3 100元，两者之间存在3 600元的差额，本期净利润和经营活动现金净流量之间的关系见表7–14。

表7–14　将净利润调节到经营活动现金净流量　单位：元

项　目	金　额
净利润	500
减：应付账款的减少	3 000
减：应交税费的减少	100
减：存货的增加	500
经营活动现金净流量	–3 100

③资产负债表的未分配利润500元，就是股东权益变动的最后项目——“期末未分配利润”500元。

④如果没有现金等价物的影响，资产负债表左侧资产中第一个项目“货币资金”的期末数15 100元，就是现金流量表最后一个数——期末现金15 100元。

微课：晓丽创业故事——财务篇

同步训练

一、判断题（正确的在括号内打“√”，错误的打“×”）

（　　）1.确认收入就要收到现金。

（　　）2.存货增加会导致本期经营活动现金净流量也增加。

（　　）3.应付账款减少对于现金流量的影响是增加。

（　　）4.折旧会使经营活动现金净流量大于净利润。

（　　）5.资产负债表上的货币资金就是现金流量表上的现金。

二、单项选择题（每题只有一个正确答案，请将正确答案填在括号内）

1.在从净利润调节到经营活动现金净流量的过程中，下列各项属于需要调整增加经营现金的项目是（　　）。

A.存货的增加　　B.存货的减少

C.应收账款的增加　　D.应付账款的减少

2.在从净利润调节到经营活动现金净流量的过程中，下列各项属于需要调整增加经营现金的项目是（　　）。

A.存货的增加　　B.应交税费的减少

C.应收账款的减少　　D.应付账款的减少

3.在从净利润调节到经营活动现金净流量的过程中，下列各项属于需要调整减少经营现金的项目是（　　）。

A.计提的折旧　　B.无形资产摊销

C.投资收益　　D.应付账款的增加

4.在从净利润调节到经营活动现金净流量的过程中，下列各项属于需要调整减少经营现金的项目是（　　）。

A.财务费用　　B.存货的减少

C.应收票据的增加　　D.应付账款的增加

5.在从净利润调节到经营活动现金净流量的过程中，下列各项属于需要调整增加经营现金的项目是（　　）。

A.存货的增加　　B.固定资产的增加

C.应收账款的增加　　D.应付账款的增加

6.如果要计算零售商或制造商的毛利率，则应该研究（　　）。

A.资产负债表　　B.所有者权益变动表

C.现金流量表　　D.利润表

7.资产负债表的时间特征是（　　）。

A.一段的时间　　B.时间点

C.实时　　D.以上都不对

8.企业实现净利润将导致以下（　　）发生变化。

A.其他综合收益　　B.实收资本

C.盈余公积　　D.资本公积

9.（　　）的结构最接近基本会计等式的结构。

A.资产负债表　　B.现金流量表

C.利润表　　D.所有者权益变动表

10.5年前，爱屋吉屋公司开创了一个新的品牌，现在被认为是该公司最宝贵的资产。下列各项能正确反映该资产计量和报告的是（　　）。

A.在资产负债表中以现值报告　　B.没有价值，但在利润表中报告

C.没有价值，不在财务报表中报告　　D.在现金流量表中以账面价值报告

11.企业在主要经营活动中赚取的金额为（　　）。

A.收入　　B.收益　　C.资产　　D.负债

12.企业处置不需用的设备，收到的金额大于会计账簿记录中资产的剩余金额。企业将报告（　　）。

A.费用　　B.利得　　C.损失　　D.收入

13.12月1日，爱屋吉屋公司以12%的年利率借款1 000 000元，利息将按季度支付，第一次付款日为次年3月1日。该公司应在12月份的利润表上（　　）

A.不必报告　　B.报告利息支出10 000元

C.报告利息费用30 000元　　D.报告应付利息30 000元

14.毛利减去经营费用的最佳表示为（　　）。

A.净利润　　B.净销售收入

C. 营业收入　　D. 营业利润

15. 出售生产用设备取得的现金属于（　　）。

A. 经营活动　　B. 投资活动

C. 筹资活动　　D. 补充资料

16. 宣布和支付公司股票的股息属于（　　）。

A. 经营活动　　B. 投资活动

C. 筹资活动　　D. 补充资料

17. 零售商店增加商品采购属于（　　）。

A. 经营活动　　B. 投资活动

C. 筹资活动　　D. 补充资料

18. 应付账款余额增加会使（　　）。

A. 经营活动现金增加　　B. 投资活动现金增加

C. 筹资活动现金增加　　D. 经营活动现金减少

19. 偿还长期应付债券会使（　　）。

A. 经营活动现金增加　　B. 筹资活动现金减少

C. 筹资活动现金增加　　D. 经营活动现金减少

20. 应收账款余额减少会使（　　）。

A. 经营活动现金增加　　B. 投资活动现金增加

C. 筹资活动现金增加　　D. 经营活动现金减少

21. 应付债券（长期负债）的增加会使（　　）。

A. 经营活动现金增加　　B. 投资活动现金增加

C. 筹资活动现金增加　　D. 经营活动现金减少

22. 预付保险费增加会使（　　）。

A. 经营活动现金增加　　B. 投资活动现金增加

C. 筹资活动现金增加　　D. 经营活动现金减少

23. 减少流动负债，支付应交所得税会使（　　）。

A. 经营活动现金增加　　B. 投资活动现金增加

C. 筹资活动现金增加　　D. 经营活动现金减少

24. 发行普通股，收到超过股票面值部分的现金会使（　　）。

A. 经营活动现金增加　　B. 投资活动现金增加

C. 筹资活动现金增加　　D. 经营活动现金减少

25. 无形资产成本的摊销属于（　　）。

A. 经营活动　　B. 投资活动

C. 筹资活动　　D. 补充资料

三、多项选择题（每题有两个或两个以上正确答案，请将正确答案填在括号内）

1. 下列各项属于盈利能力分析的重点比率（或指标）有（　　）。

A. 速动比率　　B. 存货周转天数

C. 净资产收益率　　D. 毛利率

2. 下列各项属于偿债能力分析的重点比率（或指标）有（　　）。

A. 应收账款周转天数　B. 存货周转天数

C. 流动比率　D. 速动比率

3. 下列各项属于营运能力分析的重点比率（或指标）有（　　）。

A. 销售毛利率　B. 总资产周转率

C. 净资产收益率　D. 存货周转天数

4. 下列各项属于结构分析的重点结构有（　　）。

A. 资本结构　B. 收入结构

C. 资产结构　D. 现金流结构

5. 下列各项增减原因应该在分析时重点关注的有（　　）。

A. 净利润增减原因　B. 营业收入增减原因

C. 净资产增减原因　D. 总资产增减原因

四、业务分析题

王小燕已经为其所在的金辉公司编制了下一年（2020年）的每股收益估计，有关参数见表7-15

表7-15　金辉公司利润计算有关参数

项目	参数
销售收入	4 000万元
销货成本	销售收入的75%
管理费用	500 000元
销售费用	300 000元加上销售收入的10%
短期借款	1 000万元，利率为6%
所得税税率	25%
普通股本	200万股

要求：

（1）计算2020年预期的税前利润；

（2）计算2020年预期的税后净利；

（3）计算2020年预期的每股收益；

（4）假设预期的销售收入增加10%，分别计算2020年预期的税前利润、税后净利和每股收益；

（5）计算两个每股收益的差额；

（6）计算每股收益增加的百分比。

五、实训题

【实训目的】掌握三张报表之间关系的综合分析原理。

【实训说明】为了反映财务报表分析本质信息，本题简化处理了某些会计业务。比如，销售业务不考虑增值税，不必每年进行利润分配，不计提盈余公积，简化所得税的计算，不进行纳税调整等。这些相关的会计实务知识与纳税知识需在相应的课堂上学习，而不是本课程的主要学习内容。教学实践表明，如果严格按照所有会计与税收的规定讲解报表编制与分析，则主题不突出，学生很难掌握这项操作性很强的技能。

本题正是考虑上述问题以后为初学报表编制与分析的学生所设计的，内容有所简化，有些因素并未考虑。

【实训资料】

第一年业务描述如下：

（1）潭州数控有限公司由股东出资50万元注册成立。

（2）取得银行长期借款60万元，年利率为5%。

（3）以现金（广义指银行存款，下同）购买房屋36万元；购买手工生产线24万元，使用寿命为4年。

（4）以现金购买原材料26万元（款项已支付），生产P1产品8件；每件材料费2万元，每件人工费1万元，成本合计3万元。

（5）销售P1产品7件，每件售价为7万元，已经收到16万元。

（6）支付设备维护费3万元，行政管理费用2万元。

（7）支付借款利息3万元，广告费用3万元。

（8）计提手工生产线折旧6万元（为简化，假设这里的折旧计入管理费用，下同。在实际工作中，生产设备的折旧应当计入制造费用）。

（9）计提所得税2万元。

第二年业务描述如下：

（1）潭州数控有限公司支付销售费用2万元，取得P1产品订单8件，其中：单位售价为7万元，单位成本3万元。

（2）缴纳税款2万元；支付借款利息3万元；支付每季度管理费用1万元，全年合计4万元。

（3）采购原材料12万元，支付人工费8万元。

（4）销售收入56万元，收回50%，结转销售成本。

（5）计提手工生产线折旧6万元；支付设备维护费6万元。

（6）应收款在下年全部收回，本年收回上年33万元应收款。

（7）计提所得税4万元。

第三年业务描述如下：

（1）潭州数控有限公司销售费用10万元，并支出研发费4万元；研制P2和P3产品取得成功，开拓国内市场建设渠道支出8万元。

（2）缴纳税款4万元；支付每季度管理费用1万元，全年合计4万元。

（3）年初短期借款100万元，年利率为10%；共支付利息13万元（3 + 10）。

（4）购买原材料51万元，投入人工费用23万元；收回上年应收款28万元。

（5）为P2、P3产品人力资源上岗培训支付5万元。

（6）销售收入为116万元，其中本年收回现金50%，计58万元；本年销售成本为

52万元。

（7）新购买3条半自动生产线，每条10万元，合计30万元，使用寿命为3年。

（8）计提手工生产线折旧6万元；新生产线使用半年，计提折旧5万元（1/3的一半）；支付设备维护费，每条2万元，合计12万元。

第四年业务描述如下：

（1）潭州数控有限公司支付销售费用17万元，并支出研发费5万元；研制P4产品取得成功，开拓国际市场建设渠道支出10万元；淘汰P1产品。

（2）支付每季度行政管理费用1万元，全年合计4万元。

（3）年初长期借款120万元，年利率为5%；支付利息19万元（3+10+6）。

（4）采购原材料58万元；支付人工费32万元。

（5）为P4产品人力资源招募及上岗培训支付6万元。

（6）年初出售原手工生产线，价款为4万元，生产线账面折余价值为6万元。

（7）处理P1库存产成品价款为5万元，该产品成本为3万元，均收现。

（8）新购买2条全自动生产线，使用寿命为4年，每条20万元，合计40万元。

（9）原半自动生产线计提折旧10万元；新全自动生产线使用半年，计提折旧5万元（1/4的一半）；支付设备维护费，每条2万元，合计10万元。

（10）年度正常销售收入为160万元，销售收入中本年收回现金50%；销售成本为74万元。

（11）全部收回上年的应收账款。

第五年业务描述如下：

（1）潭州数控有限公司支付销售费用20万元；继续维持国内国际市场建设渠道支出5万元；淘汰P2产品；支付全年行政管理费用4万元。

（2）年初短期借款60万元，年利率为10%；支付利息25万元（3+10+6+6）；年底偿还短期借款100万元。

（3）采购原材料97万元；支付人工费用60万元。

（4）为P1、P2产品人力资源待岗培训支付5万元。

（5）正常销售收入为350万元，销售成本为160万元，其中本年收回现金50%。

（6）本年收回上年应收款。

（7）处理P2库存产成品，价款为7万元，已经收现。其成本5万元。

（8）原半自动生产线按照3年计提折旧，本年计提折旧10万元；新全自动生产线计提折旧10万元。

（9）支付设备维护费，每条2万元，合计10万元。

（10）按照25%的所得税税率计算应交所得税，考虑5年内可以税前弥补的亏损。

【实训要求】

（1）根据第一年业务描述，编制潭州数控有限公司第一年的三张财务报表，分别填入表7-16、表7-17和表7-18，并回答10个问题。

表 7-16　第一年度潭州数控有限公司利润表和现金流量表（简表）

第一年度现金流量表

编制单位：　第　年度　单位：万元

项目	发生额
经营活动流入量	
经营活动流出量	
其中：（1）购买商品	
（2）支付给职工	
（3）支付税费	
（4）其他经营现金	
经营活动净流量	
投资活动流入量	
投资活动流出量	
投资活动净流量	
筹资活动流入量	
筹资活动流出量	
筹资活动净流量	
本期全部流量	
期初现金	
期末现金	

第一年度利润表

编制单位：　第　年度　单位：万元

项目	发生额
营业收入	
减：营业成本	
毛利	
减：期间费用 其中：销售费用 管理费用 财务费用	
加：投资收益	
营业利润	
加减：营业外收支	
减：所得税费用	
净利润	
加：期初未分配利润	
未分配利润	

表 7-17　第一年年末资产负债表（简表）

编制单位：　第　年度　单位：万元

资产	期初金额	期末金额	负债和所有者权益	期初金额	期末金额
货币资金			短期借款		
应收账款			应交税费		
存货			长期借款		
流动资产合计			负债合计		
厂房			股本		
设备			未分配利润		
固定资产合计			所有者权益合计		
资产总计			负债和所有者权益总计		

表7-18 现金流量表补充资料

编制单位： 第 年度 单位：万元

将净利润调节为经营活动现金流量：	
净利润	
加：计提的资产减值准备	
固定资产折旧	
处置固定资产、无形资产损失（减：收益）	
财务费用	
存货的减少（减：增加）	
经营性应收项目的减少（减：增加）	
经营性应付项目的增加（减：减少）	
经营活动产生的现金流量净额	

回答以下10个问题：

①总资产增加否？增减原因何在？

②对净利润满意吗？为什么？

③费用增减的原因是什么？

④盈亏的原因是什么？

⑤企业规模扩张了还是收缩了？

⑥企业的经营理念是积极还是保守？

⑦偿债能力强吗？

⑧毛利率高吗？

⑨存货增加的原因是什么？

⑩净利润与经营活动现金净流量孰大孰小？说明什么？

（2）根据第二年业务描述，编制潭州数控有限公司第二年的三张财务报表，分别填入表7-19、表7-20和表7-21，并回答10个问题。

表7-19 第二年度潭州数控有限公司利润表和现金流量表（简表）

第二年度现金流量表

编制单位： 第 年度 单位：万元

项目	发生额
经营活动流入量	
经营活动流出量	
其中：（1）购买商品	
（2）支付给职工	
（3）支付税费	
（4）其他经营现金	
经营活动净流量	
投资活动流入量	
投资活动流出量	
投资活动净流量	
筹资活动流入量	
筹资活动流出量	
筹资活动净流量	
本期全部流量	
期初现金	
期末现金	

第二年度利润表

编制单位： 第 年度 单位：万元

项目	发生额
营业收入	
减：营业成本	
毛利	
减：期间费用 其中：销售费用 管理费用 财务费用	
加：投资收益	
营业利润	
加减：营业外收支	
减：所得税费用	
净利润	
加：期初未分配利润	
未分配利润	

表7-20 第二年年末资产负债表（简表）

编制单位： 第 年度 单位：万元

资产	期初金额	期末金额	负债和所有者权益	期初金额	期末金额
货币资金			短期借款		
应收账款			应交税费		
存货			长期借款		
流动资产合计			负债合计		
厂房			股本		
设备			未分配利润		
固定资产合计			所有者权益合计		
资产总计			负债和所有者权益总计		

表7-21 现金流量表补充资料

编制单位： 第 年度 单位：万元

将净利润调节为经营活动现金流量：	
净利润	
加：计提的资产减值准备	
固定资产折旧	
处置固定资产、无形资产损失（减：收益）	
财务费用	
存货的减少（减：增加）	
经营性应收项目的减少（减：增加）	
经营性应付项目的增加（减：减少）	
经营活动产生的现金流量净额	

回答以下10个问题：

①总资产增加否？增减原因何在？

②对净利润满意吗？为什么？

③费用增减的原因是什么？

④盈亏的原因是什么？

⑤企业规模扩张了还是收缩了？

⑥企业的经营理念是积极还是保守？

⑦偿债能力强吗？

⑧毛利率高吗？

⑨存货增加的原因是什么？

⑩净利润与经营活动现金净流量孰大孰小？说明什么？

（3）根据第三年业务描述，编制潭州数控有限公司第三年的三张财务报表，分别填入表7-22、表7-23和表7-24，并回答10个问题。

表7-22　　第3年度潭州数控有限公司利润表和现金流量表（简表）

第三年度现金流量表

编制单位：　　第　年度　　单位：万元

项目	发生额
经营活动流入量	
经营活动流出量	
其中：（1）购买商品	
（2）支付给职工	
（3）支付税费	
（4）其他经营现金	
经营活动净流量	
投资活动流入量	
投资活动流出量	
投资活动净流量	
筹资活动流入量	
筹资活动流出量	
筹资活动净流量	
本期全部流量	
期初现金	
期末现金	

第三年度利润表

编制单位：　　第　年度　　单位：万元

项目	发生额
营业收入	
减：营业成本	
毛利	
减：期间费用 其中：销售费用 管理费用 财务费用	
加：投资收益	
营业利润	
加减：营业外收支	
减：所得税费用	
净利润	
加：期初未分配利润	
未分配利润	

表 7-23　　第三年年末资产负债表（简表）

编制单位：　　第　年度　　单位：万元

资产	期初金额	期末金额	负债和所有者权益	期初金额	期末金额
货币资金			短期借款		
应收账款			应交税费		
存货			长期借款		
流动资产合计			负债合计		
厂房			股本		
设备			未分配利润		
固定资产合计			所有者权益合计		
资产总计			负债和所有者权益总计		

表 7-24　　现金流量表补充资料

编制单位：　　第　年度　　单位：万元

将净利润调节为经营活动现金流量：	
净利润	
加：计提的资产减值准备	
固定资产折旧	
处置固定资产、无形资产损失（减：收益）	
财务费用	
存货的减少（减：增加）	
经营性应收项目的减少（减：增加）	
经营性应付项目的增加（减：减少）	
经营活动产生的现金流量净额	

回答以下 10 个问题：

①总资产增加否？增减原因何在？

②对净利润满意吗？为什么？

③费用增减的原因是什么？

④盈亏的原因是什么？

⑤企业规模扩张了还是收缩了？

⑥企业的经营理念是积极还是保守？

⑦偿债能力强吗？

⑧毛利率高吗？

⑨存货增加的原因是什么？

⑩净利润与经营活动现金净流量孰大孰小？说明什么？

（4）根据第四年业务描述，编制潭州数控有限公司第四年的三张财务报表，分别填入表7-25、表7-26和表7-27，并回答10个问题。

表7-25　第四年度潭州数控有限公司利润表和现金流量表（简表）

第四年度现金流量表

编制单位：　　第　年度　　单位：万元

项目	发生额
经营活动流入量	
经营活动流出量	
其中：（1）购买商品	
（2）支付给职工	
（3）支付税费	
（4）其他经营现金	
经营活动净流量	
投资活动流入量	
投资活动流出量	
投资活动净流量	
筹资活动流入量	
筹资活动流出量	
筹资活动净流量	
本期全部流量	
期初现金	
期末现金	

第四年度利润表

编制单位：　　第　年度　　单位：万元

项目	发生额
营业收入	
减：营业成本	
毛利	
减：期间费用 其中：销售费用 管理费用 财务费用	
加：投资收益	
营业利润	
加减：营业外收支	
减：所得税费用	
净利润	
加：期初未分配利润	
未分配利润	

表 7-26　　第四年年末资产负债表（简表）

编制单位：　　第　年度　　单位：万元

资产	期初金额	期末金额	负债和所有者权益	期初金额	期末金额
货币资金			短期借款		
应收账款			应交税费		
存货			长期借款		
流动资产合计			负债合计		
厂房			股本		
设备			未分配利润		
固定资产合计			所有者权益合计		
资产总计			负债和所有者权益总计		

表 7-27　　现金流量表补充资料

编制单位：　　第　年度　　单位：万元

将净利润调节为经营活动现金流量：	
净利润	
加：计提的资产减值准备	
固定资产折旧	
处置固定资产、无形资产损失（减：收益）	
财务费用	
存货的减少（减：增加）	
经营性应收项目的减少（减：增加）	
经营性应付项目的增加（减：减少）	
经营活动产生的现金流量净额	

回答以下10个问题：

①总资产增加否？增减原因何在？

②对净利润满意吗？为什么？

③费用增减的原因是什么？

④盈亏的原因是什么？

⑤企业规模扩张了还是收缩了？

⑥企业的经营理念是积极还是保守？

⑦偿债能力强吗？

⑧毛利率高吗？

⑨存货增加的原因是什么？

⑩净利润与经营活动现金净流量孰大孰小？说明什么？

（5）根据第五年业务描述，编制潭州数控有限公司第五年的三张财务报表，分别填入表7-28、表7-29和表7-30，并回答10个问题。

表7-28　　第五年度潭州数控有限公司利润表和现金流量表（简表）

第五年度现金流量表

编制单位：　　　　第　年度　　　　单位：万元

项目	发生额
经营活动流入量	
经营活动流出量	
其中：（1）购买商品	
（2）支付给职工	
（3）支付税费	
（4）其他经营现金	
经营活动净流量	
投资活动流入量	
投资活动流出量	
投资活动净流量	
筹资活动流入量	
筹资活动流出量	
筹资活动净流量	
本期全部流量	
期初现金	
期末现金	

第五年度利润表

编制单位：　　　　第　年度　　　　单位：万元

项目	发生额
营业收入	
减：营业成本	
毛利	
减：期间费用 其中：销售费用 管理费用 财务费用	
加：投资收益	
营业利润	
加减：营业外收支	
减：所得税费用	
净利润	
加：期初未分配利润	
未分配利润	

表7-29 第五年年末资产负债表（简表）

编制单位： 第 年度 单位：万元

资 产	期初金额	期末金额	负债和所有者权益	期初金额	期末金额
货币资金			短期借款		
应收账款			应交税费		
存货			长期借款		
流动资产合计			负债合计		
厂房			股本		
设备			未分配利润		
固定资产合计			所有者权益合计		
资产总计			负债和所有者权益总计		

表7-30 现金流量表补充资料

编制单位： 第 年度 单位：万元

将净利润调节为经营活动现金流量：	
净利润	
加：计提的资产减值准备	
固定资产折旧	
处置固定资产、无形资产损失（减：收益）	
财务费用	
存货的减少（减：增加）	
经营性应收项目的减少（减：增加）	
经营性应付项目的增加（减：减少）	
经营活动产生的现金流量净额	

回答以下10个问题：

①总资产增加否？增减原因何在？

②对净利润满意吗？为什么？

③费用增减的原因是什么？

④盈亏的原因是什么？

⑤企业规模扩张了还是收缩了？

⑥企业的经营理念是积极还是保守？

⑦偿债能力强吗？

⑧毛利率高吗？

⑨存货增加的原因是什么？

⑩净利润与经营活动现金净流量孰大孰小？说明什么？

项目小结

本项目主要知识点归纳总结见表7-31。

表7-31　本项目主要知识点归纳总结

主要知识点	内　容	
识别十个要点	资产负债表	（1）总资产 （2）总负债 （3）所有者权益
	利润表	（4）营业收入 （5）营业成本 （6）净利润
	现金流量表	（7）经营活动产生的现金净流量 （8）投资活动产生的现金净流量 （9）筹资活动产生的现金净流量 （10）全部活动产生的现金净流量

续表

主要知识点	内　容	
评价十个指标	盈利能力	(1) 销售毛利率 (2) 销售净利率 (3) 净资产收益率 (4) 经营现金净流量与净利润之比
	偿债能力	(5) 资产负债率 (6) 流动比率 (7) 速动比率
	营运能力	(8) 总资产周转率 (9) 存货周转天数 (10) 应收账款周转天数
分析五个结构	结构分析	(1) 资产结构 (2) 资本结构 (3) 收入结构 (4) 成本费用结构 (5) 现金流量结构
研究五大增减	增减原因研究	(1) 总资产增减原因 (2) 净资产增减原因 (3) 营业收入增减原因 (4) 净利润增减原因 (5) 全部现金增减原因
判断五个控制	内部控制	(1) 销售活动的控制措施 (2) 成本费用的控制措施 (3) 资金管理的控制措施 (4) 采购环节的控制措施 (5) 投资环节的控制措施
挖掘五大优势	核心竞争力优势	(1) 互联网平台优势 (2) 规模优势 (3) 技术研发优势 (4) 产品质量优势 (5) 品牌文化优势
规划五大前景	未来发展规划	(1) 并购整合优化主业结构 (2) 线上线下拓展发展空间 (3) 国内国际供应、布局全球市场 (4) 优化制度流程，加强组织督导 (5) 加强系统管控，防范经营风险

续表

主要知识点	内　容	
防范五大风险	风险防范	（1）宏观经济周期波动风险 （2）人才风险 （3）竞争对手和市场变化风险 （4）原材料价格变动风险 （5）资金风险
三张报表之间关系	关系分析	（1）表内等式关系 （2）表间钩稽关系 （3）净利润与经营活动产生的现金净流量关系

参考文献

[1] 中华人们共和国财政部. 企业会计准则2006 [M]. 北京：经济科学出版社，2006.

[2] 中华人民共和国财政部. 企业会计准则——应用指南 [M]. 北京：中国财政经济出版社，2006.

[3] 财政部会计司. 企业会计准则讲解 [M]. 北京：人民出版社，2010.

[4] 中国注册会计师协会. 财务成本管理 [M]. 北京：中国财政经济出版社，2018.

[5] 中国注册会计师协会. 会计 [M]. 北京：经济科学出版社，2018.

[6] 于久洪. 财务报表编制与分析 [M]. 4版. 北京：中国人民大学出版社，2019.

[7] 张先治，陈友邦. 财务分析 [M]. 9版. 大连：东北财经大学出版社，2019.

[8] 黄世忠. 财务报表分析：理论、框架、方法与案例 [M]. 北京：中国财政经济出版社，2007.

[9] 上海国家会计学院. 资产经营管理 [M]. 北京：经济科学出版社，2011.

[10] 高春雷. 巴菲特教你学看上市公司财务报表 [M]. 北京：经济科学出版社，2012.

[11] 高翠莲. 企业财务会计 [M]. 北京：高等教育出版社，2015.

微课索引

为了便于读者更好地掌握本书内容，我们针对重点难点内容制作了下列微课，括号内为微课所在页码，扫描对应二维码即可观看。

[1] 微课：海涛股份同比分析（p7）
[2] 微课：利润表分析（p24）
[3] 微课：销售盈利能力分析（p31）
[4] 微课：资产负债表分析内容（p51）
[5] 微课：短期偿债能力分析指标（p65）
[6] 微课：长期偿债能力分析指标（p73）
[7] 微课：现金流量结构分析（p87）
[8] 微课：现金偿债能力分析（p95）
[9] 微课：流动资产营运能力分析（p115）
[10] 微课：总资产营运能力分析（p127）
[11] 微课：发展能力分析内容（p135）
[12] 微课：三张财务报表之间关系分析（p163）
[13] 微课：晓丽创业故事：财务篇（p203）

高等职业教育会计专业富媒体智能型

精品系列教材

财务报表分析

于久洪　宋　磊　主　编

李　鹤　邢海玲　佟　凡　副主编

为方便教学，本书配有课程标准、电子教案、电子课件和习题答案等数字化教学资源，请任课教师登录东北财经大学出版社网站（http://www.dufep.cn）免费下载。

ISBN 978-7-5654-2733-6

9 787565 427336 >

定价：32.00元